Adult Spa...
647.9472... Y0-CVJ-898
Peralta Sandoval, Sergio H.
Hotel Regis : un protagonista
33410018133183   07-01-2022

DISCARD

Hotel Regis

Historia

Biografía

Sergio Peralta Sandoval es licenciado en Administración de Hoteles y Turismo por la Escuela Hotelera de Tegernsse, Alemania, y La Escuela Mexicana de Turismo de la Ciudad e México. Tiene un título de Alta Dirección 2 por el Instituto Panamericano de Alta Dirección (IPADE) y cursó el diplomado de Administración, Finanzas y Bienes Raíces por el Instituto Tecnológico Autónomo de México (ITAM).

Se ha desempeñado en la iniciativo privada con cargos de dirección y es miembro de varias organizaciones, entre ellas, la Asociación de Columnistas Extranjeros de la Prensa y el Club Rotario de la Ciudad de México. Actualmente es Presidente de la Fundación por el Desarrollo Regional y la Competitividad, A. C.

En 1996 publicó la primera edición de este libro, *Hotel Regis. Historia de una Época*.

Sergio Peralta Sandoval
Hotel Regis
Un protagonista del siglo XX

© 2015, Sergio Peralta S.

Derechos reservados

© 2022, Editorial Planeta Mexicana, S.A. de C.V.
Bajo el sello editorial BOOKET M.R.
Avenida Presidente Masarik núm. 111,
Piso 2, Polanco V Sección, Miguel Hidalgo
C.P. 11560, Ciudad de México
www.planetadelibros.com.mx

Diseño de portada: Genoveva Saavedra / aciditadiseño
Fotografía de portada: © Hotel Regis, fachada; México, Ciudad de México, ca. 1915., Fondo Culhuacán (363363), CONACULTA, INAH. SINAFO. FN. MÉXICO

Primera edición en formato epub: julio de 2015
ISBN: 978-607-07-2690-3

Primera edición impresa en México en Booket: enero de 2022
ISBN: 978-607-07-8276-3

No se permite la reproducción total o parcial de este libro ni su incorporación a un sistema informático, ni su transmisión en cualquier forma o por cualquier medio, sea este electrónico, mecánico, por fotocopia, por grabación u otros métodos, sin el permiso previo y por escrito de los titulares del *copyright*.

La infracción de los derechos mencionados puede ser constitutiva de delito contra la propiedad intelectual (Arts. 229 y siguientes de la Ley Federal de Derechos de Autor y Arts. 424 y siguientes del Código Penal).

Si necesita fotocopiar o escanear algún fragmento de esta obra diríjase al CeMPro (Centro Mexicano de Protección y Fomento de los Derechos de Autor, http://www.cempro.org.mx).

Impreso en los talleres de Impresora Tauro, S.A. de C.V.
Av. Año de Juárez 343, Col. Granjas San Antonio,
Iztapalapa, C.P. 09070, Ciudad de México
Impreso y hecho en México / *Printed in Mexico*

Este libro es un modesto pero sincero homenaje a la memoria de mis queridos padres, don Anacarsis Peralta Díaz Ceballos *y* María Elena Sandoval de Peralta, *a mi hermana* Yolanda *y a todos aquellos que hicieron posible dar vida a esa bella etapa de nuestro México en el siglo XX, añorada por aquellos que la vivieron y profundamente ilustrativa para quienes recién la descubrirán.*

ÍNDICE

Hotel Regis, el inmortal,
Prólogo por Armando Fuentes Aguirre, *Catón* 11
Presentaciones, *por* Federico de León
y Eduardo Luis Feher 13
Introducción 15

PRIMERA PARTE

Mi nacimiento en los alrededores de la Ciudad de México 21
Mi nombre y mis primeros pasos durante el siglo XX 30
Mi presencia en el México de los años veinte 42
Mi vida en la tercera década del siglo pasado 53

SEGUNDA PARTE

La historia de los antepasados del abuelo Anacarsis Peralta 75
Algo de la vida de *Carcho* Peralta 80
El arribo de *Carcho* a la Ciudad de México y su incursión
en la "fiesta brava" 88
Los viajes de *Carcho* al extranjero y su historia
con Maximino Ávila Camacho 93
Carcho, el Don Quijote y la carrera por el Regis 105
La gran remodelación 109

Un gran precursor del hospedaje de categoría................. 118
¡A agrandar los espacios se ha dicho!....................... 127

TERCERA PARTE

Los días felices entre grandes acontecimientos y
    distinguidos visitantes 149
En medio del crecimiento: la vida bohemia y nocturna
    de la Ciudad de México 163
Cambios con la nueva regencia de la capital: política
    del contraste y moralina................................ 198

CUARTA PARTE

La década dorada del Regis y sus huéspedes
    de los años cincuenta 215
Entre movimientos telúricos y fallecimientos 238
El destino a la luz de la muerte de *Carcho* 244
Dolor y cambio inexorable 248
En el auge de la industria hotelera mexicana................. 262
Los cambios y las transformaciones necesarias 273

Epílogo... 295
Agradecimientos 301
Fuentes 302

HOTEL REGIS, EL INMORTAL

Prólogo por Armando Fuentes Aguirre, *Catón*

—Sentí de pronto que se acababa el mundo. Debajo de la tierra se oía como una tempestad de truenos. Todo se movía. Aunque yo estaba en pie tuve la sensación de ir cayendo. Alcancé sólo a sostenerme, los brazos extendidos, del marco de la puerta. Escuché un estruendo, y luego otro, y otro más. Y de repente ya no había paredes alrededor de mí, ni techo sobre mi cabeza. Una nube de polvo me envolvió. Creí que me iba a asfixiar. Me tapé boca y nariz con el pañuelo. Después de unos minutos que me parecieron años bajé por una montaña de escombros hasta el nivel de la calle. Volví la vista hacia atrás. El Regis ya no estaba.

¿Sería cierta la historia que repetía una y otra vez don Jorge Castel, actor y director de teatro en mi ciudad, Saltillo? Contaba él que siempre había sido su ilusión hospedarse en el gran Hotel Regis de la Ciudad de México. Cuando llegó a registrarse se encontró con que no podía pagar el precio de las habitaciones, ni aun el de la más barata. Un compasivo empleado le permitió ocupar, atendiendo a su insistente súplica, un cuarto en la azotea, usado para guardar objetos ya sin uso. Lo único que quería el visitante era poder decir que había estado en el Regis.

La mañana siguiente fue el temblor, y fueron los escombros.

Yo añado esa leyenda, quizá nacida de la imaginación de artista de don Jorge, a las muchas que hizo surgir el Regis a lo largo de su magnífica existencia. Leyendas de magnates que en sus habitaciones jugaban fortunas a las cartas. Leyendas de príncipes y reyes que bebían champaña en la zapatilla de alguna hermosa cortesana. Leyendas de amores de toreros y de mujeres de melena bruna...

El Regis fue para la capital mexicana lo que el Waldorf-Astoria fue para Nueva York, o para Chicago el Palmer House. Era el Negresco de Niza o el parisino Ritz. Era el *glamour*, el *chic*. El lujo. Llegar ahí era haber llegado. Si el *concierge* del Regis te decía: "Qué gusto verlo por aquí, don Fulano", eso era una consagración. Todo el que era alguien en México —o por lo menos algo— tenía en el Regis su segunda casa.

Sergio Peralta nos entrega en este libro una entrañable biografía del Hotel. Nadie mejor que él para contarla. Al leerla nos parece oír hablar a aquel establecimiento señorial, y escuchar de él sus cosas más ocultas y secretas. Señorea esta historia un gran señor: el legendario *Carcho* Peralta, quien llenó toda una época de la vida social de aquellos años con su personalidad, a la vez amable y avasalladora. Gran caballero, insigne gozador de la vida, le dio a la élite capitalina de su tiempo el mejor sitio, el lugar más espléndido y brillante. Bien se puede decir que él era el Regis, y que el Regis era él. Su hijo le rinde aquí un hermoso homenaje.

Tengo un recuerdo. Durante varios años mi esposa y yo oficiamos un rito familiar: cada diciembre llevábamos a nuestros pequeños hijos a la Ciudad de México para que vieran la feérica —el adjetivo es obligado— iluminación de Navidad en la Alameda y las calles del centro de la urbe. El viaje lo hacíamos en tren, aventura inolvidable para un niño. Y siempre llegábamos al Regis. La primera vez que estuvimos ahí mi hijo menor me preguntó en el *lobby*:

—Papá: ¿de quién es este palacio?

Hay cosas que no se van, aunque ya se hayan ido. El Hotel Regis es una de esas cosas que en el recuerdo tienen inmortalidad. Leí este libro con la emoción que hace sentir la evocación de los pasados días, que tenían más alma que los de hoy.

Le agradezco a don Sergio estas memorias, tan bien escritas, tan amorosamente recordadas. Y le agradezco el honor de haber puesto en su pórtico unas palabras mías.

Entremos ahora en el libro.
Entremos en el Regis.

Saltillo, Coahuila
Mayo de 2015

PRESENTACIONES

Por Federico de León

Libros hay muchos. Los que tienen alma, no tanto. Vida y milagros de un hotel que vivió con gallardía y majestuosidad los vaivenes de una época gloriosa de México en el siglo que ya se fue no podían quedar sepultados bajo toneladas de escombros. Si el cataclismo de 1985 desquebrajó la impresionante mole del Hotel Regis, su esencia permanecerá para deleite de quienes deseen recordarlo al asomarse a lo que fue y significó para la vida de México.

El Regis, más que un hotel, era "una ciudad dentro de la Ciudad de México", por donde desfilaron los notables hombres y mujeres que nutrían las crónicas sociales, los espectáculos y frentes políticos nacionales e internacionales.

Un hombre talentoso, visionario, astuto, de una sola pieza, dedicó lo mejor de su vida por y para el Hotel Regis: Anacarsis *Carcho* Peralta, quien hizo de su sueño una realidad.

Su hijo Sergio, robando tiempo a sus múltiples ocupaciones, tomó en sus manos la delicada responsabilidad de plasmar en este libro la esencia del Regis. Durante largos meses y noches de desvelo, se echó a cuestas la minuciosa tarea de reunir material, entrevistar personajes que sobreviven a esa época, y supo rociar con amenas anécdotas el material que permite hoy a los jóvenes establecer parámetros de comparación con los lugares de esparcimiento de moda. Y a los ya no muy jóvenes, hurgar en el pasado para recordar fechas de gloria. Es como si alguien nos tomara de la mano para visitar el sitio obligado en donde se proyectaron, trataron, acordaron y firmaron muchos sucesos que forjarían el curso de nuestra historia.

El autor ha sabido captar con extraordinaria sensibilidad el sabor de aquellos días en que para un artista consagrado en otro país, pero ignorado o poco popular en México, se abrían las puertas de la fama con el solo hecho de que su nombre figurara en la marquesina del Capri. Nos recuerda la época en que "la voz de la América Latina desde México" transmitía por XEW un segmento de la variedad cada noche. Dante Aguilar lo presentaba así: "Capri, lo arrulla la luna; lo besa el amor".

Por eso y por otras muchas cosas, al caer por tierra el pesado edificio del Hotel Regis, cargado de historia para sólo sobrevivir en aquel patético montón de escombros, el letrero retorcido con la "R" y la "H" entrelazadas (símbolo del hotel) se imponía como una inaplazable necesidad: rescatar su alma, su historia. Y Sergio H. Peralta Sandoval lo logra con matices de las mil y una noches, para leerlo hoy, mañana, siempre...

Por Eduardo Luis Feher

Envuelto en la bruma de la realidad y de la fantasía, el mítico Hotel Regis emerge triunfante de su propia historia. Ni el fuego, ni los cientos de toneladas de hierro y concreto colapsados pudieron destruir su imagen y leyenda.

Esta obra da fe de su permanencia en el corazón y la memoria de los mexicanos.

INTRODUCCIÓN

El fin... como principio

A medida que transcurren los años va cayendo sobre mí el terrible peso del olvido. Sin embargo, sigo recordando hasta el más mínimo detalle de esa mañana de septiembre; lo sucedido aquel jueves cuando, como todos mis días, pude ser testigo del paulatino despertar de esta ciudad. Poco a poco la noche y sus silencios iban quedando atrás, dando paso a un mundo conocido: los ciclistas repartidores de periódico; los barrenderos que se disponían a iniciar la faena diaria; los madrugadores que salían de casa rumbo al trabajo; los trasnochadores que, pálidos, se apresuraban a llegar a descansar y dormir; los pocos taxis que, aún con las luces encendidas, transportaban al último pasaje de la noche.

Gradualmente los colores fueron absorbiendo la luz casi sin que pudiera darme cuenta: el violeta se iba tiñendo y se dejaba penetrar por un pálido rosa, enrojeciéndose luego y sufriendo un vertiginoso cambio que lo convirtió en instantes de gris a ámbar, haciendo resaltar los diferentes tonos del verde que frente a mí irradiaban los árboles y el pasto. El parque parecía revivir, parecía salir lentamente de su sopor nocturno. A los pocos minutos las luces del alumbrado público se apagaron y comenzó el murmullo, la voz creciente de la ciudad.

Iniciaba un día más. El reloj de la Torre Latinoamericana seguía marcando incansable y con toda puntualidad cada minuto, como señalando el ritmo preciso, el latido constante que debía tener la vida. Empezó el movimiento: los autos particulares hicieron su aparición al mismo tiempo que los autobuses de pasajeros; la gente se multiplicó en aceras y cruceros. A las seis con cuarenta y cinco se oyó a lo lejos un par de campanadas provenientes de la calle Madero, separada de mí por la Alameda Central, en la que cientos de palomas jugaban a volar haciendo semicírculos que terminaban ya en el piso, ya en las fuentes, ya en azoteas y alféizares distantes.

El aire era todavía limpio a esa hora.

Aun cuando nunca acababa del todo, en mi interior el movimiento se acentuó. La marquesina de la farmacia dejó de funcionar y los compradores de tabaco hicieron su acostumbrada aparición. Las calderas encendidas provocaron que el agua fluyera a lo largo de mis intrincadas tuberías, circulando por pasillos y habitaciones como si de mi sangre se tratara; el vapor cumplía su cometido, reanimando a los primeros visitantes que los baños recibían en el día. En diferentes pisos dio inicio la limpieza de estancias, corredores y habitaciones desocupadas. Las camaristas, que me cuidaban y aseaban con maternal dedicación, preparaban ropa de cama y artículos propios para la higiene personal; modernas aspiradoras se encargaban del resto, emitiendo un ligerísimo zumbido que de ninguna manera perturbaba el sueño de los huéspedes. Por su parte, el conmutador comenzaba a recibir y enviar llamadas locales y de larga distancia, repiqueteando insistentemente.

Abajo, en la calle y el parque, la actividad crecía y crecía. Era una mañana en apariencia igual a todas, con inusual colorido debido a los adornos que con motivos patrios colgaban de postes, árboles y ventanas. No obstante, para mí, en cierta forma esa mañana septembrina era bien diferente…

Y es que yo había sido testigo durante más de siete décadas de cada uno de los cambios que la ciudad había sufrido: estar en el Centro Histórico me lo había permitido. Me encontraba ahora en el corazón de una de las metrópolis más grandes del mundo, con todo lo que eso significa.

Pude ver y experimentar cómo esta zona, antaño casi desolada, fue convirtiéndose mes con mes, día con día, en un sitio codiciado por muchos; vi cómo, de ser un lugar de construcciones en su mayoría bajas, fue transformándose cuando grandes y modernos edificios empezaron a ser levantados por doquier, dando al Centro un aire de modernidad, de progreso.

Llegué a presenciar una cantidad enorme de acontecimientos políticos, sociales y culturales a través de mi historia: marchas, enfrentamientos bélicos y mítines que en las primeras décadas del siglo tuvieron irremediablemente que pasar por mi acera; manifestaciones de trabajadores que enarbolaban las banderas y pancartas más disímbolas; reclamos sociales algunas veces desatendidos y otras abiertamente reprimidos por el gobierno en turno; sucesos multitudinarios que iniciaban su andar en el Monumento a la Revolución con rumbo al Zócalo...

Y a la par de todas esas cosas que sucedían exteriormente, en mi interior hubo también una historia muy representativa de lo que fue el México de entonces. Por mis entrañas se movían con total libertad las estrellas del espectáculo; las divas de la pantalla; los galanes del cine; los cantantes famosos; las grandes celebridades que, nacionales o no, escogían mis salones y restaurantes para pasar las tardes o las noches divirtiéndose. Igualmente los actores del poder, ya fueran presidentes, secretarios de Estado, senadores, alcaldes o simplemente periodistas. Todos confluían en mí porque yo era el centro del movimiento, de la noticia, e incluso del escándalo.

Sí, aquella fue una época de oro que nunca olvidaré. Pero fue otra época, al igual que el aire que podía entonces respirarse era distinto del que hoy se respira, tan gris, tan turbio.

Así, los empleados seguían llegando ese jueves de septiembre, dando la impresión de desaparecer una vez cruzada la puerta de entrada al edificio. Yo los acogía con gusto, los recibía con los brazos abiertos y les daba la bienvenida de la misma manera en que lo hiciera durante tantos años, consciente de que el prestigio ganado en esas décadas era fruto, en gran medida, del trabajo de todos y cada uno de ellos: trabajo que hacían siempre con interés, con gusto, con gran dedicación.

Era una mañana más, con un sol que apenas iniciaba su camino y un cielo que presagiaba un mediodía caluroso. La actividad seguía su curso, el movimiento aumentaba por doquier... Pero súbitamente se hizo más intenso, desproporcionado. Se oyó el grito histérico de una mujer que corría desesperada. Todo pasó tan rápido que no nos dimos cuenta. Eran las 7:19, y entonces la vida se detuvo: el movimiento se convirtió en tragedia.

Yo soy ese edificio que cayó. Ahora quiero contar mi historia.

PRIMERA PARTE

MI NACIMIENTO EN LOS ALREDEDORES
DE LA CIUDAD DE MÉXICO

Mis orígenes se remontan a los años de la última década del siglo XVI, cuando la ciudad contaba con escasas cien manzanas y los primeros virreyes de la Nueva España hacían de las suyas, modificando el panorama y realizando obras de toda índole en las que cada uno imponía su sello particular.

Suena algo extraño, sí, pero es verdad: mi madre vio la luz precisamente en 1592 a instancias de don Luis de Velasco, quien ordenó la construcción de un parque público que resultara acogedor para sus visitantes. Diseñado por Cristóbal Carballo en un predio de grandes dimensiones frente al tianguis de San Hipólito y la iglesia de la Santa Veracruz, su ubicación no podía ser mejor: justo entre las calles de San Juan de Dios y Corpus Christi (hoy avenidas Hidalgo y Juárez). Desde entonces a ese lugar se le conoce con el nombre común de la Alameda, sitio ideal de reunión que a través del tiempo fue escogido por los miembros de la nobleza para pasar las tardes paseando, conversando y disfrutando la profusa vegetación, las bellas fuentes y el espectáculo singular que escenificaban los apuestos hidalgos, quienes elegantemente vestidos hacían su aparición para admirar o cortejar a las jóvenes hermosas, las cuales, envueltas en sedas y mantillas, y acompañadas por sirvientas, llegaban en carrozas tiradas por caballos. Reflejo exacto del modo de vida de los conquistadores, el parque tuvo un costo de 2,500 pesos, y a él se entraba por cuatro enormes rejas en sus ángulos o por dos principales; cruzarlas estaba vedado estrictamente a mendigos, descalzos, "desnudos" e indecentes.

Mi padre nacería en el siglo siguiente, durante los años en que comenzó a hacerse notoria la construcción de muchos y muy variados edificios de corte religioso. Había nuevos monasterios, iglesias y seminarios, pero él era un convento que edificaron precisamente a unos pasos de la Alameda, en su lado poniente: el Convento de San Diego, en la pequeña calle que, debido a su presencia, llevaba el mismo nombre (hoy calle Doctor Mora). Fue esa la época en que la Santa Inquisición decidió acondicionar una plazuela entre el parque y el convento, a fin de utilizarla como quemadero para infligir castigo ejemplar a los herejes condenados; raros fueron los casos de reos quemados vivos, pues casi siempre se les ejecutaba con la "pena de garrote" y después se incineraba el cadáver, pero los hubo ahí, en ese memorable y terrible quemadero.

Así, en cierta forma, nací de la unión de ambos y empecé a tomar vida propia en la actual avenida Juárez, que entonces se conocía en un tramo como la Calle del Calvario y poco más adelante llevaba el nombre de Corpus Christi.

Eran los tiempos en que la Nueva España ostentaba infinidad de casas recién construidas, calles de trazo nuevo, así como un elevado número de caballos y carruajes que transitaban de un lado para otro. Los distintos virreyes iban sucediéndose con sus peculiaridades, pero tenían un denominador común: las fiestas populares con que recibían al nuevo gobernador en turno, ya fuera en la misma Plaza Mayor, en algún terreno del área de Catedral, a un costado de la Alameda Central o bien en cualquier ruedo improvisado. La ciudadanía presenciaba animosa esas celebraciones en que invariablemente las corridas de toros eran el plato fuerte. Justo por ello no resultó extraño que, cuando el virrey de Branciforte mandó hacer un monumento en honor a Carlos IV, la primera medida fue montar una plaza en la calzada Bucareli con el fin de recaudar los fondos para llevarlo a cabo.

Manuel Tolsá, valenciano de nacimiento y director de escultura en la Academia de San Carlos, pudo así realizar una de las efigies más notables del mundo hasta la fecha: la estatua ecuestre mejor conocida como "El Caballito", inaugurada ante la fascinación general el 9 de diciembre de 1803 en la Plaza de Armas. Aun cuando el escultor hizo poner la primera piedra del pedestal siete años antes, no fue sino hasta el segundo año del siglo que pudo ser fundida en los hornos del Colegio de San Gregorio, únicos con tal capacidad. No era para menos: el bronce vaciado en una sola operación —más de dieciocho toneladas—, además del pulido y cincelado, requirió todavía catorce meses. Todo esto viene al caso porque ese monumento notable de casi cinco metros de altura, al que el pueblo llamó inicialmente "el Caballito de Troya", se mantuvo en la Plaza Mayor hasta 1822 (cuando el gobierno de Iturbide lo trasladó al patio de la antigua universidad, terminando sus bancas en la Alameda) y treinta años más tarde fue colocado en la Plaza de la Reforma, justo a mi derecha, donde convivimos durante muchísimo tiempo.

Ese siglo XIX, ya con escuelas, palacios, multitud de iglesias y edificios de carácter público, estuvo marcado tanto como el XVIII por agudas desigualdades sociales que para 1810 desembocaron en la Revolución de Independencia: una lucha en contra del gobierno español y del conservadurismo de la Iglesia católica. Desde aquella madrugada del 16 de septiembre en que Miguel Hidalgo diera su famoso grito de Dolores a la edad de cincuenta y siete años, y hasta el 27 de septiembre de 1821, fecha en que Agustín de Iturbide hiciera su solemne entrada a la Ciudad de México al frente de los dieciséis mil hombres que constituían el Ejército Trigarante, fui testigo de conflictos armados, marchas y muestras de adhesión hacia uno u otro bando: todo sucediendo a mis pies. Para 1824, cuando el 4 de octubre se proclamaba la primera Constitución Política que convertía a nuestro país en un Estado republicano, los nombres de Allende, Morelos, López Rayón y Bravo eran parte de la historia. Y después vendría Antonio López de Santa Anna, el único que ha sido presidente de México nada menos que once veces, aunque ejerció el poder de manera efectiva poco más de cinco.

A la lista se unirían más tarde Maximiliano de Habsburgo y su esposa Carlota Amalia, quienes, como consecuencia de la intervención francesa —y durante el gobierno accidentado de Pablo Benito

Juárez—, llegaban a México para asumir el trono imperial en representación de Napoleón III. Hubo una fastuosa ceremonia en la Catedral, tras la cual el flamante emperador fue objeto de un banquete al que acudieron los más distinguidos de la época. Así, durante esos tres años de "monarquía moderada", Fernando Maximiliano vivió en el Castillo de Chapultepec con la joven emperatriz; y, deseoso de acortar la distancia entre su residencia y el Palacio de Gobierno, ordenó al ingeniero austriaco Allois Bollan trazar y abrir una avenida que, partiendo del Castillo, hiciera una línea recta hasta la estatua de Carlos IV. Dicho y hecho: esa calzada del Emperador comenzó a funcionar a finales de 1865, trayendo y llevando las calesas reales que con gran pompa y señorío yo veía pasar casi todos los días con dirección al Zócalo. Para entonces, la Plaza Mayor ya se llamaba así gracias al arquitecto español Lorenzo de la Hidalga, quien en 1843 proyectó un monumento a la Independencia que iba a ponerse frente al Palacio Nacional, pero del cual sólo se hizo el zócalo: de allí el nombre por el que hasta hoy se le conoce. (Luego vendría el presidente Juárez, que en 1867 mandaría fusilar en Querétaro al fugaz monarca nacido en Viena; Lerdo de Tejada, que embellecería la gran avenida de Maximiliano, ampliándola; Porfirio Díaz Mori, quien bautizó la calzada como el Paseo de la Reforma, ordenando colocar en ella monumentos a Colón y Cuauhtémoc; y todos los sucesores, pues Chapultepec fue la residencia oficial hasta el gobierno de Abelardo L. Rodríguez: el último en habitar ahí. Valga el paréntesis.)

Ya en la sexta década de ese siglo antepasado —y una vez decretadas las Leyes de Reforma que hacían posible la "nacionalización de los bienes eclesiásticos"—, la ciudad contaba con cuatro barrios principales e iba creciendo desordenadamente; los nombres de las calles cambiaban sin ton ni son, y mi querida Alameda se había convertido en una zona boscosa de la cual los asiduos se retiraban apenas caía el atardecer por su peligrosidad.

Daba inicio otra época. Gran cantidad de edificios religiosos eran demolidos para construir en su lugar casas nuevas o vías de comunicación en todas direcciones. Y no fui la excepción: de mi tamaño original me vi reducido a un simple templo; perdí patios, dormitorios, comedores, muros y todo aquello que, además de la iglesia, hacen respetable a un convento, un convento con personalidad.

Sufrí, pero no me desanimé. Por el contrario: tuve la certeza de que mi futuro estaba escribiéndose. Porque había visto que la antigua residencia de don Agustín de Iturbide fue acondicionada para albergar a los visitantes que provenían de muy diversos sitios de la república, ofreciéndoles atención esmerada. Era un edificio que lindaba en el poniente con el Convento de San Francisco (donde hoy está la calle de Gante) y por el sur con los patios de la famosa Casa de Diligencias —memorable porque cuando éstas llegaban con las cortinillas cerradas era signo inequívoco de que a sus ocupantes les habían robado hasta la camisa—. Sabía yo que los mesones y albergues estaban quedando atrás y que este nuevo hotel Iturbide no hacía sino encabezar a un grupo de inmuebles que brindaban servicios similares, como el hotel del Bazar, el hotel Guardiola, el hotel Jardín, el hotel de la Gran Sociedad y varios otros, construidos mayormente en terrenos que antes fueran de la orden franciscana.

En fin, he de decir que estaba enterado de que tales edificios iban a formar parte cada vez más importante de la atención pública, que tenían como meta estar a la altura de esa época, con todas sus necesidades y ritmos. En efecto, yo ya no era un convento, pero si en los predios que precedieron a mis padres llegaron a pasar los emperadores aztecas rumbo al cerro del Chapulín, y mi historia era riquísima, ¿cómo no tener un poco más de paciencia?, ¿cómo no esperar la llegada de algo grande? La respuesta se dio a partir de 1880, cuando alrededor de mi estructura reducida empezaron a construirse pequeños edificios cuyo distintivo era su solidez, hechos a partir de piedra y algo parecido al concreto. En uno de ellos tuvo su origen *El Nacional*, periódico fundado por Gonzalo A. Esteva y una brillante mesa de redacción que de inmediato lo convirtió en precursor de la prensa moderna en el país.

Varios años después, un oaxaqueño abogado y editor, de nombre Rafael Reyes Spíndola, adquiriría el terreno de Juárez 77 a fin de crear un inmueble que con el tiempo sería nada menos que mi hogar. Don Rafael para entonces era un experto en la materia: en 1888 había editado la sede de dos diarios: *Don Manuel* y *El Universal*, que desafortunadamente no prosperaron económicamente y desaparecieron.

Mas en ese 1896 hizo nacer *El Imparcial*, que vino a inaugurar la etapa del periodismo industrializado en México por contar su taller con los primeros linotipos y rotativas, los cuales le permitieron aumentar el tiraje considerablemente y vender los ejemplares a centavo.

El nuevo periódico conciliaba lo tradicional con lo moderno. En el primer aspecto, se le puede considerar como heredero de la tradición periodística, cultural y política en la que el joven Manuel Gutiérrez Nájera era una estrella rutilante. *El Imparcial* llegó a contar entre sus colaboradores con plumas tan valiosas como la de Juan Sánchez Azcona (quien en 1909 dirigiría *México Nuevo*) y Salvador Díaz Mirón, entre otros.

Por otra parte, no solamente contaba con la tecnología de punta para la impresión de grandes tirajes, eliminando, con el linotipo, el arduo y moroso trabajo de componer las "columnas", sino que inauguró la nueva forma de vincularse con el poder; desde su inicio recibió el apoyo del gobierno del presidente Porfirio Díaz, a cambio, por supuesto, de una mirada muy complaciente en torno al viejo dictador, quien era uno de los personajes centrales, no sólo de las páginas de sociales, sino también de la política, traducida fundamentalmente como "administración".

Eran esos los días de don Porfirio, sexagenario que vivía la quinta reelección. Tenía un peculiar estilo de gobernar: eliminaba sin miramientos a quienes intentaban oponérsele, ya desde su primer mandato en 1887 —"Mátalos en caliente", llegó a decir en un telegrama respecto de algunos rebeldes en Veracruz, y la orden se cumplió—. Esto le permitió perpetuarse en el poder. Pero también dispensaba favores y dejó que se conformara un grupo social que se enriqueció con el proceso modernizador e industrializador que experimentó nuestro país a fines del siglo XIX y principios del nuevo siglo.

A los cincuenta y cuatro años, Porfirio Díaz se casó con una joven de diecinueve, lo cual lo convirtió en el blanco de ciertos cartonistas sagaces, aunque el hecho fue mitigado por las lisonjas de la naciente prensa de sociales. Lo cierto es que la ciudadanía agradeció esa "paz sepulcral" que él implantó después de seis largas décadas de guerra civil en el país. Su política, como ya lo mencioné, favoreció siempre a los ricos acostumbrados a vivir "a la europea", con sus autos y ropas traídos del extranjero, amén de joyas, pieles y un sinfín de detalles que pronto les dieron el privilegio de crear colonias aristocráticas como la Roma, la San Rafael, la Juárez o la Condesa.

Pasado el siglo y poco antes de su sexto periodo presidencial, Díaz mandó erigir la Columna de la Independencia sobre el Paseo de la Reforma, proyecto que encomendó a Antonio Rivas Mercado; en 1902 se colocó la primera piedra, y a partir de 1907 tanto la estructura como la cimentación estuvieron a cargo de Manuel Gorozpe, Guillermo Beltrán y Gonzalo Garita, quienes para 1910 vieron coronada la monumental obra con los bronces traídos de Florencia y las estatuas de mármol hechas en México por Enrique Alciati. Así, los cien años del inicio de la Independencia fueron celebrados con dos inauguraciones: el Ángel (con la declamación del poema "La Independencia", de Díaz Mirón) y el Hemiciclo a Juárez, obra de Guillermo Heredia, en el lado sur de la Alameda.

Mas esos grandes festejos no le duraron mucho a don Porfirio: después de su séptima reelección, el 27 de septiembre, hizo su aparición en el panorama político Francisco Ignacio Madero con su Plan de San Luis, quien desde Chihuahua fue creciendo hasta vencer al gobierno porfirista sin remedio. Y Díaz, con sus ochenta años a cuestas, después de treinta de gobierno absoluto, se embarcó rumbo a Europa en mayo de 1911; murió en París cuatro años después, añorando siempre un México de cuyos despojos nació nuestra actual nación.

Pero el siglo XIX no terminó así de simple: también en 1886, un año después de haber creado el cine mudo en Francia, los hermanos Lumière enviaron a su agente Vayre a México con el fin de comercializar su descubrimiento. Fue ese el inicio del cine en el país. Y apenas dos años después, el joven Salvador Toscano Barragán inauguraba la primera sala pública de exhibición en México: el Cinematógrafo Lumière, en la calle de Jesús María, con funciones diarias por el módico precio de diez centavos. Toscano revolucionó totalmente el concepto de entretenimiento mediante la proyección de diversas escenas nacionales tanto de provincia como de la capital. Tuvo tal éxito que muy pronto se vio en la necesidad de cambiarse al Gran Teatro Nacional de la calle de Plateros, hoy Francisco I. Madero, aumentando a dos las proyecciones diarias y a veinticinco centavos la entrada con derecho a asiento (y sólo quince centavos en las gradas). Ya en 1904, cuando se inauguraba el famoso Salón Rojo en la calle 5 de Mayo, la competencia no se había hecho esperar: los franceses Moulinié seguían el ejemplo e inauguraban a su vez el Palacio Encantado en la avenida 16 de Septiembre: la sala más elegante de la época.

Con su idea, Toscano provocó el inicio de las carreras de muchos jóvenes que comenzaron estudios de fotografía y cine, gracias a los cuales todavía es posible ver aquellas imágenes de principios de este siglo, o escenas relacionadas con las fiestas y desfiles patrios, los desastres naturales, los paseos dominicales y, un poco después, la historia gráfica de la Revolución de 1910. De aquel inicio vertiginoso surgiría más adelante una industria que crearía notables hombres y mujeres que ganarían fama y fortuna por el simple hecho de aparecer plasmados en una superficie blanca y lisa. El cine era un arte especial que apenas empezaba a recorrer el mundo, maravillando por igual a ancianos y a niños; a quienes querían reír o llorar; a los que sufrían una amarga realidad y a quienes deseaban encontrar una válvula de escape.

Si hubiésemos podido ver desde el aire la ciudad, en aquel principio del siglo XX, nos habríamos percatado de que era una vasta superficie llana, en el centro de la cual se concentraban edificios de diversidad notable en tamaño y forma, aun cuando casi todos eran de alturas que muy rara vez llegaban a igualar o superar las torres y cúpulas pertenecientes a las construcciones religiosas. El núcleo, el ombligo de este gran grupo de edificios, lo constituían la Catedral Metropolitana, el Zócalo y el Palacio Nacional, desde donde salían y a donde desembocaban la mayoría de las calles y avenidas principales, que paulatinamente se hacían más anchas.

Era una época en la cual decir Tlalpan o Xochimilco representaba toda una travesía accidentada, una auténtica excursión que tenía que realizarse invariablemente en carreta y en condiciones precarias. Hacia el poniente, el Paseo de la Reforma marcaba el límite de la Ciudad de México, con su famoso Caballito, la Rinconada de San Diego y la Alameda; con su Hemiciclo a Juárez y el modesto edificio en que se pretendía albergar los talleres de *El Imparcial*, sitio donde a los pocos años, tras la desaparición de ese periódico, surgiría un nombre que sería memorable durante setenta años, el nombre por el cual fui siempre conocido: Hotel Regis.

Sin embargo, todavía hubo de pasar un poco de tiempo para que adoptara ese nombre. Mencioné anteriormente al señor Reyes Spíndola, que a la par de sus negocios periodísticos con los cuales reconfiguró la forma de hacer periodismo, pretendió llevar a cabo otros negocios, por ejemplo, la construcción de uno de los primeros hoteles de corte "moderno" de la Ciudad de México. Originalmente, el edificio estaba destinado a las nuevas instalaciones de su periódico *El Imparcial*, pero por diversas circunstancias, primero de salud de su dueño y posteriormente por el movimiento armado de 1910, nunca llegó a ser ocupado por el medio impreso ya mencionado; en su lugar se hicieron oficinas y apartamentos con el nombre de Edificio Berry, el cual la señora Spencer Berry compró a Reyes Spíndola en 1911.

En ese moderno edificio ocurrieron hechos propios de la nota roja: "Son muchos los robos en los hoteles. Quinientos pesos desaparecen de un cuarto. El Señor Enrique Valle, que habita un departamento en el hotel Berry, presentó acusación en contra de Guillermo Villipe y Clara Ramírez por sospechas que tiene de que estos sean los autores del robo que sufrió en el mismo departamento en que se alojaba. Ramírez es la camarista del citado hotel y Villipe parece que aseaba la ropa del señor Valle y por este motivo entraba con frecuencia a su alojamiento…"

No hay seguimiento de la nota roja de referencia. La solución del caso no importa, interesa solamente el hecho y de esa manera se consignó en el referido diario, donde el reportero se dio el lujo de especular incluso, de acuerdo con las declaraciones del propio afectado, de por qué sospechaba de quienes fueron acusados.

En ese mismo año, y pasando a un tema mucho más grato, se ofrecía un menú bastante apetitoso para la cena de Navidad en el hotel Berry:

Olives Celery Radishes
Mock-Turtle Soup
Fried filets of fish
Roast Turkey Chestnut Dressing
Asparagus, peas, spinach, potatoes
Mixed salad with savory eggs and mayonnaise
Plum pudding brandy sauce
Mince Pies
Cheese and Crackers
Dressert
Tea, Iced Lemonade, coffee

Poco habrán disfrutado los comensales de esa deliciosa cena; algunos meses después se desató la violencia en nuestro país, especialmente en la región centro, y como consecuencia de la afectación de intereses y del desbordamiento que le provocaron al régimen maderista las demandas sociales, ocurrió la denominada Decena Trágica, que tuvo consecuencias desfavorables para mí, pero que permitió modelar definitivamente mi vocación, que ya estaba latente.

MI NOMBRE Y MIS PRIMEROS PASOS DURANTE EL SIGLO XX

Comentaba que aun cuando la relativa paz que implantara el gobierno porfirista hiciera llegar al país capitales de diversas partes del mundo, dando una imagen de progreso económico, socialmente la historia era muy diferente. Los brotes de inconformidad no se hicieron esperar, sobre todo en el interior de la república: empezaron a aparecer grupos organizados en el norte y centro, mismos que más tarde darían origen a la Revolución de 1910. Fue una segunda década vertiginosa.

Aquí en la capital se iba de sorpresa en sorpresa, pues los peatones, acostumbrados como estaban a deambular por las calles y paseos, de pronto comenzaron a sobresaltarse al cruzar con alguno de los vehículos de motor que hacían gala de sus cornetas de manera estrepitosa. Semana con semana se iban multiplicando, circulando sobre sus ruedas de goma con rines niquelados y cara blanca los Lancia, Peerles y Maxwell, así como los elegantísimos Pope Toledo, Cadillac, Renault y Dion Baulton. Eran autos con toldo o convertibles, con dos o cuatro puertas, con los colores más extraños y en su mayoría sin parabrisas. Ni qué decir de sus ocupantes: todos ataviados como debía ser, utilizando tupidos velos para sujetar el sombrero, guantes y sombrillas, y los caballeros guardapolvo, gorra, guantes de piel y anteojos para protegerse del aire y el polvo. Para el citadino normal era un sueño el mirar aquellos cuadros de elegancia netamente europea; el ver circular las tradicionales carretas tiradas por caballos o borricos al lado de ostentosas máquinas de pesado metal que se desplazaban a velocidades increíbles de diez, quince y hasta veinte kilómetros por hora: todo un espectáculo que vendría a engrandecerse con la llegada de los automóviles eléctricos, aquellos famosos Columbia importados de Estados Unidos por la Electric Vehicle Company —admirable que no hicieran tanto ruido como los otros, pero aún más sorprendente el presenciar la manera en que eran recargados para poder hacer uso de sus poderosos veinticuatro caballos de fuerza—. El crecimiento en su número hizo que el gobierno de Díaz se viera en la necesidad de crear vías de comunicación adecuadas, pues para el censo vehicular de 1906 la cifra de autos registrados rebasaba los cuatrocientos.

Sin embargo, la vida en nuestra pequeña capital era lo que se podía llamar todavía como "tranquila". Se acudía al teatro Principal y a otros centros de diversión, ya fuera para ver alguna película o un espectáculo musical como el que representaban Consuelo Vivanco y Esperanza Iris en aquella exitosa zarzuela mexicana titulada *Chin Chun Chán*. Y existía además la posibilidad de hacer uso de los paseos públicos y los jardines junto con la familia, bebiendo aguas de frutas y disfrutando los diversos dulces que en esos lugares se expendían abundantemente.

Desde mi ubicación yo veía que no era muy fácil cambiar, adaptarse a ese tipo de vida cada vez más veloz que exige una ciudad en crecimiento. Existían apenas cuatro o cinco hoteles como el Sanz, el Imperial, el Lascuráin o el Palacio (que funcionaba desde 1903 y había sido el primero en contar con un considerable número de baños, en las calles de Isabel la Católica). Era México entonces una pequeña ciudad sin problemas de tránsito, con poca industria y con edificios de tres o cinco pisos que podían ser contados con los dedos de una mano; el más alto sin duda era la torre de Catedral y, al final de la década, la cúpula del inconcluso Palacio Legislativo diseñado por Émile Bernard y que mucho más tarde sería el Monumento a la Revolución.

Era, pues, una ciudad bajita a la que comenzaban a dar ciertos rasgos urbanos las anchas y espaciosas avenidas que fueron creadas desde el Zócalo, considerado este como el núcleo de su vida; los hospitales, hospicios y casas de corrección cuya construcción el gobierno inició; la apertura de las líneas férreas, red que fue inaugurada con el fin de establecer contacto terrestre y rápido con múltiples estados de la república… En fin: los rasgos coloniales de lo que antes había sido la brillante Nueva España empezaban a compartir su espacio con las modernas lámparas del alumbrado público que a eso de las siete se encendían al unísono, iluminando el aire y dando un sutil toque romántico al ambiente.

En esos días los almacenes más bellos y elegantes eran dos: El Puerto de Veracruz y El Palacio de Hierro, sitios que recibían la visita de acaudaladas damas que nunca salían con las manos vacías. Lujosos hasta en el más mínimo detalle, eran símbolo del nivel social al cual pertenecían. Y, así como esos almacenes, había clubes, centros de reunión, teatros y salones de baile a los cuales asistía la clase adinerada, que tenía sus restaurantes, salones de té y bares en los que pasaba buena parte del tiempo. Confiados en su fortuna, creían que su dicha duraría para siempre, que la paz que disfrutaban nunca terminaría. Pero la Revolución vendría a demostrarles lo contrario.

En 1910 precisamente, a tan sólo unos pasos de donde yo me hallaba, el escultor Guillermo Heredia diseñó un monumento sobre la avenida que desde entonces tomó el nombre del ex presidente homenajeado: un bello hemiciclo, recuerdo de la lucha de un prócer como pocos. Era año de festejos, en el que se celebraba un siglo del inicio de la Independencia nacional, y para tal fin se inauguró también la Columna de la Independencia. La capital contaba entonces con casi medio millón de habitantes y con sólo 1,370 hectáreas de área urbana. Múltiples delegaciones arribaron provenientes del interior, la mayoría de las cuales fue alojada en los principales hoteles, como convenía a su dignidad, e incluso se hizo una película: *El grito de Dolores*, financiada y personificada por Felipe de Jesús Haro en el papel del cura Hidalgo, y filmada precisamente en Guanajuato. Esa sería una fecha decisiva, a partir de la cual nuestro cine mudo atravesaría por varias etapas de éxito, en las que se realizarían hasta diez películas por año. Fue tal el auge de los fotógrafos nacionales de calidad, que empresas internacionales como la Pathé y la Fox contrataron sus servicios y adquirieron las imágenes captadas por ellos a lo largo del movimiento armado que conmocionó a México.

Sí, el 20 de noviembre de 1910, al grito de "Sufragio efectivo y no reelección", Francisco I. Madero convocaba al levantamiento armado, en rebelión contra la dictadura porfirista. Entonces la Revolución se propagó rápidamente por todo el territorio nacional, Zapata se sublevó en Morelos y Pascual Orozco en Chihuahua. Lo demás es historia, historia que viví muy de cerca. Hubo un sinfín de cambios en el poder político: Porfirio Díaz abandonó el país en 1911 y ocupó temporalmente su lugar Francisco León de la Barra; en el mismo año Madero fue nombrado presidente, y tras dos años el régimen no pudo cumplir las expectativas de ninguno de los grupos sociales; los pobres deseaban cambios que Madero no hizo por temor a molestar a los miembros de su propia clase social. Madero provenía de la aristocracia provinciana y los ricos se sentían amenazados por un gobierno que no mostraba interés en reprimir, a la manera del general Díaz, las muestras de inconformidad social. Sufrió en el transcurso de apenas dos años al menos tres levantamientos: el de Pascual Orozco en el norte del país, uno en Veracruz encabezado por Félix Díaz y finalmente el intento realizado por Manuel Mondragón, Bernardo Reyes y el propio Félix Díaz, quienes no pudieron vencer a las fuerzas leales de

Madero y tuvieron que recurrir a Victoriano Huerta, quien era el jefe de operaciones nombrado por Madero.

Finalmente, el jefe del ejército, Victoriano Huerta, dio un "cuartelazo" y depuso al presidente; ambas fuerzas se enfrascaron en una guerra campal que, desde entonces y hasta nuestros días, los documentos registran como la Decena Trágica: lucha librada entre la Ciudadela y el Zócalo, con cañonazos, muerte y un ambiente que hacía que los pobladores se refugiaran en la frágil seguridad de sus hogares. Hechos sangrientos que presencié de cerca, escuchando el fragor de la batalla entre los rebeldes y el ejército.

Por estar situado muy cerca de la Ciudadela, en el corazón de la pequeña pero bulliciosa y cosmopolita Ciudad de México, el hotel Berry sufrió los estragos de la lucha entre las facciones contendientes.

En la refriega, yo, es decir, el hotel Berry (junto algunos otros edificios aledaños a la plaza de la Ciudadela, donde se habían hecho fuertes los alzados), resulté con daños en el quinto piso y en el *lobby*, y un norteamericano que observaba el combate "con la imprudencia de la curiosidad desde la azotea" (según *El Imparcial*) fue herido.

A raíz de los daños, la propietaria del hotel Berry se declaró en quiebra y vendió el edificio a su antiguo propietario Rafael Reyes Spíndola. Transcurría abril de 1913 cuando en el periódico *El Imparcial* se anunció el cambio de propietario del hotel Berry y el de su nombre: en ese momento mi nombre fue hotel Ritz.[1] Este acontecimiento fue noticia en los periódicos de la época.

Como hotel Ritz, a mediados de 1913, los periódicos me anunciaban como "Hotel Lujoso y seguro de incendios y terremotos", con la dirección avenida Juárez número 77. Ofrecía plan europeo, restaurante en la azotea y habitaciones con o sin baño, con precio de dos a ocho pesos por día: setenta cuartos en cinco pisos, decorados al estilo "Victoriano".[2]

Sin embargo, la agitación del momento histórico no perdonó

---

1. Daniel Gallardo, *Hotel Regis. 100 años de historia y leyenda*, material inédito, México, p. 14.
2. Ibídem, p 17.

las buenas intenciones empresariales de Reyes Spíndola ni su posición como acérrimo opositor al régimen maderista y, más tarde, la filiación abiertamente huertista del *Imparcial* (gracias a su director Salvador Díaz Mirón) provocó que, al triunfar la revolución carrancista, Reyes Spíndola tuviera que entregar la dirección del periódico a los revolucionarios, concretamente al intelectual maderista Jesús Urueta, quien nombró como jefe de redacción al ingeniero Félix Palaviccini. Para sepultar cualquier vestigio de liga con el huertismo, el periódico cambió de nombre a *El Liberal*. El último número de *El Imparcial* se publicó en agosto de 1914 y ocho años más tarde falleció Rafael Reyes Spíndola.

Al final, Huerta, vía la traición, salió victorioso y la Presidencia quedó primeramente en manos de Pedro Lascuráin y aproximadamente cuarenta y cinco minutos después en las del propio Huerta, contra quien se sublevó desde Coahuila Venustiano Carranza, gobernador de aquel estado.

Tendríamos entonces, sucesivamente, cuatro presidentes en un periodo de tan sólo dos años.

Pero en ese momento, trágico para la población del país y de la ciudad por la nueva lucha que se avecinaba, tuve mi luminoso nacimiento: del malogrado hotel Ritz mi nombre cambió al permanente con el que el público nacional e internacional me conoció: Hotel Regis. Fui fundado en 1914 por el representante de la Compañía Petrolera El Águila, Rodolfo Montes, un multimillonario de origen veracruzano. Mi inauguración fue el 14 de septiembre de 1914.[3]

Contaba con setenta habitaciones y un restaurante bar. Hacia 1917, dado el crecimiento vertiginoso de la capital, y a pesar de la muy intensa y agitada vida política y militar de los últimos tiempos, surgió la necesidad de tener una ampliación: se compraron los terrenos para construir ciento ochenta habitaciones más. En ese año fueron demolidas las casas que estaban al lado del hotel. Aparte de la ampliación con las ciento ochenta habitaciones, se contempló un restaurante con un salón de lujo y un teatro, diseñado

---

3. Ibídem, p. 22

por Manuel Gorozpe, el cual empezó a construir en 1919 Miguel Rebolledo.[4]

Mis elegantes instalaciones me permitieron seguirme colocando en el centro de la vida social y política de un país que estaba saliendo de un periodo convulsionado a otro. La lucha no concluyó con la huida de Victoriano Huerta, tampoco terminó con el triunfo de Venustiano Carranza.

Al final de la llamada "segunda etapa" de la Revolución Mexicana, el mismo Carranza ocuparía la Presidencia, no sin antes haber derrotado a los descontentos Francisco Villa y Emiliano Zapata. Justamente en ese momento por primera vez fui testigo de un desfile multitudinario. Corría el mes de diciembre de 1914, precisamente el día 6, cuando a mis pies comenzó a congregarse la gente: en ambas aceras hacían valla, vitoreaban y aplaudían al poderoso ejército que hacía su entrada triunfal por el Paseo de la Reforma con dirección al Zócalo. Al frente venían Villa y Zapata, muy sonriente el primero; el otro, con su habitual gesto ceñudo y de desconfianza; detrás de ellos, a caballo y a pie, con fusiles, carrilleras y pistolas, sonrientes también, cerca de cincuenta mil hombres.

Para 1917, ya con el primer jefe don Venustiano Carranza en el poder, las cosas parecían mejorar. La calma social antes perdida volvía a hacer su aparición en la atmósfera de la Ciudad de México: calma que duraría sólo tres años. Sin embargo, la vida era la misma, los pobladores de la capital seguían realizando sus paseos dominicales, yendo al Zócalo a paladear los deliciosos antojitos que allí se encontraban a diario: tacos de guacamole con salsa verde, barbacoa, pozole, carnitas, así como cacahuates garapiñados, alegrías, diversas frutas cristalizadas y un sinfín de cosas más para fortalecer la digestión. En ese 1917, siendo mi propietario el señor Rodolfo Montes, comencé a ver ciertos cambios en la disposición de mi interior, cambios encaminados a mejorar el servicio y la atención a los huéspedes. En ese momento existía en mí un pequeño teatro que era conocido como La Bombonera de la avenida Juárez y que unos cuantos años más tarde se convertiría en

---

4. Ídem.

uno de los mejores cines de la época: la Bombonera Regis. Era justo el año en que existía sólo una fuente de sodas en la Ciudad de México: la del emprendedor señor Sanborn, un alemán muy simpático que siempre frecuentaba las mesas; bajito para ser germano, corpulento y con su brillante pelo negro, quien varios meses después perdería a sus dos hijos en la Primera Guerra Mundial.

Al poco tiempo, con la promulgación de la nueva Constitución Política en 1917, se pensó que podría terminarse con el conflicto, que ya había durado casi una década. Aunque en muchas obras tradicionalmente se considera esa fecha como el fin de la Revolución Mexicana, no es así: las luchas continuaron, si bien ello no fue un obstáculo para que en la gran ciudad la vida continuara.

Para 1919, el mundo del entretenimiento fue testigo de una novedad sin precedentes. En la esquina que formaban las calles de Plateros (hoy Madero) y Bolívar, se inauguró el cine Salón Rojo, cuyo atractivo especial consistió en que fue el primero en contar con una escalera eléctrica y una habitación de espejos cóncavos que hacía las delicias de chicos y grandes. Este cine ofrecía funciones en dos salas, ambas en el segundo piso. En la sala A se programaban películas mudas en episodios, como las del entonces famoso Eddie Polo; y en la sala B filmes cómicos de la época de Charles Chaplin, Buster Keaton, Roscoe Arbuckle, Ben Turpin y Harold Lloyd. (Un poco más adelante se exhibirían allí películas como las del director español Antonio Moreno, el primero en venir a dirigir *Santa*, cinta basada en una novela de Federico Gamboa.)

El gobierno, al mismo tiempo, se vio obligado a establecer el Departamento de Tráfico debido a la gran circulación de carruajes que transitaba por la calles, tanto de tracción animal como motora, y comenzó a aplicar severas multas de cinco, diez y hasta quince pesos a los automóviles que rebasaran la velocidad máxima permitida, que era de veinte kilómetros por hora, así como para los tranvías que en las bocacalles no sonaran precautoriamente la campana. La ciudad seguía en crecimiento, la construcción de rutas viales para el transporte eléctrico había ya alcanzado al Zócalo y la avenida Hidalgo, por donde pasaban en recorrido cada vez más veloz.

Comenzó a haber vehículos casi para todo: desde los que se dedicaban a recolectar la basura de calles y plazas, hasta los que estaban encargados de fumigar los edificios gubernamentales —pasando por los de mudanzas y los memorables "coches de camino", que hacían jornadas hasta de un día en recorridos de distancias que hoy se cubrirían en sólo un par de horas—. Junto con los autos policiales hicieron su aparición también los carros de pasajeros, aquellos que popularizaron el grito de "¡Dos más, dos más!", indicando con ello que si se quería viajar tendría que ser de pie; y no era poco decir, pues había rutas extremadamente largas, como los que iban a Chapultepec, Tacubaya, Mixcoac y San Ángel, que entonces eran municipalidades. Y qué decir de las gasolineras: austeras, atendidas casi siempre por un solo dependiente y provistas de una extraña bomba que había que echar a funcionar para que saliera el apreciado líquido.

Paulatinamente iba fundiéndome con ese panorama, con esa atmósfera tan marcada por una modernidad naciente que yo apenas comenzaba a entender por vivir precisamente en su centro. Mi nombre iba siendo cada vez más familiar entre gente de diversos estratos y círculos. Sabían de mí en primer lugar los políticos, que en buen número llegaban a hospedarse, pero además comenzaba a ser conocido entre los artistas y los turistas que llegaban a venir al centro del país en fechas especiales como la Semana Santa, el Año Nuevo o la Navidad. Yo me sentía muy bien, sabiendo que mi función era la de ofrecer un sitio de descanso en el que la amabilidad fuera para el viajero la primera impresión. Y su número era creciente, así como la cantidad de capitalinos que se acercaban a mí para, a principios de los años veinte, disfrutar de la comida y bebida que ofrecía un restaurante bar que se hallaba abajo, justo en la esquina de Juárez y Rosales: el Page, propiedad de un personaje mitad griego y mitad estadounidense que se esmeraba en el servicio. Este señor Page tenía más admiradoras que otra cosa, pues su estatura alcanzaba los dos metros y no era nada feo, sino musculoso, bien parecido y muy cortés.

Yo preveía un florecimiento inminente: el auge social, económico y cultural que se vivía tendría que verse reflejado también en el ramo que concernía a los visitantes. Me daba cuenta de mi situación privilegiada, de mi ubicación, y sobre todo de la preferencia que día con día recibía de mis huéspedes. Sin falsos pudores puedo decir que entonces supe que llegaría a ser el precursor de una industria nueva del todo: la industria turística de México. Era el fin de la segunda década del siglo, y uno de los espectáculos más excepcionales que yo presenciaba sucedía en las fuentes de la Alameda, a las cuales llegaban cientos de patos para saciar su sed: un verdadero deleite para los pequeños que, acompañados de sus padres, acudían los sábados y domingos a ese gran parque. Allí estaba el ambiente festivo, ese mismo que llegaba a su máxima expresión no sólo los domingos sino también en dos épocas importantes del año: Semana Santa y de Navidad a Día de Reyes.

Durante la primera cambiaba el panorama de la avenida Hidalgo, que de pronto se veía llena de puestos con juguetes propios de la época y en su mayoría artesanales; abundaban los antojitos, los expendios de dulces y tamales, los buñuelos y champurrados, los atoles, las nieves y aguas frescas, las loterías cantadas en que participaba la familia entera, los vendedores ambulantes de pájaros, conejitos, loros y demás mascotas para los niños, los imprescindibles "globeros" que hacían chillar un silbato para llamar la atención… En fin, una gama amplísima de gente proveniente de los más diversos estratos sociales.

En la época decembrina de posadas hacían su aparición las bandas musicales, los conjuntos que amenizaban la compra de piñatas, nacimientos, serpentinas, veladoras, luces de bengala, juguetes para los Reyes Magos, el pan de huevo y todos los consabidos alimentos tradicionales. Podía decirse que no había una gran diferencia entre el ambiente que en esos días se respiraba en la Alameda Central y en el Zócalo, adonde llegaban gran cantidad de indígenas cargando unas avecillas parecidas a las garzas, pero mucho más pequeñas. Las ofrecían gritando: "¡Chichicuilotes vivos, chichicuilotes vivos y baratos!" Esto confundía al ingenuo que creía que servían como alimento cuando en realidad esas pequeñas aves de apenas veinte centímetros no eran otra cosa que matamoscas eficaces: se compraba una para cada cuarto y se la dejaba suelta, y cuando el animalito oía el inconfundible zumbido de moscas, mosquitos o cualquier otro insecto volador inmediatamente remontaba el vuelo para comérselo.

Y es que en el ambiente abundaban las moscas, debido a los múltiples lugares que, como los establos, todavía existían en la ciudad, sin contar las caballerizas que abundaban en todas direcciones. Eran días en que el Zócalo había sufrido cambios, al ser talados los fresnos de lo que entonces era el antiguo Paseo de las Cadenas, así como los del centro de la plaza y aquellos que habían crecido en el atrio de la Catedral. La idea era dar más lucimiento a los edificios que rodeaban el primer cuadro; pero el ver que de la noche a la mañana había cambiado el panorama hizo que brotaran encendidas opiniones en contra de la mencionada decisión, por lo que en la misma administración de Venustiano Carranza se optó por colocar una enorme cantidad de plantas de ornato para tratar de devolver algo de su verdor a la antigua Plaza de Armas.

Por su parte, la industria cinematográfica había seguido en pleno ascenso. Al cine se habían incorporado actrices, cantantes y *vedettes*, señores de sociedad y actores profesionales, además de atletas, bailarines y estrellas de la farándula, como María Caballé, Mimí Derba, Socorro Astol, Ciprí Martí, Matilde Cires Sánchez, Romualdo Tirado, Ricardo Beltri, Ramón Pereda, Julio Taboada, Consuelo Frank, Carmen y Cube Bonifant, Joaquín Pardavé y muchísimos más que en algunos casos apenas comenzaban. Igualmente descollaban personajes como Enrique Rosas, un conocido fotógrafo que dirigió y editó en 1919 la mejor película seriada del periodo silente: *La banda del automóvil gris*, basada en un hecho real.

También haría su aparición un mundo nuevo, un mundo en el que los sonidos y la voz humana tomarían un lugar de privilegio, en el que la enorme mayoría de los mexicanos se vería reflejada y que tendría una de sus épocas más brillantes en mi interior muchos años después: la radio.

En el número 56 de la avenida Juárez era visible una casa de dos pisos que ostentaba en su azotea dos antenas: una que funcionaba como pararrayos y otra como antena transmisora. Precisamente en ese segundo piso se encontraba la estación de radio XYZ, que fue, junto con la CYB, pionera en el campo de la radiodifusión (esta última estaba ubicada en la calle Ernesto Pugibet y era propiedad de la compañía de cigarros El Buen Tono). Pero fue la XYZ la que comenzó a transmitir desde 1919. Recuerdo que en el primer piso de ese edificio se había instalado una tienda de material eléctrico llamada El Electrodo, cuyo dependiente era un joven que se convertiría en locutor casi oficial de la XYZ y se llamaba Jorge Marrón, mejor conocido mucho después como el *Doctor IQ*. Durante esos primeros años, la estación invitaba a orquestas de Nueva Orleans y transmitía programas musicales con un alcance de diez kilómetros, copando prácticamente la zona más importante del valle de México. Esa primera radiodifusora surgió gracias al entusiasmo de tres personas: Carlos Ezquerro *Jr.*, Juan Gutiérrez y Raúl Azcárraga Vidaurreta, quienes fungían como socio capitalista, técnico y gerente administrativo, respectivamente, teniendo como locutores a Luis Ezquerro y el mencionado Jorge Marrón. Por cierto, en los días de tormenta la antena pararrayos funcionaba tan bien que asustaba a todos los vecinos.

En el ámbito político la tormenta seguía y no parecía haber pararrayos que funcionara para proteger de las tempestades. Carranza trató de consolidar su posición imponiendo a un sucesor que no había participado en la lucha revolucionaria, el ingeniero Ignacio Bonillas. Esto provocó el levantamiento de varios de los jefes revolucionarios que consideraban tener mejor derecho a ocupar el poder. El movimiento fructificó en el Plan de Agua Prieta, que desconocía a Carranza.

El movimiento triunfó, Venustiano Carranza huyó de la Ciudad de México, cargando con el dinero de la nación en un tren hacia Veracruz, y en el camino abandonó dinero, trenes y escapó por la sierra. Murió asesinado en Tlaxcalotongo a fines de mayo de 1920. La noticia se supo inmediatamente. La sociedad se hallaba conmocionada y el Congreso de la Unión decidió aplazar las elecciones, nombrando un presidente provisional que debería tomar posesión justo el día primero de junio. Y tal nombramiento recayó en el jefe de la revolución triunfante: Adolfo de la Huerta, quien el día anterior a su toma de posesión llegó a hospedarse al lugar que consideraba el más adecuado tanto por encontrarse cerca de la Cámara de Diputados, como por ser un sitio con ubicación estratégica, a corta distancia del modesto hotel Saint Francis de la avenida Juárez en el que el general Obregón había establecido su cuartel general. Fue esa una noche de intenso movimiento, con gente que entraba y salía, civiles y militares, políticos y hombres de negocios, muchos de ellos encargados de los preparativos del evento que al día siguiente tendría lugar. Por supuesto no era cualquier cosa: se trataba nada menos que del mismísimo presidente de México que saldría de mi interior para ir a jurar como primer mandatario de la nación. Con él, Adolfo de la Huerta Marcor, hice mi destacada entrada en el más alto nivel del mundo político del país.

Desde entonces, desde ese 1920, comencé a convertirme en el sitio favorito de los poderosos, de los ganaderos del norte y de los gobernantes estatales que, sin pensarlo dos veces, llegaban a mis instalaciones en cada uno de los viajes que debían hacer a la capital. Inicié mi camino como escaparate y pasarela, atrayendo a los actores del poder lo mismo que de la cultura y la vida social no sólo de la ciudad, sino del país entero. En muy poco tiempo llegué a ser el mejor y más famoso, el lugar de ambiente, novedad y noticia al que los diarios se referían con creciente frecuencia.

MI PRESENCIA EN EL MÉXICO
DE LOS AÑOS VEINTE

Para 1922 yo contaba ya con el primer sitio de taxis de la ciudad: eran grandes y espaciosos, elegantes y cuadrados como todos los autos de esos días; se estacionaban alineados sobre la avenida Juárez y proporcionaban servicio las veinticuatro horas. Ese fue sólo uno de los detalles que me hacía distinto de los demás, ya que en ese mismo año sucedió algo que vino a revolucionar la vida de la sociedad encumbrada: se inauguró el restaurante-bar Don Quijote, denominado así por contar en su interior con azulejos que representaban escenas de ese personaje de novela.

El Don Quijote se convirtió de inmediato en el sitio preferido al que acudían a cenar y bailar miembros de las familias más selectas del

México de entonces. Era un salón con grandes espejos y en el que los giros de la moda se evidenciaban día con día. Así, la falda que en la década anterior llegara hasta el tobillo y la espinilla subió hasta la rodilla e incluso un poquito más arriba; los peinados de hermosas cabelleras arregladas con ondulaciones y ensortijamientos dieron paso al pelo extremadamente recortado, provocando comentarios que se hicieron apodos para aquellas que se afanaban en seguir las modas europeas y estadounidenses (las llamaban "pelonas", lo cual, al parecer, en vez de disgustarles les resultaba agradable). El día de su inauguración, el Don Quijote ofreció una cena de gala sin igual, que los diarios resaltaron en las primeras páginas del día siguiente con comentarios halagüeños en los que destacaban cosas como: "La cena de gran gala que fue ofrecida ayer tuvo un costo de cinco pesos por cubierto, e incluía selectos platillos internacionales", o bien: "Lo más selecto de nuestra sociedad se dio cita la noche de ayer en un espacio que nada tiene que pedir a los mejores centros nocturnos de Europa". Lo cual era cierto, pues si bien en esos años existieron salones como la Academia Metropolitana, el Bucareli Hall, el Tívoli del Eliseo, y centros nocturnos como El Globo, el Café Colón, el Montparnasse, el Parisien, el Montecarlo, por citar sólo los mejores, Don Quijote dejaba a todos atrás por la suntuosidad de sus interiores, por la elegancia de la atención que uno recibía dentro, por la alta cocina que ofrecía a sus comensales y, sobre todo, por la calidad de sus orquestas, que le conferían un toque de finura incomparable.

Fue inaugurado con amplio despliegue publicitario el mes de julio de 1922, y desde entonces comenzó a marcar la diferencia entre lo que era yo y lo que pretendían ser los demás hoteles. No tenía competencia: comenzaba estupendamente la década y el futuro era mío. Sin embargo, las cosas no habían sido tan fáciles porque, desde su inicio, la década de los veinte dio muestra de que sería especial. Si bien el movimiento revolucionario había perdido ya mucha fuerza, permitiendo que en la Ciudad de México se viviera con relativa calma, todavía en diversos estados del interior los problemas eran algo cotidiano.

Para mi propietario, Rodolfo Montes, empecé a ser negocio. Fue entonces cuando proyectó la idea de crear el Don Quijote, y más tarde, en 1923, transformar mi fachada: trabajo que encomendó al afamado arquitecto Manuel Gorozpe, quien contaba en su haber con trabajos como el de la iglesia de la Sagrada Familia en la colonia Roma, muy cerca de lo que hoy se conoce como Plaza Río de Janeiro. Y fueron los gastos de este tipo los que llegaron en cierta forma a desequilibrar las arcas de mi dueño, quien para 1924 se vio en la necesidad de constituir la Compañía Internacional de Hoteles, S.A. e hipotecarme. Así las cosas, no tuvo que pensarlo mucho cuando un año después recibió una oferta más que tentadora por parte de un joven que se convertiría en mi nuevo propietario. Y es que unos años atrás, en la población de Reventadero, Veracruz, precisamente en los terrenos de la familia del señor Facundo Hernández, de la noche a la mañana brotó "el oro negro". Nadie supo bien cómo, y menos don Facundo, quien a causa de la impresión falleció, dejando a su viuda con cuatro hijos. De estos, dos eran mujeres, y Paulina, la mayor, estaba casada con un hombre inteligente y decidido a quien la señora Hernández nombró inmediatamente apoderado y administrador universal de los bienes de la familia. Ante tal responsabilidad, ese joven, cuyo nombre era Mario Castelán Meza, lo primero que hizo fue enviar a sus cuñados al extranjero para garantizarles una educación superior; al poco tiempo, cuando empezaron a llegar las grandes cantidades de dinero provenientes de las regalías en dólares que la Compañía Petrolera El Águila destinaba para ellos, Mario pensó en una forma segura de invertir y puso inmediatamente sus ojos sobre la Ciudad de México. Vino, indagó y se dio cuenta de que había un negocio con posibilidades óptimas: un inmueble al que todo el mundo se refería utilizando adjetivos elevados. Corría 1925 cuando llegó a un acuerdo comercial con don Rodolfo Montes y adquirió para la familia Hernández la hipoteca del Hotel Regis en la enorme cantidad de dos millones con doscientos mil pesos oro. Era mucho dinero.

Ya como flamante propietario, Castelán mejoró todavía más el edificio haciendo que en mi interior llegara a haber doscientas habitaciones, con servicios que para esa época eran impensables: restaurante, salón de belleza, peluquería, teatro y hasta cine.

Y eso sin contar los servicios completos con que contaba cada habitación, ni mucho menos los fabulosos baños que muy poco tiempo después serían inaugurados, dando inicio a una era sin igual en adelantos en los que absolutamente iba yo a la vanguardia. La visión futurista de Mario Castelán lo hizo darse cuenta de la importancia que con toda seguridad revestiría la industria del cine en unos cuantos años, por lo que uno de sus primeros pasos fue crear un lugar que ofreciera más que lo que daba la competencia: un cine que fuera capaz de rivalizar con los que ya funcionaban en las calles aledañas. Y ese espacio selecto y pequeño, en el que había solamente trescientas cincuenta butacas tapizadas con cubiertas muy finas, abrió sus puertas con el nombre de la Bombonera Regis, dando desde el primer día funciones de riguroso estreno a sus encantados visitantes. Posteriormente mi nuevo dueño sería también propietario del cine Principal, pero por el momento estaba satisfecho con hacerle la competencia a los otros dos que entonces eran los más selectos: el Palacio, ubicado en 5 de Mayo, y el Olimpia, en 16 de Septiembre y Niño Perdido (hoy Eje Central).

Era la mitad de los años veinte, cuando en la Plaza de la Constitución confluían todas y cada una de las líneas de tranvías y carros de pasajeros, cuando todavía las carretelas se estacionaban para esperar el pasaje, cuando el Zócalo era la zona comercial por excelencia y podían conseguirse allí desde artesanías hasta muñecas, desde calzado y arreos hasta postales, desde flores hasta barbacoa bien calientita. Era la época en que, sobre la calle de Madero, los vendedores ambulantes hacían desde invitaciones para boda y primera comunión, hasta las más extrañas tarjetas personales, utilizando sus pequeñas imprentas portátiles; los años en que hacían su aparición los inmigrantes más tenaces y vestidos a la usanza europea de aquellos días, con cachucha o sombrero, y ofreciendo lo mismo calcetines que corbatas de seda u hojas de rasurar a los transeúntes: judíos que poco a poco, con su propio trabajo, fueron ganando el respeto de la gente más dispar.

Era ésa, y no otra, la época que vivía. Mañanas en las que afuera de mi entrada principal se encontraban a determinada hora dos personajes increíbles por su buen humor y simpatía. Uno de ellos llegaba casi siempre como a las siete y de inmediato se instalaba con su cajón para ofrecer sus servicios de boleado; nunca supe cómo se llamaba, pero era griego y trabajaba unas diez o doce horas al día: tenía ya clientes fijos con los que platicaba animadamente en su español salpicado de acento extraño y eses casi silbadas. Estuvo muchos años a mi puerta y se llevaba muy bien con todo mundo, pero cuando se le ofreció ingresar al cuerpo de empleados del hotel tuvo que negarse categóricamente, pues dijo que su independencia era lo más importante y que, además, le gustaba estar allí en la calle, con un panorama arbolado y con un incansable ir y venir de todo el mundo que él disfrutaba cada día; le encantaba el bullicio, el ruido de los vehículos, la gran cantidad de norteamericanos que en ciertas temporadas se dejaban venir en grupo a hospedarse en mí, e igualmente platicar con el otro personaje, un vendedor ambulante de tortas y empanadas que recorría invariablemente los corredores de la Alameda ofreciendo productos hechos en casa; sus precios eran módicos: sólo diez centavos la pieza, pero como el griego era un buen cliente diario, y además bastante tragón, le vendía a precio especial, o sea quince centavos por dos piezas y hasta veinte por tres algunas veces. No era un vendedor común y corriente, no: él siempre iba vestido con camisa muy blanca y una corbata negra y delgada, con pantalón también negro y una gran canasta para conservar bien tapados sus productos, lejos del polvo.

Se comenzaba a vivir en otro ritmo, y muchos de los habitantes de colonias bastante retiradas acudían al Centro a hacer sus compras en algunos de los negocios más importantes, como La Francia Marítima, la Mercería del Refugio, la papelería Helvetia de don Santiago Galas o La Gran Sedería en Isabel la Católica, lugares en que podía encontrarse prácticamente todo y cuyos dueños eran, en su gran mayoría, españoles acaudalados, como los señores Somolinos y Montesinos, que en lo que ahora es el Banco de México tenían la enorme papelería El Modelo. Y también empezaba a haber cambios en los asuntos escolares, pues algunas de las familias adineradas inscribían a sus hijos en internados como el de los hermanos maristas, que llevaba el nombre de Patricio Sanz y se encontraba nada menos que hasta Tlalpan; aunque era toda una excursión el traslado, los muchachos lo disfrutaban, tomando un tren que salía todas las mañanas del Zócalo para emprender un recorrido de más de una hora que terminaba en una plataforma giratoria que le daba pesadamente la vuelta a la máquina para que emprendiera el regreso.

Por mi parte fui testigo de una acontecimiento provocado por el entusiasmo de un ginecólogo que era propietario de la casa contigua a mí, sobre la avenida Juárez: Mateo Fournier era su nombre, y quiso tener un espacio que, además de ofrecer servicios propios de su giro, fuera un punto de reunión para aquellos que desearan variar un poco la monotonía que podría significar el concurrir al Sanborns diariamente. Su idea fue brillante, pues vino a modificar radicalmente el movimiento acostumbrado de quienes estaban a diario en el Centro, ya fuera por negocios o para departir y platicar con amigos y conocidos. Este acontecimiento fue nada menos que la creación de la Farmacia Regis que, gracias al hecho de llevar mi nombre, y a su estupenda ubicación, comenzó desde el primer día a ser conocida por los más notables miembros del mundo artístico y cultural, que por las tardes se daban cita ahí para jugar dominó. Era una cafetería y fuente de sodas que vino a hacer la competencia al negocio del señor Sanborn, y a la cual de pronto comenzaron a llegar personajes como Jorge Negrete con su séquito de amigos, el joven Emilio Fernández cuando todavía no destacaba en el cine, Joaquín Pardavé, los directores más famosos de la época y muchísimas jóvenes de todos tamaños y colores, deseosas de tener una oportunidad en alguna película. Era un espectáculo aquello, mismo que encantaba a los muchachos que por decenas acudían a ver a esas guapas aspirantes al estrellato: desde el principio hubo ahí encuentros que llegaron a terminar ante un altar. Pero todavía faltaba mucho, muchas cosas que pasarían dentro de esa farmacia tan especial y que más adelante contaré. Por lo pronto, la juventud bailaba al ritmo del charleston, del one-step, del fox trot, del vals y del danzón, y la gente se asombraba con la hazaña espectacular del atleta estadounidense Bebe White, quien, convertido en "hombre mosca", realizaba un ascenso inolvidable a la pared frontal de la Catedral Metropolitana.

Algunas calles cambiaban de nombre: avenida Hombres Ilustres por Hidalgo, avenida del Factor por Allende; e incluso se inauguraban grandes vías, como la Calzada Nueva, que hoy conocemos como avenida de los Insurgentes. Además, se había iniciado el programa oficial de construcción de carreteras, lo que significaba el arranque de la época del turismo a gran escala, y para entonces yo ya era plenamente identificado como el mejor y más selecto de todos los hoteles, pues funcionaban muy pocos y ninguno llegaba a parecerse a mí. Unos años después se construiría el Ritz en la avenida Madero, que vendría a ser el segundo de la lista que yo encabezaba (esto resultaba evidente para todo viajero que utilizara la indispensable y práctica relación llamada "Directorio de Hoteles", de la que era imposible prescindir).

Continuaba la modernización y el comercio llevaba la vanguardia. Precisamente en los aparadores de los grandes almacenes y tiendas, las máscaras de papel maché fueron tomando el lugar de los acostumbrados maniquíes de cera, convirtiendo los ventanales de infinidad de negocios en una especie de escena teatral en miniatura, con marquesinas metálicas y altorrelieves de madera al estilo de los aparadores que en esa época se veían en Estados Unidos.

Parecía como si de pronto los escaparates hubieran sido una extensión de las vitrinas del callejón de Dolores, en donde la comunidad china tenía sus restaurantes, algunos comercios y hasta un casino al que acudían religiosamente a dejar su dinero. En la Bombonera Regis se presentaba José Mojica, uno de los mejores tenores mexicanos que en 1928 filmaría en Hollywood su primera película: *El precio de un beso*, inicio de una destacadísima participación que lo llevaría a sumar doce cintas en tan sólo cuatro años. En realidad, la Bombonera era un sitio al que acudían lo mismo quienes deseaban ver una película de estreno que aquellos interesados en presenciar la actuación de artistas de primer orden, ya fueran mexicanos o internacionales, como la inimitable Pavlova, el carismático Ernesto Vilchis o bien orquestas como el Escuadrón del Ritmo de Gonzalo Curiel (años después, el mismo Agustín Lara estrenaría allí una de sus obras musicales, a base de canciones como "Piensa en mí" y "Muñeca"). Al año siguiente, Rafael J. Sevilla editaría la cinta *Más fuerte que el deber*, con diálogos hablados, canciones de Mario Talavera y música de fondo compuesta por Jesús Corona, utilizando un sistema muy primitivo y defectuoso de discos que, aunque dejaba mucho que desear, no podía ser considerado sino como revolucionario, pues se había adelantado a lo que ya en la década siguiente se desarrollaría completamente: el cine sonoro. Eran años en los que una gran cantidad de actores y actrices de habla hispana intervenían en películas realizadas en Hollywood, para beneplácito del público latino e ibérico que seguía con atención su trayectoria; así, desfilaban por la pantalla luminarias como Antonio Moreno, Lupe Vélez, Mona Rico, Dolores del Río, José Bohr y Lupita Tovar, haciendo las delicias de sus admiradores.

Fueron los años veinte una década marcada por la apertura cultural que había iniciado el gobierno de Obregón, con medidas tan innovadoras como el hecho de fomentar que el arte saliera de los templos y mansiones para ser visto por los ciudadanos comunes en edificios de carácter público, como la Secretaría de Educación Pública, la Suprema Corte de Justicia, el mercado de San Pedro y San Pablo o el propio Palacio Nacional. Y fue el mismo Álvaro Obregón el mandatario que hizo del Grito de Independencia algo realmente popular, al transmitirlo por radio a través de la estación CYB el 15 de septiembre de 1923. Fue el principio de un acelerado desarrollo de las radiodifusoras que promovían a compositores, cantantes, actores y orquestas que más tarde adquirirían renombre más allá de nuestras fronteras; e igualmente de la visión arquitectónica moderna, que dejaba atrás los edificios de uno y dos pisos para seguir los modelos europeos y norteamericanos de edificios elevados, logrando que para 1928 se contara con veinte edificios de seis o más niveles (yo, por supuesto, estaba en la lista).

Puedo recordar cómo en aquel 1923 el diputado Jorge Prieto Laurence vino a esconderse en mis habitaciones durante todo el día anterior al informe presidencial: era un diputado de apariencia robusta que ya en ocasiones anteriores había sido elegido para contestar dichos informes, pero en esa ocasión, siendo enemigo de la manera en que el primer mandatario llevaba su gobierno, Prieto Laurence decidió refugiarse entre mis habitaciones para no ser encontrado por los obregonistas, que tenían como misión impedirle llegar a responder, pues el general Obregón se enteró de que tenía escritas dos respuestas: una que a él le había entregado y otra oculta que era la que en verdad leería en la Cámara, por supuesto contraria a su gobierno. Pero Prieto Laurence se salió con la suya y no pudieron encontrarlo: se escondió hasta el momento justo de salir directo al sitio en que debía pronunciar su discurso, respondiendo en la forma en que él quiso.

Son varias las anécdotas de esa década, como aquella en la que el peluquero Elizondo González terminó de atender a un señor vestido elegantemente, quien le pidió lo rasurara y le pusiera gotas en los ojos. Al terminar, y mientras con finos ademanes el señor aquel arreglaba sus brillantes mancuernillas, González dijo con solicitud:

—Servido, señor. Son nada más ocho cincuenta.

Al escuchar lo cual, el caballero procedió a extraer de su bolsillo una moneda que acercó a la mano del peluquero. Este, al ver con extrañeza que dicha moneda era de veinte pesos oro, exclamó:

—Pero, señor, es que no tengo cómo cambiar esto...

—¿Es que acaso no me conoce? ¿No sabe quién soy yo? —interrumpió el señor, con voz ruda y arqueando las cejas ostensiblemente. Al percatarse del silencio ignorante del peluquero, agregó como si estuviera dando una voz de mando—: ¡Yo soy el general Francisco Serrano! ¡Y para que lo sepa, no le estoy a usted pidiendo ningún cambio!

Así era: ni más ni menos que una propina de 11.50 en oro puro. Vaya suerte. Mucho después, Elizondo llegaría a ser peluquero oficial del presidente Miguel Alemán durante todo su mandato.

A mi *lobby* acudía también un grupo de políticos y militares que más tarde descollarían en el panorama nacional, entre los que se encontraba el general Claudio Fox, quien sería el encargado de ejecutar al general de la anécdota anterior en Huitzilac, allá por la carretera México-Cuernavaca, cuando Serrano era candidato a la presidencia de la República. Este Fox pertenecía a un grupo en el que se encontraban los hermanos Gustavo y Ernesto P. Uruchurtu, Gustavo Gaxiola y don Guillermo Laviaga. Este era un hombre de gran personalidad que había sido senador por el estado de Sinaloa durante la administración de Carranza; alto, con pelo y bigote blancos, había venido a vivir en una de mis mejores habitaciones debido a "una pequeña trifulca familiar", como solía decir. Así que decidió tomar sus pertenencias y hospedarse "en el Regis, donde nunca me faltará nada". Y así fue. Don Guillermo tenía la costumbre de colocar estratégicamente varios kilos de maíz a diario en mi azotea, a fin de alimentar a las aves que rondaban la Alameda, y tenía además una mascota que vivía con él y a la que estimaba mucho: una boa constrictora. A ese señor nunca le faltó nada sino hasta cuarenta años después, cuando tuvo que salir del hotel ayudado por sus amigos, quienes lo llevaron en brazos hasta la carroza que lo conduciría al panteón. Cosas de la vida.

Eran los días en que Estados Unidos tenía un nuevo héroe: el joven piloto de veinticinco años que había sido capaz de cruzar el Atlántico a bordo de su avión, el *Espíritu de San Luis*. El logro prodigioso de Charles August Lindbergh fue realizado entre el 20 y el 21 de mayo de 1927, partiendo de Long Island y llegando al aeropuerto Le Bouget, en Francia, tras un recorrido de 3,610 millas en treinta y tres horas con treinta minutos. Por supuesto, recibió los honores tanto de los gobiernos europeos como en su propio país, donde se le rindió multitudinario homenaje en setenta y cinco ciudades. Siete meses después vino a México por primera vez, volando de Washington a Balbuena sin escalas, y fue recibido en la embajada de Estados Unidos —donde conoció a Anne Spencer Morrow, hija del entonces embajador de su país, con quien contraería matrimonio año y medio más tarde—. La llegada de Lindbergh fue un auténtico festival que hizo que el diario *Excélsior* se interesara por adquirir un avión gemelo al *Espíritu de San Luis*; tras una colecta pública que fue bien recibida, dicho aparato fue comprado en San Diego y traído a la Ciudad de México por el piloto Emilio Carranza, quien aterrizó en Balbuena el 25 de mayo de 1928. La idea era corresponder a la visita de Lindbergh realizando un vuelo del D.F. a la capital norteamericana en el así bautizado avión *México-Excélsior*. El 11 de junio, el mismo Carranza partió, pero tras algunos problemas no llegó a Nueva York sino hasta el día 26 (y de regreso, el 12 de julio, se estrelló perdiendo la vida en ese estado).

La visita de Lindbergh fue tan memorable como la de Amelia Earhart Putnam, la aviadora más famosa del mundo por haber sido la primera en cruzar el Atlántico en avión en 1928 (y también por haber volado sola en el mismo recorrido cuatro años después). A diferencia de su colega, ella vino a hospedarse en el Regis, recibiendo en sus balcones una nutrida ovación por parte de los fanáticos de ese mundo naciente que era la aviación. Feliz durante su estancia, disfrutó mis instalaciones varios días, siendo objeto de entrevistas, fotos y agasajos diversos apenas cumplidos sus treinta años. Y entonces se fue, dejando entre nosotros un gratísimo recuerdo que no volveríamos a vivir. (En junio de 1937, haciendo su primer viaje alrededor del mundo —y después de recorrer sin problemas Sudamérica, África, India y Australia—, salió con su copiloto de Nueva Guinea con rumbo a la Isla Howland, en medio del Pacífico, y nunca se supo más de ella. Fue objeto de la más grande búsqueda de rescate en la historia de la aviación, pero no hubo éxito: fue dada oficialmente por muerta dos años después.)

Hubo otros detalles interesantes que sucedieron en mis instalaciones durante aquellos años veinte, como el altercado entre el ingeniero Luis León, secretario de Agricultura del entonces presidente Elías Calles, y el general de división José Gonzalo Escobar, quien fungía como jefe de la zona militar de La Laguna y se sublevaría un año después contra el gobierno del presidente Emilio Portes Gil. Tuvo lugar en el Don Quijote, en mayo de 1928. El general Escobar había estado departiendo, tomando unos tragos y bromeando, cuando se percató de que llegaba León acompañado de la ex primera tiple Celia Padilla. Al pasar ambos cerca de la mesa que compartía con algunos militares de alto rango, levantando la voz socarronamente, le gritó:

—¡Oye, León, qué buena la traes!

Lo cual bastó para que inmediatamente el ingeniero se acercara y le propinara un bofetón que hizo tambalear al agresivo uniformado, quien, por supuesto, respondió como correspondía a un personaje de su jerarquía. Así, se liaron a golpes y rodaron por el suelo haciendo caer en su trajín a algunas parejas que, ajenas a lo que estaba sucediendo a sus espaldas, bailaban animadamente. De inmediato intervinieron los guardaespaldas de uno y los amigos de otro, logrando calmar la situación al separar a los enfurecidos personajes, que por puritita suerte se hallaban desarmados.

Por último, contaré que sólo unos meses después de la historia anterior, se llevó a cabo una reunión urgente de generales —a la que por cierto no asistió Escobar— para definir el curso que debía llevar la vida política del país tras la muerte del ex presidente Obregón (quien el 17 de julio había sido arteramente asesinado por el dibujante y fanático religioso José de León Toral, en el restaurante La Bombilla de San Ángel, durante un banquete que le ofreciera la diputación guanajuatense). Los generales, que sumaban un número mayor a veintiséis, se reunieron a puerta cerrada en una de mis habitaciones más amplias.

Deliberaron, argumentaron y hasta gritos hubo, pero al final, por unanimidad, designaron al que consideraban el sucesor ideal de Plutarco Elías Calles. Todos querían que el proceso revolucionario tuviera continuidad, que gobernara alguien comprometido con su causa, y fue por ello que eligieron, tras ese prolongado cónclave en mi interior, al licenciado Emilio Portes Gil como candidato a la presidencia de la República, con la evidente aprobación de don Plutarco.

También el futuro del país se definía en el Regis.

MI VIDA EN LA TERCERA DÉCADA
DEL SIGLO PASADO

Esto era ya una urbe que comenzaba a descollar. Con los años veinte el pensamiento de los habitantes de la metrópoli se había ido transformando gradualmente, pues los problemas sociales salidos de la época revolucionaria comenzaban a ser algo que se veía cada vez más lejano, más en el pasado: como algo que había sido y que de alguna forma dejaba de tener validez. La música, el cine, las carpas, la radio, los teatros y hasta la fisonomía misma de la ciudad colaboraban para acentuar ese cambio de ánimo en la gente, que se interesaba tanto por las faenas diarias como por la última canción compuesta e interpretada por un joven músico muy delgado que había estado haciendo sus pininos acompañando a cantantes renombrados como

Maruja Pérez y Juan Arvizu, quienes eran contratados para realizar presentaciones en los intermedios de las películas.

Ese joven, que respondía al nombre de Agustín, había empezado a ser conocido en el ambiente artístico por componer una canción que indiscutiblemente se convirtió en el primero de sus éxitos: "Imposible" (Yo sé que es imposible que me quieras, / que tu amor para mí fue pasajero, / y que cambias tus besos por dinero, / envenenando así mi corazón…). Era el arte popular, el que se oía en las calles, el que iba de boca en boca, a diferencia de aquel otro en que poetas, pintores y miembros de la élite intelectual se disputaban los elogios de la crítica y de los poderosos. La sensibilidad urbana iba haciéndose cada vez un poco más exigente, apoyando a figuras que llegarían a ser prototipos de lo que se podía ver en barriadas, vecindades: en un día cualquiera de la ciudad.

Surgirían artistas como Mario Moreno *Cantinflas*, Adalberto Martínez *Resortes*, Manuel Medel, Jesús Martínez *Palillo*, y algunos otros cuya fama sería sólo pasajera. Así, al finalizar la época de Obregón y Calles, marcada por gran número de diferencias de índole política, social e incluso religiosa, el pueblo estaba listo para un cambio en su manera de ver la realidad. Yo, por mi parte, me hacía a la idea de que inevitablemente sería escenario de los actores de la pantalla tanto como de los intérpretes del poder. Lo digo porque sus dos últimos años como primer mandatario se caracterizaron no sólo por un Emilio Portes Gil respetable, sino también por las visitas que, como si se tratase de cualquier hijo de vecino, comenzó a realizar a mis baños, en los que llegaba a pasar hasta tres horas disfrutando de la atención siempre esmerada de mi personal. Incluso, una vez habiendo entregado en 1930 el poder en manos de su sucesor, Pascual Ortiz Rubio, siguió con esa costumbre, presentándose sólo acompañado por Chayo, su chofer durante muchos años y quien lo esperaba invariablemente en la puerta de la calle Colón. Tras él vendrían, con el tiempo, casi todos los demás presidentes del país, uno tras otro, acompañados de su séquito correspondiente, de sus gabinetes y de los innumerables personajes que acostumbran seguir a los altos dignatarios.

Para 1931 me instalaron varias mesas de billar en un espacio destinado a ser un área de esparcimiento en la que era cosa de todos los días ver a gente como Luis Cabrera, Rafael Zubarn Capmani, Emilio Fernández, Rodolfo Álvarez del Castillo (El Remington), Jorge Negrete; o bien generales y militares de la talla de un Claudio Fox, un Vicente González Fernández, quien llegaría a ser jefe de la policía de la Ciudad de México y después gobernador de Oaxaca, o un Rosendo de Anda, teniente coronel de prestigio nada común. En esos Billares Regis compartían el espacio con parroquianos que se apersonaban para jugar una o muchas partidas de dominó al calor de unos tragos o una simple cerveza; muchos eran gente común que acudía ya fuera para comer algo ligero en el Quick Lunch, ubicado a un lado de mi entrada principal y en el que un café con leche acompañado de *hot cakes* costaba sesenta centavos, o bien para mirar de cerca de los políticos y actores que quizá algún día llegarían a ser famosos; otros eran clientes del restaurante-bar El Cineclub, ubicado precisamente a mi espalda, al cual confluían para charlar con el simpático propietario Juan García, quien combinaba esa actividad con la actuación en cine y la escritura de argumentos para el séptimo arte. Precisamente a mediados de 1930 llegó a México una compañía fílmica precedida por un deslumbrante despliegue publicitario, en el que se hacía referencia a su asociación con el formidable edificio Empire State de Nueva York: la *Empire Productions*, que en su logotipo ostentaba precisamente la imagen del edificio más grande el mundo en ese entonces y se ufanaba de tener justo en él sus oficinas principales; eran tantos que se vieron en la necesidad de rentar todo un piso del que consideraron el mejor de todos los hoteles de México, a fin de establecerse ahí mientras realizaran sus labores de promoción. Así pues, me vi inundado de norteamericanos que tenían que ver de una u otra manera con la industria cinematográfica.

Había guionistas, técnicos, algunas actrices, cámaras y hasta escenarios portátiles, todo lo cual resultó un acontecimiento inusitado en esta ciudad, que de la noche a la mañana tenía más de qué hablar. El proyecto era ambicioso: querían vender acciones, con el argumento de que, además de hacer muchas películas, crearían toda una cadena de cines a la altura de la mejor de la Unión Americana. Para conseguirlo, pagaron espacios importantes en la prensa, en los que anunciaban sus intenciones y extendían la invitación a participar en el proyecto, adquiriendo acciones que resultarían un jugoso negocio en poco tiempo. No conformes con eso, iniciaron la construcción de lo que denominaron la sede en México de sus oficinas: las más importantes de toda Latinoamérica; arriba de la ciudad, en lo que hoy son las Lomas de Chapultepec, comenzaron a construir los cimientos de lo que sería el más imponente edificio, además de una gran plataforma para el set principal.

El plan fue todo un éxito, hubo mucho entusiasmo y lo más importante: muchos inversionistas que adquirieron acciones con miras a ver duplicados o triplicados los montos rápidamente... Pero fue todo un éxito sólo para los cabecillas del famoso negocio, quienes de la noche a la mañana desaparecieron del mapa dejando gran número de empleados sin la paga prometida y a muchos más incautos sin recuperar ni un centavo de lo invertido: un cuantioso fraude en el que ingenuamente fueron utilizados muchos profesionales de la industria del cine, entre ellos el talentoso Ruso Blanco Arcady Boytler, quien más adelante, tras desarrollar en México su carrera, crearía el cine Arcadia y dirigiría algunas cintas que forman parte de nuestra cultura cinematográfica, como *El Tesoro de Pancho Villa*, en 1933, y *La mujer del puerto*, en el año siguiente, película en la que su esposa, quien cantaba muy bien y sin acento, dobló a Andrea Palma cantando. (Fue aquel un fraude en el que ni yo salí bien librado, pues los tramposos desaparecieron dejando infinidad de cuentas por pagar.) Boytler fue uno de los dos técnicos que triunfaron en México al quedarse prácticamente varados en el país, sin recursos y sin empleo. El otro fue nada menos que Alex Philips. Si el primero se hizo muy famoso por la forma tan precisa en que descubriría estrellas del calibre de Andrea Palma, Arturo de Córdova, Manuel Medel, Beatriz Aguirre, el galán Víctor Manuel Mendoza y el mismísimo *Cantinflas*; Philips consiguió la fama y el prestigio por sus trabajos fotográficos en películas que dieron la vuelta al mundo. A don Arcadio lo recuerdo muy bien, porque durante una época, tras conseguir la concesión de Mario Castelán, manejó hábilmente el cine Regis, programando primero grandes éxitos del cine mudo y unos años después, al estar en su apogeo la industria en Estados Unidos, películas habladas y musicalizadas, que eran el deleite de los conocedores.

Había, en esos primeros años treinta, actores que me visitaron por una u otra razón, como aquel trío integrado por Wallace Berry, Catherine De Mille y Lee Tracy, quienes llegaron con altos funcionarios de la Metro Goldwin Mayer para la realización del filme *¡Viva Villa!*, una película épica que causó expectación. Se filmó principalmente en tres sitios: San Juan Teotihuacan, Tepotzotlán y la Hacienda de Tlatepaya, propiedad de don Julio Saldívar. Entre los actores mexicanos que intervinieron en escenas de batallas se encontraban los hermanos Rodolfo y Rafael Álvarez del Castillo, Crisóforo Peralta, Filemón Lepe (abuelo de Ana Bertha) y Rodolfo Rodríguez, uno de los mejores floreadores de reata y charro de hueso colorado. Todo marchó muy bien hasta el 20 de noviembre. Era uno de los primeros años en que se realizaba el desfile conmemorativo de la Revolución. Al pasar por la avenida Juárez el contingente de deportistas uniformados en verde, blanco y rojo, al ritmo que marcaban las bandas militares que los acompañaban, en el tercer piso se abrió un par de puertas y salió enfurecido el propio Lee Tracy, a quien los tamborazos no dejaban descansar de una velada prolongada; fue todo un espectáculo no tanto por lo que comenzó a gritar, sino por el hecho de haber salido a mi balcón totalmente desnudo, lo que escandalizó a tal grado que fue inmediatamente arrestado y conducido a la sexta delegación de policía, lugar en que tuvo que pagar una elevada multa, amén de encarar una deportación a su país. Así fue, y por supuesto jamás apareció en la película para la que había venido.

Un año después se inauguraba con bombo y platillo el Palacio de las Bellas Artes; corría 1934, y sería el nuevo presidente, Abelardo L. Rodríguez, el encargado de realizar tal evento. A invitación expresa acudieron luminarias de la talla de Douglas Fairbanks, Mickey Rooney, Norma Shearer, Ramón Novaro, Dolores del Río y otras más, que por supuesto vinieron a hospedarse en mis instalaciones. Y no se sorprendieron del todo, pues habían sido enterados de la calidad y excelencia del servicio que en mí era posible obtener.

Ya por momentos era un movimiento abrumador. Actores y políticos, cantantes y cómicos, ex presidentes y militares, divas y curiosos, extranjeros y nacionales, en fin, todos ellos andando de un lado para otro, ya fuera en los billares, o en el Don Quijote, o en la cafetería, o en el Quick Lunch, o en la farmacia; el caso es que yo era el foco número uno de atención, y eso sin contar el cine Regis ni los baños Regis, lugares a los que entraba lo más selecto de ese mundo de gente. Recuerdo ahora a un senador por el estado de Nuevo León, el doctor Julián Garza Tijerina. Él llegaba todas las noches a los billares para jugar algunas manos de dominó con un tipo culto e inteligente de nombre Armando González, así como con un tal señor a quien le decían El Tranviario Martínez, por tener un alto puesto en esa compañía. Jugaban y jugaban y el que salía mal parado siempre era el doctor Garza: invariablemente perdía veinte, treinta y a veces hasta cincuenta pesos. Una de esas ocasiones llegó al lado de la mesa un mirón, quien al darse cuenta de que entre ambos le estaban jugando tramposamente al doctor, salió a la calle y desde una caseta telefónica le habló al mismo billar para informárselo. Primero sorprendido por recibir la llamada, y luego por la noticia, el doctor se limitó a decirle:

—Mire usted, mi amigo, en primer lugar todo el dinero que pierdo a diario es mío y nadie me lo regaló. Agradezco su intención. Pero además, sepa usted que yo padezco de un insomnio terrible y que estos señores me entretienen muy bien. ¿No cree usted que es justo que ellos ganen por su trabajo? —y colgó ruidosamente el aparato.

Es de suponerse que al otro lado de la línea alguien se había quedado boquiabierto. Pero después de eso se estableció el "derecho de vista". Armando González tuvo la idea de que, a petición de los jugadores, hubiera alguien mirando cómo se desarrollaba la partida, quien se encargaba de descarar a los que jugaran chueco; pero eso sí, con cara de palo. Al final se le daba una gratificación módica. Con el tiempo llegó a haber en mis billares jugadores notables tanto en la superficie verde como en el dominó. Ese fue el caso del famoso Tom Mix, que cuando jugaba con un español apodado El Huevero, o de pareja con otro al que le apodaban El Isleño, realizaba verdaderamente jugadas maestras, haciendo que alrededor de su mesa se apiñaran hasta treinta personas para presenciar toda aquella inteligencia: mirones que no cobraban, simples aficionados que más bien iban ahí para aprender. El dominó se alquilaba por hora, y normalmente quien pagaba era el que había perdido.

Un negocio desafortunado que pude presenciar fue el de un cubano que frecuentaba asiduamente los billares. Era buen jugador y se las daba de gran emprendedor. Cuando se conoció la noticia de que el avión Cuatro Vientos cruzaría el Atlántico para llegar a México procedente de Cuba, él quiso hacer negocio, para lo que invirtió absolutamente todos sus ahorros en hacer *souvenirs* alusivos: banderitas mexicanas y españolas, botones con fotos del avión y los pilotos Barberán y Collar, cintillas y un sinfín de cositas más con las que ganaría buenos dividendos. El día señalado, mismo en que realizaría la venta de su vida, el cubano esperó, junto con varios cientos de personas en el viejo campo aéreo de Balbuena, la llegada del prodigioso avión. Vendió sólo un poco, casi nada, y comenzó a ponerse nervioso al darse cuenta de que las horas pasaban y la gente, primero segura de algo bueno, comenzaba a impacientarse y luego a irse, dejándolo completamente solo con su puesto arreglado para mercar. Él se quedó ahí durante veinticuatro horas, todavía esperanzado, y después, al encarar su realidad, lloró y lloró, pues había perdido de esa triste manera todo su capital.

Mientras, seguían los desfiles y mis balcones continuaban siendo frecuentados por aquellos interesados en presenciar desde una especie de "palco de honor" a quienes marcharan, ya fueran militares, deportistas o políticos, como deseando aparecer en las primeras páginas de los diarios de la mañana siguiente. Y en la ciudad, la gente veía nacer a una de las estrellas más notables que ha dado nuestro México. Primero en la carpa, luego en el modesto teatrito y después en el Folies Bergère, Mario Moreno estaba convirtiéndose en la sensación del momento, en el artista capaz de confluir en su persona el sentir de un público totalmente disímbolo. Su humor, su mímica, su donaire, su hablar de "peladito" y su absoluta irreverencia lo hicieron merecedor del aplauso de los ricos y los pobres al mismo tiempo. Todos comenzaron a quererlo y muchos a imitarlo. Yo, por mi parte, impávido los contemplaba a todos, a los de arriba y los de abajo. La experiencia acumulada en mi existencia como hotel me dejaba muy claro que mi hora estaba cerca. La hora de mi éxito mayor. Viniera lo que viniera, ya estaba preparado.

A una distancia de casi cinco años de la crisis económica que azotara muchas naciones en el mundo, la economía nacional atravesaba en ese 1934 por un periodo difícil, agravado por el hecho de vivir una reñida contienda por el poder presidencial. Esa pequeña comunidad urbana que en realidad éramos, vería nacer así una figura destacada en la historia moderna del país. Porque no sólo se trataba de gobernar, sino de hacerlo de una manera diferente, contando con el apoyo de los obreros y campesinos que permitirían cambiar el curso de la acción.

Con el nuevo presidente Lázaro Cárdenas, los grupos de menor potencial económico se verían favorecidos. El general Cárdenas inició la reforma agraria, así como el fortalecimiento de la educación con tintes socialistas; pero lo que más reflejó su carácter enérgico fue el tomar la trascendental decisión de nacionalizar la industria petrolera. No fue fácil, pues hubo meses y días cada vez más oscuros en los que los alimentos escaseaban o simplemente eran cada vez más costosos. Fue un cambio brusco para el que la población no estaba preparada. Algunos se sentían engañados y utilizados por el gobierno para fines de imagen, mas gradualmente la calma fue tomando su lugar y las cosas comenzaron a verse de otro modo: México era más independiente, de alguna forma más fuerte y seguro.

Sin hallarme del todo ajeno a lo que sucedía en el panorama internacional, yo vivía de otra manera, con un permanente y enorme grupo de huéspedes que se daban cita en mí. Como ya dije, primero venían norteamericanos, pero después, al darse a conocer mi nombre en diversas latitudes, empezaron a llegar canadienses, argentinos, peruanos, brasileños, y un más y más grande número de europeos, entre los que destacaban los españoles.

Para 1934 me anunciaban de la siguiente manera:

El Hotel Regis, en el corazón de la Ciudad de México, cuenta con 300 habitaciones y 300 baños. Los precios están expresados en moneda nacional, que es menos de un tercio de la cantidad en moneda americana. Todas las habitaciones cuentan con baño privado, con agua caliente y fría en todas las horas. Teléfono en todas las habitaciones, con servicio gratuito de la ciudad. Lavado no es un problema que el tiempo es limitado, ya que sólo es necesario marcar la lista "especial" y los artículos se lavan en unas pocas horas, y si no se apresura, dentro de las 48 horas. Trajes prensados en treinta minutos si es necesario "especial" y normalmente en unas pocas horas. Lavado de materiales finos se realiza a mano y el guardián de la casa tendrá ropa corregida si así se desea. Para cualquier servicio que el cliente desee, basta con llamar a la oficina y este departamento le dará las órdenes necesarias. La habitación Maya, única e interesante, bellamente decorada en ese estilo con bajorrelieve en los muros y bellamente tallada de caoba y muebles de cedro, debería ser vista. El Regis es el único hotel en México con su propio teatro. Aquí se muestran las mejores producciones de la pantalla al mismo tiempo que su puesta en estreno, igual de perfecto mecanismo de sonido y hay frecuentes actuaciones de las organizaciones musicales notables y bailarines famosos.

La peluquería está equipada con las últimas mejoras sanitarias e higiénicas. Los clientes pueden encontrar pasatiempo agradable en la sala de billar finamente equipada o nadar en la piscina de azulejos, conectado con los baños turcos y rusos. Las señoras no tienen que salir del hotel para su cuidado del cabello, ya que hay un salón de belleza de primera clase con un encargado de profesionales especialistas en el *mezzanine*. Hay gimnasio totalmente equipado para las damas en los baños para damas.

Les ofrecía mucho sin pedir nada a cambio, incluso exposiciones artísticas como la del domingo 18 de noviembre de 1934, que fue muy especial por la manera en que un bien pensado despliegue publicitario hizo posible que mi sala de recepción y el *mezzanine* se llenaran al borde para ver los óleos de una muy joven pintora cuyo nombre a todos resultaba singular y divertido. Era una bella rubia de ojos claros como el cielo y un atractivo felino que cautivaba a más de diez en un instante, tornándose singularmente irresistible; y a diferencia de muchas guapas que cuando abren la boca generan desencanto, esta Carmen Mondragón tenía el don de la palabra que da la juventud aunada a la belleza y la cultura. Amiga del famoso pintor Gerardo Murillo, el Dr. Atl, y de un grupo cada vez más numeroso de artistas plásticos con quienes compartía mil inquietudes, transformó su nombre para ser conocida como Nahui Ollin (que significa el "Sol de movimiento", según la cosmogonía mexica: el final de una era y comienzo de otra), y mostró en esa ocasión una sensibilidad privilegiada para plasmar los colores de la naturaleza mexicana, estampas inconfundibles por su mezcla, e iluminar así los lienzos de motivos a todas luces nacionales. No sé bien la razón por la que traigo esta escena a mi memoria, siendo que fueron numerosas las exposiciones e inauguraciones que se dieron en mis instalaciones; lo que pasa es que de esos años el que más claramente se ha quedado grabado en mi memoria ha sido este evento relacionado con el arte y la cultura.

Era el periodo de oro de los así llamados muralistas, quienes llevaban sus colores y temas sociales a las paredes de edificios públicos, colegios y hasta el mismo Palacio Nacional; jóvenes entusiastas comprometidos con su causa, sus nombres son bien conocidos, quizás hoy más que entonces: Diego Rivera, José Clemente Orozco, Louis Henri Charlot, David Alfaro Siqueiros, José Revueltas, Carlos Mérida, Guadarrama, Méndez, junto con otros que vendrían más adelante, como O'Higgins, Arenal, o el mismo Juan de la Cabada.

Y era la época también de *los ice-cream sodas*, que los novios compartían gracias a los dos popotes que en cada vaso se incluían; la etapa de las primeras distribuidoras de películas, como la California Films de México, ubicada a unos cien pasos de mí, o bien la Republic, también norteamericana, que contaba en sus filas a un joven actor alto, apuesto y serio que respondía al nombre de John Wayne; la década de oro del teatro Follies Bergère, en donde además de *Cantinflas* llegaban a presentarse los mejores tríos provenientes de la Unión Americana, como las Hermanas Turner, que eran fuertemente aclamadas. Y de la radio ni se diga: había quedado muy atrás la era de los pioneros y ahora era la XEW la líder indiscutible. En el principio de la década de los treinta la creó Emilio Azcárraga Vidaurreta, lanzándola al aire el primer día bajo la conducción de un locutor desconocido y de nombre Arturo García, el mismo que años después gozaría de la fama bajo nombre todavía más español: Arturo de Córdova. En ese primer programa participaron, si no mal recuerdo, Esparza Oteo, Alfonso Ortiz Tirado, Juan Arvizu y el ya reconocido Agustín Lara; fue un musical de enorme éxito y que había generado una gran expectación, al grado de que doce meses más tarde la estación XEB ideó algo similar para hacer una digna competencia: así, *Chema* y Juan entraban a todos los hogares seguidos por la música de *El cancionero Picot*, programa que marcó toda una época en la radiodifusión del país. Comenzaba la era de los grandes anunciantes y patrocinadores que aprovechaban la voz de Lupita Palomera o el nombre de Gonzalo Curiel para crear éxitos comerciales con una sola transmisión; y mucho mejor si se hacía a las ocho de la noche, porque era el momento preciso del mayor auditorio en los hogares. Años más adelante nacería la XEQ con el eslogan de "Radio panamericana", y entraría de lleno a la disputa con nombres como Gonzalo Cervera, Amparo Montes, Consuelo Velázquez y el novato Pedro Infante, que parecía ser un buen prospecto.

Para la segunda mitad de esa década existían más vías terrestres y se construían carreteras modernas que tomaban el lugar de las anteriores, de terracería pura. Era un paso al futuro, una forma de abrir todavía más las puertas a la posibilidad de ser visitados con creciente asiduidad por los norteamericanos. Y el resultado fue evidente: mucha gente venía al Distrito Federal por tren y carretera, o bien desde aquí se dirigía a sitios de interés turístico que igualmente se veían beneficiados por esa pequeña derrama económica que gradualmente fue siendo mucho mayor. No quedaba ya duda de que el progreso y la expansión habían llegado, de que no era lo mismo que apenas unos años atrás. Por la prensa se recibían noticias alarmantes sobre lo que estaba sucediendo en la Europa llena de conflictos políticos y económicos e incluso de lo que esas fricciones podrían acarrear consigo. Pero aquí en México casi nadie quería saber de aquello, más bien lo que importaba era estar al tanto de los ídolos como Luis Villanueva, mejor conocido como el enorme Kid Azteca, orgulloso campeón mundial que frecuentaba mi farmacia y restaurante; de otros visitantes casuales como el Chango Casanova y el Baby Armendáriz, primer campeón mundial de México en peso *welter*; o de las correrías del Atlante y el América; así como de lo último que hacían *Cantinflas*, Pardavé y Dolores del Río. Si estaba Ramón Novaro hospedado en el Regis, o Errol Flynn, Buster Keaton, Tyrone Power o Andrea Palma, eso sí era noticia: era lo que le importaba a todos esos señores preocupados por tener el auto más moderno y rápido, y el sombrero más costoso y elegante. Eran noches para ir a pasarla bien en el Montparnasse, el cabaret de moda de Reforma y Bucareli en el cual Lara con frecuencia se inspiraba y donde era más que fácil toparse con algunos de los notables del cine nacional.

Yo seguía ofreciendo mis servicios, prestando mi alberca techada a quienes quisieran relajarse; atendiendo a los cientos de personas que semanalmente llegaban a mis baños; cuidando de la estancia de los cada vez más numerosos huéspedes. Seguía pensando que algo se me iba a presentar muy pronto para hacerme mejor: que estaba entrando en la madurez. Si Gabriel Figueroa o Fernando de Fuentes ya empezaban a cosechar premios internacionales debido a su tenacidad y sensibilidad, ¿por qué entonces no podría yo crecer y destacar a niveles más amplios, siendo que mis dueños me habían querido siempre y me habían preparado justo para eso? Si tenía historias que contar sobre El Remington y otros pistoleros que llegaron a vivir en mí, y sobre pleitos y anécdotas por cientos en los billares, los baños, el cine, la alberca, la farmacia o el *lobby*, entonces ¿qué estaba yo esperando? No lo sabía. Y no lo sabría sino hasta varios años después, cuando cambiara de dueño nuevamente y quedara en las manos de un hombre singular, afable, brusco, tesonero, gentil, emprendedor como muy pocos y deseoso de hacer de mí algo único en todo el continente. Un hombre mal hablado al que quise y quiero todavía, aun cuando no lo vea ni él a mí. Juntos hicimos historia. Una historia singular que yo ni siquiera llegaba a imaginar cuando conseguía verlo hablando en los baños con el mismo Mario Castelán, ni cuando lo veía bromeando a palabrotas con algunos de mis empleados a los que él ya conocía bien.

Él fue mi alma y mi corazón, la energía que hizo que un viejo edificio como yo pudiera renacer. Con su presencia todo cambió para bien: el entusiasmo que irradiaba lo contagiaba todo. Seguramente ya había hecho muchos planes cuando por fin se decidió a adquirirme. Seguramente pudo ver el futuro que quería vivir conmigo, hacer conmigo... Seguramente en honor a su recuerdo deba guardar aquí silencio para que los hechos vayan hilándose solos, para que las palabras solas den cuenta de esa historia singular que me tocó vivir muy junto a él.

Así pues, yo aquí me callo. Básteme decir que sus amigos le llamaron siempre de una forma indistinta; no por su nombre, sino por su apodo de toda la vida: sencillamente *Carcho*.

Lobby del hotel en la década de los veinte.

Desfile revolucionario de principios de siglo frente al Regis
(debe corresponder a los años 1917 a 1923)

Fachada del Regis cerca de la década de los veinte.

Fachada del Regis en la década de los veinte o principios de los treinta. El avión podría pertenecer a Amalia Earhart Putnam, aviadora norteamericana mundialmente famosa.

Fachada del Regis entre 1949 y 1953. Incluye Salinas y Rocha, la *suite* presidencial ya construida en el octavo piso, el Capri y el reloj de H. Steele (anterior a la ampliación de Balderas y a la construcción del ala nueva del hotel, en Balderas y avenida Juárez).

Fachada del Regis, que incluye la farmacia Regis y el letrero del cine Regis.

Interior del cine Regis (Bombonera Regis).

Entrada del Regis con el letrero del Paolo, marquesina del Capri al fondo. Principios o mediados de los cincuenta.

Inauguración de la *suite* presidencial. De izquierda a derecha: *Carcho* Peralta, Mario Ramón Beteta, Miguel Alemán Valdés y el coronel Carlos Serrano, entonces líder de la Cámara de Senadores.

El chef Paul Leonard (suizo-francés), empujando su carrito de *or d'œuvres* calientes, en el Paolo.

Interior del Capri en los años cincuenta.

Agustín Lara y Yolanda Gasca, una de sus esposas, en el Capri, en los cincuenta.

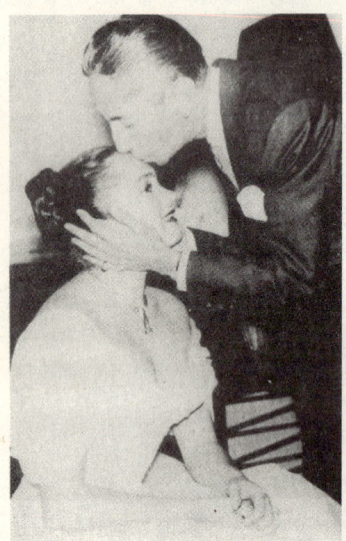

Agustín Lara y Yolanda Gasca.

Agustín Lara y Yolanda Gasca.

Agustín Lara, Andrés Soler y Yolanda Gasca en el Capri, en los cincuenta.

Rebeca cantando y Lara al piano (variedad Capri), década de los cincuenta.

Agustín Lara como mesero y Rebeca (su intérprete), sentada con un grupo de meseros como clientes.

# SEGUNDA PARTE

LA HISTORIA DE LOS ANTEPASADOS
DEL ABUELO ANACARSIS PERALTA

José Luis Requena Abreu, quien nació en Ciudad del Carmen, Campeche el 19 de junio de 1860, hizo sus primeros estudios en la institución pública y gratuita llamada Liceo Carmelita, fundada por su señor padre. En 1876 ingresó a la escuela Nacional de Jurisprudencia de la capital de la República en la cual obtuvo el título de abogado el 17 de marzo de 1882. Fue coronel asesor de la comandancia de Veracruz en 1883 y representante de ese H. Cuerpo ante el ejecutivo para el contrato de obras del Puerto con la firma francesa Buette Cazel Compagnie y posteriormente fundó y presidió la compañía minera Esperanza y Anexas en el Oro, Estado de México, la cual produjo en ese entonces noventa y dos millones de pesos entre 1893 y 1900; y además fue fundador y propietario de la compañía minera Las Dos Estrellas de Tlalpujahua, Michoacán, presidiéndola durante catorce años. Estas importantes minas produjeron más de doscientos veinte millones de pesos desde 1900 hasta años recientes, fueron en su momento una de las minas que más produjeron a nivel mundial. Además de esto fue promotor y fundador de varias empresas mineras en otras partes del país: cofundador de la Colonia Condesa en esta capital, del Banco Mutualista y de Ahorros; de la Compañía de Luz y Fuerza, de Ferrocarriles de Pachuca; fundador también de la compañía de seguros de vida de La Latinoamericana, la cual presidió durante varios años, y entre varias otras la compañía de productos Nestlé México, S.A. Fue diputado del Congreso de la Unión en esa época, y miembro de la comisión nombrada en 1909 para la formación de la nueva ley minera, presidente por último de la Cámara Minera de México durante doce años en los avatares políticos, contendiendo por la vicepresidencia de la República en 1910, cuando se postuló para presidente el General Félix Díaz, sobrino de don Porfirio. Estas elecciones fueron convocadas y ganadas por don Francisco I. Madero, debido a esto se fue desterrado y perseguido por el general Victoriano Huerta en 1911; fue a residir durante siete años a la ciudad de Nueva York, donde fungió como abogado consultor de varias negociaciones importantes. Hombre no sólo de finanzas sino también de letras, publicó diversos artículos en economía y los libros *La crisis del Talón de Oro* y *El fantasma de la guerra*, que contenía tres volúmenes: *La guerra biológica*, *La guerra política* y *La guerra económica*, más un cuarto volumen, *La guerra militar*, que se quedó sin terminar, al igual que varios libros de poesía.

Allá por el año de 1850, Anacarsis Peralta León, el abuelo paterno de *Carcho*, acababa de regresar de un viaje por Europa. Hijo de ricos hacendados, heredó tres fincas en Tabasco, su estado natal, las cuales intentó administrar personalmente tras la muerte de su madre. El tiempo lo llevaría a conocer a una hermosa joven originaria de Campeche (cuando ese estado y Tabasco eran prácticamente una sola región), también criada en el seno de una importante y acaudalada familia; la del señor Pedro Requena Estrada. Ella, que con el tiempo se convertiría en doña Trinidad Requena de Peralta, acabó separada. Trinidad Requena tuvo varios hermanos, entre ellos don Tomás, don Pedro, Delfina, Emilia y Jovita entre otros; y sería testigo de la forma en que gran parte de la fortuna de su esposo iría desapareciendo; envuelto en una pasión que conociera en los países del viejo mundo, así como en el juego de azar y que desde un principio lo cautivara totalmente, el viejo Anacarsis fue perdiendo todo lo que poseía en el juego de bacará, terminando sus días teniendo que dar clases particulares de inglés y francés, los idiomas que mejor conocía después del español.

Sin embargo, antes había sido feliz, viviendo una vida encumbrada y disfrutando la elevada posición social que el dinero les proporcionaba a él y a su bella mujer, viajando dos o tres veces a Europa por placer, y llenándose de emoción al conocer la noticia de que pronto serían padres. Así, uno tras otro, la lista de sus hijos fue creciendo año con año hasta sumar nada menos que quince, de los cuales el mayor entre los varones fue Anacarsis, quien a la postre sería el padre de *Carcho*. Pero fue justamente esa la época en la que el viejo comenzó a despilfarrar lo que pudo haber llegado a ser una herencia abundante para su numerosa familia. Mas no se puede decir que haya sido un ocioso: era conocido como una persona honrada y sus trabajadores le tenían en gran estima; los grandes ojos azules y su porte distinguido de caballero le conferían un aire irresistible para las mujeres, y el prestigio que como hacendado había ganado lo orillaba a realizar, ocasionalmente, algunas acciones importantes, como aquella en que con bastante ingenio dirigió la construcción de un canal de riego para su rancho en Villahermosa, mismo que todavía hoy lleva el nombre del río de la Pigua, debido al apodo con que el viejo Anacarsis era conocido en todas partes.

Esa obra, que quedó para la posteridad, fue la única que le sobrevivió. Su esposa, después de sufrir en el matrimonio la pérdida de varios de los niños (que murieron a muy temprana edad como consecuencia de las diferentes enfermedades incurables de la época), y deseosa de transformar el panorama en que vivía con su marido, se separó de él, yéndose a vivir a Orizaba cuando estaba esperando al hijo número 16, que fue una niña. Allí pasaron varios años.

El mayor de los varones, Anacarsis Peralta Requena, tuvo una infancia y adolescencia gratas por la posición que tenía su padre y por los recursos que este enviaba a su esposa después de la separación, pero poco tiempo después truncó sus estudios teniendo que trabajar haciéndose cargo de su madre y varios de sus hermanos entre ellos Caridad, Trinidad, Salvador, Pedro Joaquín, Benjamín, Esperanza, Consuelo; emigrando a la población de Tehuacán en el Estado de Puebla por recomendación del doctor de la familia, ya que uno de sus hermanos padecía problemas respiratorios y las aguas termales de Tehuacán le harían mucho bien. Ahí en Tehuacán conoció a quien más tarde sería su esposa y la madre de sus siete hijos, María Díaz Ceballos, y desarrolló un negocio de representación y venta de máquinas de coser Singer en la zona, teniendo que cabalgar al pueblo acompañado por dos asistentes para su venta, y se le ocurrió combinar esto con otra actividad que también requería ir de un lado para otro pero en diferentes municipios y poblaciones del estado de Puebla: perforar pozos artesianos para agua potable y riego. Empezaban a correr en ese entonces los años de la Revolución; poco después fallecieron siendo relativamente jóvenes varios de sus hermanos; no obstante Anacarsis decidió quedarse a radicar ahí en Tehuacán donde Caridad y una de sus hermanas conociera al inglés William Clark, con quien se casaría e iría a vivir al puerto de Tampico.

William Clark (el tío Willie), era hijo de un escocés de nombre Guillermo Clark Stevenson quien vino de su país a México para trabajar en el ferrocarril mexicano y hacerse cargo de la estación de Orizaba, Veracruz. Ahí conoció a su esposa, Elena Baulot, hija de un joyero de origen francés y que había llegado a Orizaba tras vivir varios años en Perú. Guillermo Clark Stevenson, luego de trabajar varios años en el ferrocarril de Orizaba, renunció y estableció una casa de venta de sanitarios, azulejos y plomería en general en la calle de Dolores en la Ciudad de México y la denominó Plomería Escocesa.

Los primeros hijos de María y Anacarsis vieron la luz en diversas partes del estado debido a los constantes viajes que él debía realizar. Trabajador incansable, conocido por su honestidad y rectitud, por esos días conoció a Joaquín Pita, un jefe político que había sido secretario del ayuntamiento y lo invitó a ser su socio en un proyecto ambicioso: embotella con fines comerciales el agua mineral del manantial El Riego en Tehuacán. Dicho negocio pudo comenzar gracias a un préstamo que el señor Mundet tuvo a bien darles: setenta pesos que significaron botellas, corchos y una máquina manual para introducir estos, ya que en aquel 1912 no se tenían noticias de la actual corcholata. Al principio todo pareció marchar bien, pero meses más tarde Anacarsis tomó la determinación de abandonar la sociedad que había creado; si bien sabía que podría ser un gran negocio a futuro, el hecho era que entonces la falta de canales adecuados de comunicación impedía la comercialización del producto a gran escala. Considerando la anécdota, queda claro que aquella fue una veta fructífera que pudieron aprovechar tanto Pita como Mundet y después don José

Garci-Crespo, emprendedor español que fundaría la empresa que todavía representa hoy en día un magnífico negocio. Todo a partir de la idea del ingenioso Anacarsis.

Pensando en el bien de su familia, que iba creciendo más, don Anacarsis decidió establecerse en la ciudad de Puebla, donde nacerían sus hijos menores Alejo y Eugenio. Desde muy temprana edad, fue inculcando en ellos el valor del trabajo y la satisfacción de hacer las cosas bien o de plano no hacerlas. Realizó todo lo que estuvo a su alcance por conseguir que tuvieran la educación escolar que él mismo no había disfrutado y vino a su mente un plan modesto pero que podría realizar de inmediato. Escogió el lugar apropiado y ahí, en un pequeño inmueble, para 1916 comenzaron a funcionar sus baños Iglesias: un establecimiento que ofreciendo servicio de vapor, regaderas, tina y masaje, traería recursos nuevos y bienestar a su hogar, marcando definitivamente la vida de algunos de sus hijos. Todos sanos y fuertes, representaron para sus padres los dolores de cabeza y las alegrías propias de su crianza.

La lista iniciaba con Juan, que fue adoptivo, y continuaba con Héctor, el mayor, quien más adelante probaría suerte con éxito en el mundo de la industria; les seguían Anacarsis, heredero no sólo del nombre sino también de la audacia de su padre; Octavio, la "oveja negra" del grupo por mujeriego y parrandero, quien llegaría a ser un gran inventor; Leopoldo, que se convertiría en ingeniero; Natalia y Aurora; Alejo, quien más tarde estudiaría en el Instituto Politécnico Nacional la misma profesión y descollaría en el mundo empresarial mucho después; y por último Eugenio, el más pequeño, quien siguió los pasos de sus hermanos y estudió igualmente la carrera de ingeniería; lamentablemente, Eugenio vería la muerte a los 26 años de edad, cuando se accidentó al estar piloteando su pequeña avioneta de dos plazas en la zona de Balbuena, cercana al aeropuerto. A todos siempre se les dio lo necesario, tanto material como emocionalmente: eran hijos de padres responsables. Podemos imaginar lo que fue aquella familia, el movimiento que implicaba el que los niños anduvieran de un lado para otro jugando a lo que fuera, riendo o peleando, y viviendo una vida en muchos aspectos desligada de la época que transcurría, que no era nada fácil. Porque la Revolución seguía trayendo desde aflicciones hasta la muerte, desintegrando hogares y sembrando temor en todas partes. Fue esa situación que prevalecía la que hizo que don Anacarsis velara más que nunca por los suyos, iniciando algo con que pudieran sostenerse en caso de que él llegara a faltar. Afortunadamente no fue así. La suerte estuvo de su lado y pudo ver cómo su negocio empezaba a prosperar, al igual que sus hijos. Pero fue el tercero de la lista el que más aventurero y osado resultó.

ALGO DE LA VIDA DE *CARCHO* PERALTA

Anacarsis Peralta Díaz Ceballos, mejor conocido como *Carcho*, había nacido en Tehuacán en el año de 1903. Era un niño risueño y gordito que desde muy pequeño jugaba bromas a sus hermanos mayores haciéndose querer por todos, y que gradualmente llegaría a ser un gran ejemplo para los menores.

Hablaba mucho, reía más y tenía dentro de sí un espíritu aventurero que no se comparaba a ningún otro. Siempre inquieto, su primera aventura consistió en irse "de pinta" a los diez años de edad para trabajar cerca de un mes en un ingenio azucarero dentro del mismo estado, experiencia que le proporcionó gran satisfacción no precisamente compartida por sus padres. Regresó a casa y continuó su vida normal. A los dieciséis años, y siendo un joven algo fornido, su atractivo suscitó que la novia de un general revolucionario acuartelado en Tepeaca pusiera su atención en los verdes ojos de *Carcho*. Se involucraron, el mencionado general se enteró y por supuesto envió gente que lo buscara para detenerlo y fusilarlo. Don Anacarsis, al conocer la noticia, tomó un viejo caballo del corral y le dijo a su hijo:

—Mira, *Carcho*, te montas y te vas de aquí por algún tiempo. Pero hazlo ahorita muchacho.

Obediente, se fue varias semanas hasta que el peligro quedó atrás. Un año más tarde, cierta idea comenzó a bullir en su mente de manera incontrolada: la de ir a tomar parte en la Revolución. Por supuesto sus padres la desaprobaron rotundamente, pero con el argumento de que no era para tanto, de que "sólo iría por un rato" y de que faltaba mucho para que se muriera. Temiendo que algo le sucediera, en 1919 su padre se lo encargó al coronel Díaz Ceballos, hermano de su esposa María. Esto le proporcionaba a don Anacarsis, padre de *Carcho*, un poco más de tranquilidad que si el joven se hubiera lanzado solo a las filas de la revolución, como deseaba hacerlo.

Era el tiempo de Adolfo de la Huerta y *Carcho* tomó parte en pequeñas luchas que le dejaron tres recuerdos: una cicatriz en el brazo, una bala en la pierna derecha que nunca le fue extirpada (porque en esa época era más peligroso hacerlo que dejarla), que según los médicos no hacía daño, salvo dolor en invierno, y una carabina sustraída del cuartel que trajo a casa como *souvenir*.

Después de 1921, decidió nuevamente probar fortuna esta vez en Tampico, ciudad a la que se dirigió con su hermano Héctor y en la que rápidamente consiguió trabajo en la compañía petrolera El Águila por su tío Willy (William Clark) (quien laboró en la compañía entre los años de 1919 y 1925), casado con Caridad, hermana de su padre. Inicialmente se hospedaron en la casa de ellos, *Carcho* vivió en Tampico poco más de un par de años, haciendo muchas amistades, algunas de las cuales durarían toda la vida: don Ernesto de la Garza el más entrañable de sus amigos: Rogelio Pier, amigo con el que compartiría muchas cosas y décadas, después la misma muerte; Edmundo Saunders; Rodolfo *Opo* Peralta, con quien no estaba emparentado por venir de otra rama (*Opo* creó un pequeño fraccionamiento junto a la colonia Residencial El Águila en Tampico, al cual denominaron la colonia Peralta; ahí en ese lugar llegó a vivir una familia procedente de España con sus pequeños hijos, los cuales más tarde serían prósperos y connotados comerciantes, uno de ellos el más conocido Manolo Arango), Manuel Ravizé, quien posteriormente fue presidente municipal de Tampico y años después gobernador de Tamaulipas; Emilio Portes Gil, que también llegaría a ser gobernador de Tamaulipas y presidente de la República; al famoso compositor Lorenzo Barcelata, que formaba parte del Trío Tamaulipeco junto con Ernesto Cortázar (otro grande de la música) y Carlos Peña; y Bouza, español propietario del hotel Inglaterra entre otros. *Carcho* conocía bien a Tampico y Tampico lo conocía muy bien a él, al grado en que gente de ese puerto pensaba que *Carcho* había nacido ahí y no en Puebla. Allá en Tampico estuvo entre tres o cuatro años, trabajando y haciendo algún ahorro. Al regresar a Puebla obtuvo el puesto de síndico del ayuntamiento durante unos tres meses: el único cargo político que ocupó en toda su vida.

Corría el año de 1925 cuando se asoció con un señor Maurer en una fábrica de hilados y emprendió un negocio de recolección de basura de la ciudad y más tarde instaló la primera gasolinera que tuvo Puebla. Su espíritu de joven de negocios lo llevaría a idear nuevas alternativas, vendiendo la estación de gasolina y rentando un inmueble en lo que todavía hoy se llama el paseo Viejo o de San Francisco; ahí inauguró los baños San Francisco, que resultaron un buen negocio al igual que aquellos que su padre inaugurara años atrás. Simultáneamente adquirió terrenos ubicados en los suburbios de la ciudad, en una zona denominada San Manuel, mismos en los que instaló un rancho lechero, con silos para las siembras, utilizando el material orgánico, basura que recolectaba en la ciudad de Puebla a fin de convertirlo en abono propicio para los cultivos. A finales de 1928 ya contaba con una nueva y mayor gasolinera en el Paseo Bravo, y con una tienda en la que se vendían desde llantas y rines hasta discos musicales y artículos diversos. Fueron esos días en que conoció a quien sería la madre de sus hijos: María Elena Sandoval, una hermosa jovencita de tan sólo quince años.

Cuenta la historia que María Elena tenía una prima a quien fascinaba la arrolladora personalidad del atractivo Anacarsis Peralta. Esta prima, mayor que María Elena, lo primero que hizo al ver el interés que el brillante joven demostraba en la menor, fue aconsejarla para que aceptara empezar el cortejo —con el deseo oculto de que no fuera su prima María Elena sino ella misma la que pudiera gozar del afecto de *Carcho*, y eso no obstante que para entonces a la prima ya la cortejaba el Gordo O'Farril—. Sin embargo, Anacarsis nunca cambió de parecer: la relación con María Elena comenzó, el amor mutuo fue creciendo a través de algunos años, aunque inicialmente el padre de María Elena, el licenciado Alfredo Sandoval, muy conocido por su seriedad y rectitud en el ámbito social y de negocios, no estaba tan convencido por el joven, que aunque emprendedor y trabajador era algo inquieto y parrandero por su buen físico. Ante la determinación de María Elena con sus padres, este acabó por aceptar con seriedad el cortejo formal y como algo del todo natural se fijó fecha para la boda. En la misma época acababa de llegar a Puebla el ya muy conocido compositor Lorenzo Barcelata junto con el resto del trío Tamaulipeco, haciéndose cargo del Instituto Cultural Poblano en todo lo que se refería al aspecto musical; eran amigos de *Carcho* y pasaban muchas veladas departiendo juntos. *Carcho* pidió a Barcelata que compusiera una canción para obsequiársela a su novia y futura esposa, así nació la canción que lleva el nombre de la joven, "María Elena":

> *Vengo a cantarte, mujer,*
> *mi más bonita canción,*
> *porque eres tú mi querer,*
> *reina de mi corazón,*
> *no me abandones mi bien*
> *que eres todo mi querer.*
>
> *Tuyo es mi corazón,*
> *¡oh!, sol de mi querer,*
> *mujer de mi ilusión*
> *mi amor te consagré.*
> *Mi vida la embellece*
> *una esperanza azul.*
> *Mi vida tiene un cielo*
> *que le diste tú.*
>
> *Tuyo es mi corazón,*
> *¡oh! Sol de mi querer,*
> *tuyo es todo mi ser, tuyo es mujer,*
> *ya todo el corazón te lo entregué,*
> *eres mi fe, eres mi Dios, eres mi amor.*

Esta canción, mundialmente conocida, ha sido traducida a once idiomas. Una semana antes de la ceremonia, *Carcho* y sus amigos Barcelata, Cortázar y Peña le llevaron serenata a la joven y fue al pie de su balcón que la novia escuchó por primera vez aquella melodía compuesta para ella y que llevaba su nombre, alquilando para ello un equipo de sonido de una pequeña estación de radio junto con un piano que transportaron en una camioncito (vale la pena comentar que Lorenzo Barcelata, aunque formaba parte del trío Tamaulipeco y vivió un buen tiempo en Tampico, era de origen veracruzano). El vals se tocó en la Iglesia de la Compañía de Jesús, sitio donde se celebró la boda y por primera vez dicha composición fue escuchada en público. Ya para entonces era 1931; la novia tenía diecinueve años, y *Carcho*, veintinueve.

Si una cosa tuvo desde pequeño *Carcho*, fue su gran capacidad para hacer lo que se le antojara. Ya a los siete u ocho años solía guardar celosamente los dos centavos que sus padres le daban semanalmente para comprarse pirules y otros dulces; prefería esconderse y dar algún mordisco a los de sus hermanos mediante artimañas con el fin de ahorrar su dinero: juego de niños que determinaría una forma sistemática de proceder en su vida futura y que le dejaría las manos libres para invertir el dinero que ganaría más adelante en aquello que más le gustara.

Era en extremo inteligente y decidido, capaz de percibir un negocio a primera vista, y ese olfato especial le había hecho conocer a otro joven como él en su natal Puebla; se trataba de un emprendedor que con apenas veintitantos años ya era dueño de varias panaderías. Se hicieron amigos y la afinidad de ideas y edades hizo que compartieran algunas aventuras de juventud que recordarían por mucho tiempo y que con los años los volverían sumamente unidos. Ese Cesáreo González quien iría después a España, tierra de sus ancestros y se convirtiera en connotado productor cinematográfico en ese país, ayudaría a *Carcho* a traer a su hotel algunas de las estrellas más rutilantes del espectáculo en España, como los Churumbeles de España, Los Chavales de España y Lola Flores, a quien *Carcho* trajo por primera vez, no sólo a México sino al continente americano. *Carcho* la bautizó con el apodo de la *Faraona*, y se favoreció la actividad comercial que *Carcho* desarrolló en España llevando películas mexicanas que tuvieron gran éxito en ese país.

Por ahora, en 1931, *Carcho* comenzaba a vivir una vida diferente a la que hasta entonces conocía: la del matrimonio. Con su joven esposa y la idea de prosperar para crear un sólido patrimonio que sirviera de soporte seguro a sus hijos desde antes de que estos nacieran, *Carcho* deseaba que su futuro estuviera totalmente asegurado, con una posición acomodada. La situación se veía prometedora, especialmente por los resultados que le daba su rancho lechero de San Manuel, en cuyos terrenos había mandado construir una casa-habitación para él y su esposa, en la que vivieron inicialmente; también por el hecho de haberse asociado con la familia Maurer en una pequeña fábrica de hilados y tejidos, además de los excelentes resultados que estaban dándole los baños de San Juan Bautista. Posteriormente *Carcho* pensó en dejar la ciudad de Puebla para irse a vivir a México, donde ya vivían sus padres, y donde su padre había cambiado la fábrica de veladoras de Puebla a la capital. Llegó incluso a pensar en vender el rancho para allegarse más de recursos, aunque finalmente no lo hizo, vendió el resto de sus negocios y junto con María Elena y sus dos pequeños hijos Héctor Anacarsis de tres años y Yolanda de dos, migró a la Ciudad de México, rentando una casa en la Calle de Tuxpan de la señorial colonia Roma.

En la época en que *Carcho* hacía el negocio de sus baños San Francisco, su padre don Anacarsis seguía viviendo con toda su familia en Puebla. Trabajador de enjundia, para entonces Anacarsis padre no sólo contaba con los baños Iglesias antes mencionados, sino con otros dos negocios: una pequeña fábrica de jabón, así como una pequeña fábrica de veladoras que surtían a varias de las iglesias de la ciudad de Puebla de los Ángeles como le llamaban.

Vale la pena narrar aquí aventuras y anécdotas que acontecieron a Héctor, el hermano mayor de *Carcho*, a Leopoldo y al pequeño Alejo. Cuando Héctor Peralta acudía a recoger a Alejo, uno de sus hermanos menores, a la salida de la escuela aprovechaba para ver a varias de las guapas maestras que salían de dar clases. Entre ellas estaba la profesora de Alejo, la Srita. Amada Ahuatzin Campeche, y Héctor no perdía la oportunidad para invitarla a comer a su casa con el pretexto de hablar de la educación de su hermano menor; después de algunas invitaciones, ella le comentó a su mamá sobre Héctor y su numerosa familia diciéndole que parecía el "rosario de Amozoc". Pues claro, siempre estaban los ocho hermanos, todos hablaban fuerte y hacían un gran escándalo. Con todo y aquel ruido, de ahí en adelante Héctor comenzó a cortejar a la joven y guapa maestra, posteriormente se casó con ella.

Otra anécdota curiosa es la del joven Alejo que en el tiempo en que estudiaba la primaria en la Escuela Melchor Ocampo apreciaba mucho a su maestra Amada (que posteriormente sería su cuñada). Ella lo alentaba a seguir adelante en sus estudios. En ese tiempo el jovencito poseía como mascota a un pequeño chivo y, en una visita que hizo a su maestra, decidió llevarle a presentar a su mascota; mientras el joven Alejo platicaba con ella, el chivo se comió todas las plantas y flores del jardín de la casa de la maestra; la mamá de esta, espantada, le dijo:

—Hija, tu alumno el güerito trajo un chivo que se acaba de comer todas las plantas, por favor que ya no vuelva a venir.

Al poco tiempo de casados, Héctor y Amada se fueron a vivir a San Francisco, California con un tío que radicaba en esa ciudad, el señor Benjamín Peralta Requena, hermano de su padre. En ese viaje lo acompañaron dos de sus hermanos Octavio y Leopoldo, quien entonces tenía quince años de edad. El plan era crear allá una serie de tortillerías, que a todas luces parecía ser un buen negocio. Lo iniciaron con entusiasmo, pero la suerte quiso que unos dos años después Héctor comenzara a sufrir de una enfermedad dolorosa que afectó su columna vertebral, padecimiento que lo obligó a regresar a México impidiéndole continuar con el proyecto.

Leopoldo tuvo que poner a Héctor junto con su esposa y su hijita mayor Natalia, casi recién nacida, en el tren de vuelta a México, pues entonces no existía transporte aéreo. Él, por su parte, con apenas diecisiete años, decidió regresarse en compañía de un amigo americano de su edad que deseaba conocer nuestro país. Con sus ahorros, Leopoldo había logrado adquirir poco antes un *jeep*, y al iniciar el retorno le pusieron en la parte de atrás un letrero que decía: "Viaje intercontinental". Se acercaba la época navideña y él quería pasar las fiestas en la casa de sus padres, por lo que de inmediato se enfilaron a Tijuana, desde donde pretendían entrar a México y recorrerlo a gran velocidad; pero sus deseos no se cumplieron debido a que no existía carretera en el lado mexicano, teniendo que recorrer la línea fronteriza hasta Laredo. Desde ahí, ya sin dinero, tomaron la única brecha que conducía a Monterrey, trayecto en el cual una rueda del auto se quebró; tuvieron que dejarlo y abordar el tren que iba de Laredo a México: un viaje de dos días en el que, a falta de alimentos, se mantuvieron con una botella de tequila que con centavos compraron desde la ventanilla en alguna población. Fue terrible, aun para ese par de jóvenes aventureros que se separaron al llegar a la Ciudad de México, exhaustos. Una vez ahí, Leopoldo tuvo que buscar en la terminal de autobuses que iban a Puebla, a algún conductor que al menos de nombre conociera a su familia en dicha ciudad, para pedirle que le fiara el pasaje con la promesa de pagarle y recompensarlo al llegar a su destino. Y lo logró, arribando a su casa justo el 24 de diciembre, feliz por cumplir el objetivo de estar ese día con su familia tras una semana llena de peripecias… Por otra parte, así fue como también Héctor regresó después de casi tres años de ausencia, y una vez repuesto, entró a trabajar en la fábrica de veladoras como socio de su padre.

Un buen día, una veladora que se encontraba dentro de un vaso de vidrio, sobre un pequeño altar en la casa de los padres de Héctor, cayó y empezó a quemar la tela de un sillón y una parte del piso de madera. El mozo de la casa que andaba por ahí, corrió para traer un papel encerado con el que se envolvía el pan en ese entonces y sofocó el connato de incendio. Héctor, al haberse dado cuenta de que el papel encerado no se incineraba, lo llevó a analizar. Al descubrir las propiedades que tenía y agregando algunas más lo patentó. De ahí surgió el invento del famoso vaso de papel de los múltiples productos de la fábrica Lux Perpetua que hasta hoy en día siguen vendiéndose en incontables sitios, un éxito comercial sin precedente.

Ese descubrimiento accidental hizo crecer el negocio de su padre, don Anacarsis. Ya no era una fábrica pequeña: al poco tiempo crecería enormemente con el nombre anteriormente mencionado de Lux

Perpetua, S.A. Dicha fábrica se ubicó en la Ciudad de México, donde laboraba Leopoldo, habiendo emigrado poco antes toda la familia, quedándose en Puebla sólo *Carcho* y su esposa.

Al poco tiempo, entusiasmado por lo que en su mente concebía, Alejo solicitó a su padre un préstamo, junto con su hermano Eugenio, quien se le unió en el proyecto para instalar un pequeño taller que se denominó Industrias Unidas, donde el primer artículo que fabricaron eran las tapas de metal con un clavito donde se sostenía la veladora. Tenían dos empleados. A pesar de esto, Alejo siguió y con los años creció hasta converirse en una enorme empresa conocida a nivel internacional como Industrias Unidas, S.A., todo un emporio en la rama industrial, además de muchos otros negocios relacionados con el deporte, la televisión, sistemas de comunicación, finanzas, etcétera, tomando como reto años después, durante la presidencia de don Adolfo Ruiz Cortines, la rectoría del Instituto Politécnico Nacional, el cual se encontraba en huelga y con grandes problemas. Cuando el presidente le ofreció el cargo, Alejo le pidió carta blanca para su actuación; el presidente se la dio y Alejo cerró el internado, acabó con la huelga y enderezó al Politécnico, institución por la cual tenía un especial aprecio, ya que era ingeniero mecánico electricista.

Ese fue el comienzo de un camino recorrido no sin problemas y sí cargado muchas veces de obstáculos difíciles de sortear.

EL ARRIBO DE *CARCHO* A LA CIUDAD DE MÉXICO Y SU INCURSIÓN EN LA "FIESTA BRAVA"

Los meses fueron pasando. Nacieron Héctor Anacarsis y Yolanda, quienes cumplieron tres y dos años antes de que la planeada partida de *Carcho* se hiciera realidad. Ambicionando otro futuro, se mudó a la Ciudad de México con sus dos pequeños hijos en compañía de María Elena; vendió los baños, su parte en la fábrica y rentó el rancho a un señor español que empezó a administrarlo entonces. Es en ese momento cuando le dice al joven Ignacio Bello: "Vente conmigo Nacho. No tengo todavía ningún negocio, pero tú sabes que te va a ir bien"; y Bello, empleado capaz que había trabajado con el padre de María Elena y posteriormente con *Carcho* en el Rancho San Manuel, aceptó el reto, viajando con él al Distrito Federal.

Carcho, quien, como se dijo anteriormente, había rentado una pequeña casa en la calle de Tuxpan, prácticamente el corazón de lo que en ese 1936 era la aristocrática colonia Roma; casi inmediatamente se asoció con Bernardo Garza, un amigo propietario de una bodega de venta de semillas en la calle Mesones, actividad en que participó pero que nunca lo dejó satisfecho. Al año siguiente adquirió una casa apenas a media cuadra de la que ya rentaba, y entonces su olfato lo hizo fijarse en el Toreo de la Condesa, ubicado en la calle Durango (donde hoy se encuentra el Palacio de Hierro). Automáticamente vio el potencial de aquel lugar y lo que podía hacer con él, pues se trataba de la única plaza de toros de toda la ciudad.

Fiesta brava llegada desde los días de la Colonia, y que agradaba por igual tanto a virreyes como a gente común —incluso gustaba a Hidalgo, Juárez, Díaz, Madero, Obregón y Calles, entre otros—, las corridas de toros en México eran famosas ya desde mediados del siglo XIX, cuando afuera del coso que se llamó Plaza del Paseo Nuevo la población se arremolinaba para entrar y divertirse, alternando sus idas con el hipódromo que también funcionaba en esa época (el cual al desaparecer dio origen a la ovalada calle de Ámsterdam, que era su pista, y a la que hoy se conoce como colonia Hipódromo de la Condesa). Fue precisamente ahí, en las calles de Durango, donde en 1905 se inauguró la plaza El Toreo, con capacidad para veintitrés mil personas y en la que actuaron luminarias como Rodolfo Gaona y Jiménez —figura que quedará en la historia como uno de los más grandes toreros que nuestro país ha dado—Alberto Balderas, Fermín Espinoza Armillita, Silverio Pérez, Pepe Ortiz, El Soldado, entre muchos otros que entre la segunda y cuarta décadas de este siglo vieron sus días de gloria.

Sin pensarlo dos veces, *Carcho*, que al principio, hacia 1939, estuvo asociado con el doctor Alfonso Gaona, formó la empresa Espectáculos El Toreo, S.A. Esa sería una etapa importante en su vida, no tuvo empacho en que posteriormente entrara como socio Maximino Ávila Camacho que se lo pidió.

El ambiente taurino era un campo propicio para sus inquietudes; aun cuando años atrás El Toreo había tenido algunos descalabros y en ese momento estaba decaído —ahí se llegaron incluso a presentar esporádicas "peleas" entre leones, toros y otras fieras—. Lo primero que hizo *Carcho* fue darse de lleno a la tarea de levantar el nivel de la fiesta brava, creando los "jueves taurinos" y el "derecho de apartado" con un mínimo de doce corridas ordinarias, lo que significaba la posibilidad de tener el mismo sitio durante la temporada: medidas ambas que fueron del agrado de la afición. Y no era para menos, porque las figuras que empezaron a presentarse ahí eran harto notables como: José González *Carnicerito*, Luis Castro *El Soldado*, Jesús Chucho Solórzano, Silverio Pérez *El Faraón de Texcoco*, Alfonso Ramírez *Calesero*, Lorenzo Garza *El Magnífico* o *El Ave de las Tempestades*, Luis Procuna, Carlos Arruza, Paco Gorráez *El Cachorro Queretano*, Alberto Balderas (quien moriría ahí en una cogida del toro Cobijero el 29 de diciembre de 1940) y, por supuesto, Fermín Espinoza Saucedo Armillita *El Maestro*, quien hacía parecer fácil todo cuanto realizaba en el ruedo por su dominio sobre el toro y cubría con igual sabiduría todos los "tercios", siendo la máxima figura de su época. Dado que los gastos como empresario eran considerables y puesto que las autoridades no daban su consentimiento a la elevación del costo de las entradas, *Carcho* tuvo a bien idear entonces una reventa controlada con la que consiguió amortizar la fuerte inversión que la alta calidad del espectáculo iba requiriendo.

Precisamente el domingo 1 de diciembre de 1940, en el cartel inaugural de la temporada, se ofreció una corrida extraordinaria en honor de los presidentes saliente y entrante: Lázaro Cárdenas del Río y Manuel Ávila Camacho, a la que fueron invitados tanto embajadores como el honorable cuerpo diplomático en su conjunto, y, especialmente, el señor Henry A. Wallace, vicepresidente electo de Estados Unidos. Todos ellos llamados a los eventos que con motivo de la transmisión de poderes se estaban realizando, presenciaron un singular encierro con toros de la ganadería Piedras Negras (Tlaxcala), lidiados por Fermín Espinoza, Paco Gorráez y Carlos Arruza (quien ese día recibía la "alternativa"). A partir de entonces se siguieron los éxitos.

El mismo mes se presentaron Alberto Balderas y Armillita; obtuvo éste oreja y rabo en una gran faena a ejemplares de Coxamaluca, ante un lleno total —en el que la diva Dolores del Río se entusiasmaba como gran aficionada y asistente habitual a esas corridas—; después vendrían Chucho Solórzano y Lorenzo Garza; e igualmente el mismo Garza con Luis Castro El Soldado; y para cerrar el año se suscitó el fatal desenlace de Balderas.

Ya el 10 de enero del 41 se presentaban en el Toreo de la Condesa Los Chicos de Querétaro, niños de entre seis y ocho años que conformaban la cuadrilla más pequeña que jamás haya existido, toreando estupendamente vaquillas de la familia Muñoz, que era la suya; variedad que concluía con el "toro embolado" y con monedas en el testuz, para que lo torearan los espontáneos que quisieran: espectáculos que entre "mano a mano" o temporadas, *Carcho* empezaba a programar para beneficiar las arcas de su empresa, que con el tiempo dejaría el doctor Gaona. Así, los diarios anunciaban festivales cómico-taurinos como el de aquel domingo 13 de febrero: "con Armillazo, el torero enano más torerazo del mundo, quien se enfrentará a su torazo cruza de fox-terrier y fox-trot", ironizando a los consagrados del ruedo.

Durante ese 1941, los enfrentamientos más notables fueron entre Lorenzo Garza y Fermín Espinoza. Justamente en una tarde en que ninguno de los dos tuvo suerte, y sabiendo *Carcho* que el astado extra del encierro mostraba muy buena pinta, le dijo a José Mora, quien le había estado pidiendo una oportunidad:

—Chatito, ¿querías una oportunidad? Aquí la tienes, porque voy a regalar ahorita un toro de muy buen ver, ¡y tú lo vas a torear!… ¡Pero vas a bañar a Garza y a Armilla… mira que si lo haces mal aquí mismo termina tu carrera!

Ante lo cual, ni tardo ni perezoso, el Chato Mora se puso su traje de luces, bajó a la arena y aprovechó la ocasión para brindar una inolvidable faena con la que "bañó" —como se dice en la jerga— a las dos grandes figuras casi en el preciso comienzo de su carrera.

Un espectáculo único sucedió el domingo 13 de abril, cuando en periódicos y revistas se anunció el programa especial en que un enorme grupo de estrellas de Hollywood serían los invitados de honor. Visitaban México a iniciativa de míster James Roosevelt, y para ellos se apartaron cincuenta barreras en la primera fila de sombra. Ahí, a la vista de todo mundo, estuvieron Mickey Rooney, Brenda Marshall, Lucille Ball con su marido Desi Arnaz, Johnny Weismüller y su mujer Lupe Vélez (quien antes estuviera casada con Gary Cooper), Mischa Auer, Brenda Joyce, Patricia Morrison, William Holden, Charles Winniger, Kay Francis, Wallas Berry, Stan Laurel y Oliver Hardy (El Gordo y El Flaco), Lady Ashley y su marido Douglas Fairbanks, Paulette Goddard (esposa de Charlie Chaplin), y por último Norma Shearer, quien encabezaba el grupo como madrina de la fiesta. Por supuesto que la variedad que con el público presenciaron no se podía quedar atrás: estaban El Charro Negro toreando al lado del Monje Lucas, con otros como Rudy, el torero en bicicleta y Charlotte, quienes alternaban con "la cebra y la burra toreras"; y por si fuera poco El Tarzán mexicano, que desnudo y sin capa —cubierto solamente con pieles de tigre— lidiaba un señor toro al estilo primitivo. El espectáculo dio fin con la famosa cucaña taurina XX y su premio de cien pesos, así como con el "toro embolado" al que podían enfrentarse todos los espontáneos que cupieran en la arena... y por último la "vuelta al ruedo" de las estrellas venidas desde Hollywood, con *Carcho* Peralta y Mario Moreno *Cantinflas* a la cabeza, acompañados por las bellezas Paulette Goddard y Norma Shearer.

Llegaba a México Carlos Arruza, proveniente de una temporada triunfal en Caracas, y alternaba poco después con Silverio, Andrés Blando —quien acababa de recibir la alternativa—, lo mismo que con la famosa y guapa rejoneadora peruana Conchita Cintrón, La Dama Torera, que obtenía soberbios triunfos. Igualmente, en alguno de tantos llenos tremendos, el ya retirado Califa Rodolfo Gaona se presentaba "partiendo plaza" al frente de las cuadrillas. Destacaron entonces novilleros como el mencionado Chato Mora, Guerrita, Félix Guzmán, Chicuelín, Rafael Osorno, Cañitas y Manuel Gutiérrez Espartero, acompañados de picadores famosos como Conejo Chico y lidiando astados de las ganaderías Zotoluca, San Mateo, Carlos Cuevas, La Laguna, Santín, Piedras Negras, La Punta, Coaxamaluca, Torrecilla y Xajay.

Eran temporadas que empezaban y acababan bien, con precios que iban de 2.50 a siete pesos y novilladas que, como decía la prensa: "no tienen pero que les pongan"; cierres memorables como aquel del 26 de octubre, al que el público acudió para escuchar una charla del extraordinario locutor y cronista taurino Alonso Sordo Noriega —fechas especiales en que El Toreo recibía a todos los novilleros que habían tomado parte en la temporada—; con festejos como las "charreadas femeninas" en las que se lanzaban desafíos y se jineteaban toros apretalados para demostrar la valentía, concursos de "cochinillos resbalosos" para que se los llevaran a casa quienes pudieran capturarlos, "palomas de la buena suerte" que dejaban caer vales canjeables por valiosos regalos e incluso lucha libre.

En el sitio donde estaba ubicado el toreo todavía resuenan los nombres de maravillosos toreros: Gregorio García, Paco Gorraes, Félix Guzmán, Manuel Jiménez Chicuelin, David Liceaga, Luis Briones Conejo Chico (Juan Aguirre) quien también fue ganadero; junto con los de Rodolfo Gaona, Lorenzo Garza, Armilla, el soldado, Silverio, Balderas, la excelente rejoneadora Conchita Cintrón, Arruza, Procuna y Calesero; novilleros como Cañitas, Rutilo Morales, Tacho Campos y Antonio Velázquez.

LOS VIAJES DE *CARCHO* AL EXTRANJERO Y SU HISTORIA CON MAXIMINO ÁVILA CAMACHO

Esa labor de empresario llevaría a *Carcho* posteriormente a España, país al que desde entonces encaminaría sus pasos con alguna frecuencia. Esto le permitiría convertirse también en "exportador" de películas del cine nacional en ese país, distribuyéndolas del otro lado del Atlántico gracias a sus contactos, entre ellos su viejo amigo de

Puebla, el ex dueño de varias panaderías en esa ciudad, Cesáreo González, quien vivía en Madrid por esas fechas. Fue esa una época todavía más próspera, durante la cual *Carcho* pudo adquirir en el sur de la ciudad unos terrenos en la zona conocida como La Ladrillera —denominada así por haber existido allí, hornos donde se fabricaban ladrillos, cerca de lo que ahora es el Parque Hundido—. Por esos días compró también los derechos de explotación de la cinta *Ay, Jalisco, no te rajes*, que promovió en España a través de Cesáreo, que fue un rotundo éxito y el inicio de la exportación del cine mexicano a España.

En el primero de esos viajes, conoció a otra persona que se tornaría en su gran amigo, Perico Chicote, propietario del ultraconocido bar que Agustín Lara inmortalizó en su canción "Madrid" (y que hoy en día es un museo). Trabaron profunda amistad y corrieron juntos alegres parrandas. Con ellos *Carcho* conoció a Lola Flores, a quien, como se relató, bautizó como *Faraona*, cerrando un importante contrato para traerla por primera vez, no sólo a México, sino a América a trabajar en Capri y en el teatro, haciendo gala del cante hondo.

A través de otras importantes amistades en España, *Carcho* llegó a tratar a personalidades y connotados políticos y al propio generalísimo Francisco Franco, quien incluso le obsequió un par de valiosas escopetas Sarasqueta grabadas finamente en plata con su nombre y el de su primogénito Anacarsis Héctor, así como una foto personal de jefe de Estado con la leyenda "a don *Carcho* Peralta, gran exaltador de las glorias de España", firma Francisco Franco.

Entra aquí en escena la persona del general Maximino Ávila Camacho, y conviene señalar la manera en que *Carcho* lo conoció. Sucedió años atrás, en Puebla, poco antes de que Maximino fuera gobernador de ese estado y siendo su hermano Manuel secretario de Guerra del país. Debido sobre todo a los contactos políticos de Anacarsis fue que se conocieron. Y ahora, en 1941, con un negocio como el del Toreo de la Condesa, *Carcho* tuvo la desafortunada idea de dejarlo participar con él en la empresa. Así, si no íntima, la relación se tornó más frecuente; al poco tiempo de ser socios Maximino le pidió a *Carcho* que junto con su esposa María Elena fueran padrinos de su único hijo varón que estaba por nacer. *Carcho* consultó el asunto con María Elena, quien se negó por completo argumentando que no era moralmente aceptable, no sólo por la fama de mujeriego e hijos con diferentes damas, sino también por haber vivido muy de cerca la muerte de su tío político el señor Cienfuegos casado con la tía Lupe quien poco tiempo atrás fuera asesinado a puñaladas en la entrada de un cine de su propiedad en Puebla por no aceptar vender los negocios tanto del cine, como la plaza de toros en esa misma ciudad a Maximino.

Unos días después, *Carcho* comentó con su socio que María Elena se encontraba enferma; le agradecía el honor con que los distinguía pero era preferible que buscara a otros padrinos, ya que la madrina no estaba disponible; la contestación de Maximino no se hizo esperar: no te preocupes compadre, cuando la madrina doña María Elena se mejore lo podemos bautizar, eso sí, no quiero que nadie más que ustedes sean los padrinos. Ante esa respuesta y sabiendo *Carcho* que varios habían pasado a mejor vida tan sólo al contradecirlo abiertamente, bautizaron al vástago.

Y los problemas comenzaron. Maximino había visto la manera en que *Carcho* hacía producir sus negocios, y empezó a codiciar el quedarse con la empresa que este tenía en Puebla. Para entonces ya era secretario de Comunicaciones, designándose él mismo a este cargo por su cuenta y notificándole a su hermano Manuel, el presidente, que había tomado posesión de dicha Secretaría.

Sea como fuere, el caso es que trató de comprarle a *Carcho* la empresa del Toreo, poniéndole Maximino el precio que le daba la gana a la compra del negocio.

Era el final del primer año de la década, que se vio coronada por un nuevo suceso en la familia Peralta. Aconteció que *Carcho* conoció a un entusiasta español avecindado en el país, quien le habló de un proyecto interesante: crear una fábrica para producir azulejos en México. Decía saber mucho del asunto y que resultaba una lástima el desaprovechar aquel amplio mercado en el que no había competencia para un negocio así de bueno. Ese mismo comentario lo hizo al español, a Héctor, hermano mayor de *Carcho*, y ambos decidieron poner el negocio; sin embargo, un par de meses después, *Carcho* empezó a dudar del español y se retiró, quedándose Héctor, quien acto seguido creó la compañía Cerámica El Águila; dándose cuenta poco después de que lo que intuía *Carcho* era verdad: el gachupín no sabía nada del tema. A pesar de esto, el hermano mayor, deseando tener un negocio propio del todo, siguió adelante, para lo cual requería de retirar algunas cantidades de la fábrica Lux Perpetua. Aunque eran socios, don Anacarsis, preocupado por ver a Héctor retirando parte del capital y sin tener confianza en la fábrica de azulejos, para no tener un conflicto con su hijo mayor, decidió venderla.

En forma inicial fue a ver a su hijo *Carcho* para decirle: "*Carcho*, no tengo confianza en la fábrica de azulejos de Héctor y no estoy contento de que, aunque somos socios él tome dinero para formarla; tú eres el único de mis hijos que tiene el capital, compra la fábrica". "No, papá, no quiero conflicto con mis hermanos". Al enterarse de que la decisión de su padre era la inminente venta de la fábrica, Leopoldo, quien trabajaba en ella como administrador, fue a ver a *Carcho* diciéndole: "*Carcho*, compra la fábrica Lux Perpetua, es un magnífico negocio, yo conozco perfectamente su operación porque la manejo, y si tú no lo haces nuestro padre acabará por venderla a alguien. Ya Alejo tiene un amigo doctor quien está interesado, además me gustaría ser tu socio en ella". Después de un par de insistencias, *Carcho* aceptó, poniendo como condición a Leopoldo: "Está bien pero no digas de dónde salió el dinero hasta que yo lo diga porque no quiero problemas". Fue así como de manera anónima, la fábrica de veladoras Lux Perpetua cambió de manos sin que nadie, salvo Leopoldo, supiera la identidad del nuevo propietario.

Leopoldo se convirtió en socio industrial de *Carcho*, volviéndose también, a costa de esfuerzo y talento, prominente hombre de negocios. Alejo, el antepenúltimo hijo de don Anacarsis, inició junto con Eugenio (el más joven de la familia) un modesto taller denominado Industrias Unidas donde el primer artículo que se fabricó fue la tapa y aguja de metal que sostenían a la veladora. A pesar del temprano fallecimiento de Eugenio, Alejo siguió adelante, transformando ese pequeño taller en un poderoso grupo industrial que sigue siendo un modelo para nuestro país, además de otros múltiples negocios en México y en el extranjero (todo un consorcio que en nuestros días da empleo a miles y miles de personas). Octavio, el controvertido tercer hermano, "sumamente inteligente", y fue inventor de muchos artículos, entre ellos, además de fluxómetros para sanitarios, máquinas para hacer tortillas de masa en forma semiautomática, que por cierto contribuyeron en forma importante a la fortuna de la familia Celorio. Además de mujeriego era sumamente desordenado y con costumbres frecuentemente poco éticas: vendía sus patentes del mismo invento a varias empresas o personas, despilfarraba las grandes sumas que le llegaban por estas en poco tiempo y tenía un número importante de hijos con varias damas, además de su esposa, razón por la cual la familia lo trataba con pinzas.

Héctor, por su parte, no sólo no fracasó, sino que hizo de Cerámica El Águila un negocio que en pocos años lo convertiría en el más grande de su ramo, dando origen a Sanitarios El Águila, empresas que fueron líderes en toda América Latina.

Cerámica El Águila se creó en 1945, producía azulejos y estaba ubicada en el número 100 de las calles de Sidar y Rovirosa. Por esa época, Industrias Unidas, la muy pequeña fábrica de Alejo, se situaba en el número 80 de la misma calle y en el piso superior Alejo vivió por un corto tiempo. Cuando además de la fábrica de cerámica se creó Sanitarios El Águila, estas se ubicaron en el kilómetro 16.5 de la carretera a Laredo en un lugar denominado Santa Clara, Municipio de Ecatepec, llegando a ser inmensa para su época. Tenía aproximadamente un kilómetro de largo, mil seiscientos obreros, veinte hornos para producir azulejos y dos hornos para producir sanitarios. Entre 1959 y 1964 producían mil muebles de baño y mil cajas de azulejos diarios. En esa época los muebles de baño se exportaban a través de distribuidores a varios países, entre los cuales estaban: Guatemala, Ecuador, Venezuela, Cuba y Perú, lo cual la convirtió en una de las más importantes industrias de América Latina.

En Monterrey, Héctor estableció otra fábrica con el nombre de Sanitarios Monterrey S.A., que producía solamente muebles sanitarios blancos y azulejos. Entre los años de 1953 y 1954, la parte de los sanitarios se vendió a Sanitarios Orión, y la parte de Azulejos a un grupo que hoy en día se conoce como Lamosa, propiedad de la familia Toussaint en Monterrey.

Por un tiempo las ventas estuvieron concesionadas a los señores Jesús Ortega y Manuel Erreguerena, y las oficinas de ventas se ubicaban en la calle Arcos de Belén. En esa época también entraron a trabajar en la empresa los yernos de Héctor, Víctor Manuel Gaudiano, casado con su hija Natalia la mayor y Enrique Lascuráin, casado con su hija Aurora.

Enrique había laborado hasta entonces en Celanese Mexicana; por invitación de su suegro entraba ahora a Sanitarios El Águila como director de ventas, y más tarde ocupó la gerencia general. Fue Enrique quien trasladó las oficinas de la Calle Arcos de Belén, a la fábrica establecida en Santa Clara sobre la carretera a Laredo, donde Héctor tuvo un socio cubano de nombre Mariano Espino. En esa época entró a trabajar también con él un amigo de la familia Peralta, de Puebla, el señor Mariano Ruiz, quien continuó llevando una íntima amistad con Héctor, laborando por muchos años con él por la confianza con que este siempre les dispensó tanto a Mariano como a su hermano Pepe Ruiz. El señor Rodolfo Galván, esposo de Natalia, "la hermana de Héctor" (a quien quería tanto que le puso su nombre a su hija), se convirtió en tesorero de la fábrica.

Entonces, Sanitarios El Águila controlaba aproximadamente el 70% del mercado de los muebles de baño que se vendían en la República Mexicana exportándose el resto; Héctor quien había comenzado la fábrica con escaso capital y con enormes esfuerzos, a pesar de su éxito, con frecuencia empezó a enfrentar problemas precisamente de falta de capital, además de tener que resistir varias huelgas, una de las cuales duró más de tres meses; sumado a todo esto tuvo que enfrentar la enorme competencia de Ideal Standard, fábrica que venía de Estados Unidos y ya había entrado al mercado nacional a principios de los sesenta. Con todos estos problemas enfrente y habiendo expresado el deseo, a principios de los sesenta se llevaron a cabo algunas gestiones por parte de Ideal Standard para adquirir Sanitarios El Águila. La operación finalmente se llevó a efecto en 1966.

Antes de esa fecha, Héctor llegó a montar la fábrica Sanitarios

Nacionales de Cuba, país donde aún era presidente Fulgencio Batista; aunque el inmueble no estaba terminado cuando Fidel Castro tomó el poder, Héctor se comprometió a concluir la obra siempre y cuando el gobierno de la isla se comprometiera a pagarla. Castro accedió, y por intermedio del famoso Che Guevara, se llevaron a cabo los pagos con excepción del último, el cual los colaboradores de Héctor no se atrevieron a acudir a Cuba a recogerlo por temor a que algo les pasara. No obstante Héctor pudo recuperar la mayor parte de lo invertido. En la fábrica, ubicada a pocos kilómetros de La Habana, colaboró Alberto Capote de origen cubano, a quien posteriormente Héctor trajo a vivir a México ya estando Castro en el poder, convenciendo a Alberto de que no era bueno para su futuro que se quedara en Cuba.

Dentro de la pandilla de Castro que convivieron con él en México se encontraban, además de Fidel, Raúl, el Che, Jorge Besquin, Camilo Cienfuegos y el *Fofo* Gutiérrez, un mexicano casado con una bailarina cubana que trabajaba en el Capri y a quien años después Fidel hizo director de Petróleos Cubanos, con los cuales Héctor también se relacionó. El grupo se entrenó en técnicas de guerrilla, principalmente en el Estado de Veracruz, y llegaron a comer un par de ocasiones al rancho La Florida que tenía Héctor en Tuxpan, junto a la barra del río del mismo nombre. En las conversaciones que ahí sostuvieron estos, se mostraron interesados en adquirir el yate de Héctor para su regreso a Cuba, pero sus yernos le recordaron: "Acuérdese de la fábrica que estamos montando en Cuba, a Batista no le va a gustar que les vendamos el yate"... y ahí dejó Héctor el asunto. Vale la pena por último comentar que cuando Fidel llegó a México, venía recomendado con *Carcho* por un buen amigo de él, Prío Socarrás, ex presidente de Cuba, por lo cual *Carcho* hospedó a Fidel gratuitamente en una habitación del hotel y a pesar de que no estaba seguro de simpatizar con el movimiento, permitió que Fidel firmara en el libro de huéspedes distinguidos del Regis, donde se encontraban las firmas de importantes personajes como ya se mencionó, entre ellos Richard Nixon, Clark Gable, Frank Sinatra, Errol Flyn, Tyrone Power, el licenciado Miguel Alemán Valdés, Emilio Azcárraga Vidaurreta, Gonzalo

N. Santos, el coronel García Valseca, Pedro Armendáriz, Dolores del Río, María Félix, Jorge Negrete, *Cantinflas*, Prío Socarrás, Ricardo Montalbán entre otros.

No solamente Prío apoyaba a Castro; en ese momento también contaba con el apoyo de una buena parte de la iniciativa privada cubana que no simpatizaba con Batista, además de los gobiernos de algunos de los países más importantes del continente americano.

Pero volviendo a Maximino, quien acostumbraba codiciar los logros ajenos haciéndose de manera fácil de lo que le gustara, tuvo una "idea brillante" con respecto a su compadre *Carcho*. Una tarde de la segunda mitad de 1942 se presentó en el despacho de Anacarsis, presionándolo para que le vendiera la empresa del Toreo de la Condesa. Por supuesto que *Carcho* se negó. Entonces se hicieron de palabras irritadas, en una agria y candente discusión en la que *Carcho* le reclamó:

—Ya te expliqué, y de sobra lo sabes, que este es mi negocio: yo lo hice y yo te invité, participándote de los beneficios que produce mi trabajo.

Maximino mencionaba que no le gustaba como *Carcho* estaba manejando las finanzas, alegando esto como excusa para presionar sobre la venta. Hubo un momento que *Carcho* le dijo: "Sabes que eres un tal por cual y conozco tus métodos pero a mí no me vas a amedrentar y aunque tengas tus pistoleros a sueldo aquí estamos tú y yo, y tú también traes pistola, sácala y nos morimos los dos, pero tú te vas primero".

Ante tal valentía, Maximino, que por menos que eso ya había mandado asesinar a muchos, no se atrevió a intentar nada en el momento, sin embargo un teniente coronel, jefe de ayudantes de Maximino (pero amigo cercano también de *Carcho*) lo buscó al día siguiente para decirle: "*Carcho*, Maximino está furioso porque lo retaste y no le quieres vender el negocio, ya ordenó que te busquen y te asesinen. Pélate de México en cuanto puedas". Simultáneamente, y enterada de la amenaza, María Elena, su esposa, y sus hermanas, que habían venido de Puebla, rogaron a *Carcho* que dejara el negocio y se fuera por un tiempo. María Elena le decía "*Carcho*, el negocio no vale tu vida, acuérdate de lo que le pasó a Cienfuegos el esposo de la tía Lupe, cómo lo asesinaron, deja el negocio y vete unas semanas mientras este hombre se calma". A los pocos días, *Carcho* tomó un avión con destino a Sudamérica (Brasil y Argentina), un "exilio voluntario" al que se sumó su querido amigo Gilberto Guajardo.

Sobra decir que Maximino, como se sabe, no sólo se adueñó de la empresa taurina, pagando por ella el precio que le dio la gana, sino que para apaciguar su coraje también se apoderó del Rancho San Manuel que *Carcho* tenía en Puebla donde la tierra tenía un valor mucho más alto que las vacas lecheras. Mas con todo y la adrenalina acumulada en tan pocas horas, Anacarsis no perdía su buen humor. Antes de tomar el vuelo, Gilberto le comentó:

—A ver cómo nos va, *Carcho*, porque yo llevo poco dinero.

—No te preocupes, yo traigo aquí unos centenarios.

—¡Pero si está prohibido sacarlos de México, *Carcho*! Seguro que tendremos problemas.

—Mira, cab..., si tienes miedo adelántate y yo los paso. Toma, llévate mi abrigo.

—Está bien.

Pocos minutos después, ya en el aire y sin que hubiera habido novedad, Gilberto le preguntó:

—Oye, ¿cómo te fue con la pasada?

—¿Con qué? —respondió *Carcho*.

—¡Pues con los centenarios, buey!

—¿Los centenarios? ¡Fuiste tú quien los pasó en mi abrigo, pen...!

Ambos rieron a carcajadas. Se habían conocido casi veinte años atrás, compartiendo algunas aventuras en Puebla y la Ciudad de México por su afición que ambos compartían por la motocicleta, estuvieron entre los primeros integrantes del equipo acrobático motorizado de tránsito; de ahí la broma que *Carcho* hacía cuando algún policía de tránsito lo paraba: "Yo también fui mordelón". Esta aventura de las motos en México duró sólo un par de meses. Eran dos amigos a los que en cierta forma les importaba el futuro que tendría nuestro país, la manera adecuada de desarrollar el potencial humano y natural que México ofrecía. Emprendedores e irreverentes. Años después, Gilberto se convirtió en un excelente promotor y operador del turismo nacional e internacional en Acapulco con el entonces famosísimo Hotel Club de Pesca, hoy Club de Yates. Ahora estaban juntos y dispuestos a hacer de aquel viaje una buena aventura; llevarían a cabo proyectos de desarrollo turístico sin parangón en la historia del país. El viaje transcurría casi al final de 1942, y aun cuando Gilberto tendría que regresar apenas unas semanas después, habría tiempo suficiente para divertirse a lo grande. Al llegar a Brasil y Río de Janeiro formaron un dinámico grupo con José María *Chema* Dávila, embajador de México en ese país, amigo de *Carcho* desde entonces para toda su vida; Carlos Darío Ojeda que fungía como embajador de México en Argentina y era a la sazón gran amigo de *Carcho*; el famoso actor y director de Hollywood Orson Welles; el chileno Videla, diplomático quien más tarde llegaría a ser presidente de su país; el embajador de Irán, y otros más.

Años después, *Chema* Dávila inauguraría el famoso Teatro Insurgentes de su propiedad ubicado en la avenida del mismo nombre; Orson Welles se encontraba en ese momento en Río y estaba profundamente impresionado por la belleza de Dolores del Río, quien acababa de llegar a ese puerto brasileño y ofreció una tremenda fiesta pidiéndole a *Chema*, como embajador, que la invitara, desarrollándose posteriormente entre ellos un tórrido romance. Carlos Dario siguió su trayectoria diplomática como embajador de México en muchos países latinoamericanos y europeos, entre ellos Italia, continuando una amistad íntima con *Carcho* al igual que los demás hasta el final de sus días.

Al recordar aquellos días de parranda, *Carcho* todavía se carcajeaba haciendo referencia a la noche en que quisieron bajar de un brinco un piano por aquel balcón del departamento de Orson en el octavo piso hasta la calle del mismo edificio donde vivía *Chema* y su familia. El embajador de México le comentó al actor: "Está usted dando una fiesta como se dice en mi país echando la casa por la ventana". A lo que Orson le contestó: "Sí, y voy a empezar por este jarrón de la vieja desagradable dueña de este departamento", aventándolo en ese momento por el balcón. Se dice que el piano que ahí se encontraba pudo haber brincado también los ocho pisos (de ahí *Carcho* sacó la frase cuando había un accidente aéreo: "Se cayó como piano").

Carcho estuvo en Brasil y Argentina cerca de cuatro meses. Se divirtió de lo lindo. Volaron así las semanas y *Carcho* regresó, enterado de que Maximino había ya apaciguado su cólera, quedándose con su empresa y su rancho.

Carcho, que ya no tenía rancho ni empresa taurina para entonces, aún contaba con los terrenos de La Ladrillera y había estado pensando desde antes de su viaje forzoso en un proyecto que, de resultar, despertaría seguramente los más halagüeños comentarios. Se trataba en apariencia de algo simple: una ciudad deportiva (Ciudad de los Deportes) que contaría con una plaza de toros, "la más grande del mundo", un estadio de futbol y también con pequeños lagos y una playa con un mecanismo que fabricara olas en forma artificial y varias otras atracciones que en su conjunto formarían la Ciudad de los Deportes. Logró asociarse con un acaudalado libanés de nombre Neguib Simón, quien aportó una gran suma, mientras que *Carcho* proporcionó el proyecto y sus terrenos de La Ladrillera, además de recursos monetarios. Así, la obra comenzó, y lo primero en ser construido fue la magnífica Plaza de Toros México, con capacidad para cincuenta mil personas, que hasta el día de hoy es la más grande del mundo; construida de la calle hacia abajo para aprovechar el enorme desnivel que estos terrenos tenían por los hornos de ladrillos, seguida del estadio de futbol.

Pero antes de que este se terminara algo hizo que *Carcho* de pronto cambiara sus planes, ya que había puesto como condición a sus socios que si "el Tiburón" (así denominaba *Carcho* a Maximino) trataba de entrar, él abandonaría el negocio, además de que le había puesto el ojo al Regis y se le presentaba el momento de adquirirlo.

Eran los días en que las máximas noticias culturales hablaban de José Vasconcelos, el Dr. Atl, Frida Kahlo y Diego Rivera, entre otros; los años en que el cine se llenaba de argumentos basados en la "novela de la Revolución"; la época en que las contiendas políticas generaban mítines con Andreu Almazán como opositor, provocando una respuesta gubernamental que se traduciría en muertes por balazos a quemarropa en las calles de lo que hoy es el Centro Histórico. No eran días fáciles para quienes intentaban hacer las cosas limpiamente, sino más bien para los otros.

Muy conocidas son las anécdotas que hablaban de la personalidad de Maximino Ávila Camacho. Ya no sólo aquella que afirmaba que él mismo se había autonombrado secretario de Comunicaciones y Transportes al inicio del gobierno de su hermano Manuel, sino también la proverbial historia en que tomó parte el director de una de las más importantes empresas automotrices. Es como sigue: habiendo tomado posesión de su nuevo puesto, el flamante secretario recibió una visita de cortesía en la que se le informaba que la empresa distribuidora de automóviles, los cuales en esa época eran de importación, deseaba obsequiarle un auto y con esto mantener con su dependencia la mejor de las relaciones. Al estar frente a frente con el funcionario de la mencionada firma, Maximino escuchó:

—Mi general, en nombre de mi empresa he venido a entregarle como presente de buena voluntad un automóvil que esperamos sea de su completo agrado.

La respuesta teatral fue más o menos así:

—Señor, en verdad es para mí un honor muy grande y un auténtico privilegio el poder servir al gobierno de la república. Pero debe saber usted que, como funcionario, no me es posible aceptar nada que pudiera ser malinterpretado. He de negarme rotundamente a recibir su obsequio.

—Mi general, por eso no se preocupe usted, que le haremos llegar inmediatamente la factura. ¿Qué tal si le ponemos un precio, digamos de cinco pesos?

—Pues si usted lo dice, señor, así será... Por cierto, ¿de qué color me dice que es el auto?

—Negro, mi general: un Cadillac del año. Precisamente traigo conmigo las llaves.

Acto seguido, Maximino procedió a extraer de su cartera un billete de diez pesos y al entregárselo le dijo:

—Tome usted, y por favor no me dé cambio. Mejor mándeme dos: este que ya me trajo y otro blanco.

Era un general querido y admirado sólo por aquellos a quienes solapaba y que eran sus incondicionales, pero odiado por la gran mayoría debido a su altanería y sus excesivos abusos de poder. Solía salir de su residencia en Sierra Nevada vestido elegantemente con un traje que combinara con el color del auto que llevara, y tenía más de uno para cada día de la semana. Quería además ser presidente a toda costa, pero un ligerísimo detalle se lo impidió: la muerte, que le vino de súbito en 1945; se dice que a consecuencia del veneno que alguno de sus "amigos" tuvo a bien combinar en sus alimentos, justo en una comida política. Este fue su último acto.

CARCHO, EL DON QUIJOTE Y LA CARRERA POR EL REGIS

Inquieto, deseoso de lo nuevo, *Carcho* quería algo mejor, algo de más realce. Si bien al llegar a la capital no albergaba en mente ninguna idea precisa, ahora, seis años después, sentía que una gran oportunidad se le ofrecía. Había oído que cierto famoso restaurante necesitaba socios que aportaran dinero fresco para dejar atrás una mala racha, y de inmediato se presentó. No era otro que el mismísimo Don Quijote, lugar que, a veinte años de haber sido inaugurado, sufría las consecuencias de vivir una época no tan boyante. *Carcho* lo conocía bien, pues en sus visitas espaciadas a los baños Regis solía ir allí a comer o tomar una copa; le gustaba por sobrio, por elegante y por la buena comida que era posible encontrar en él. Así pues, invirtió en aquella sociedad en la que se encontraban José Ricardi, Nicolás Morales y César, cuñado del propio Nicolás. Ricardi para entonces se había desempeñado como jefe de la policía capitalina y más adelante sería senador; Nicolás, por su parte, era un español republicano que al final de la guerra civil huyó a Francia y después de varios meses vino a México por barco, asociándose con su cuñado en el Don Quijote: ahí comenzó su relación con *Carcho*.

Carcho se vio favorecido por las circunstancias que envolvían al entonces propietario del Regis y a quien lo operaba, don Mario Castelán Meza. Desde 1925 Castelán había tomado las riendas del inmueble, administrándolo en nombre de la familia Hernández, como cuyo apoderado fungía en términos legales. Y le había ido bien. Pero una situación embarazosa, sucedida en 1933, vino a cambiarlo todo. Aconteció que la señora Hernández, viuda de don Facundo, solía visitar con frecuencia la capital, proveniente de su natal poblado de Reventadero, Veracruz, hospedándose por supuesto en su hotel, uno de los mejores del México de entonces. Venía y se divertía yendo de compras, o bien a los espectáculos musicales que en esos días abundaban en las carteleras de los diarios. Se quedaba una o dos semanas, durante las cuales acostumbraba trasladarse en uno de los taxis del sitio del hotel. Complacida desde la primera ocasión por el servicio tan esmerado que un chofer le prestara, comenzó a preferirlo, al grado de ser ingenuamente conquistada por ese cazafortunas. Primero la llevaba y después la acompañaba, llenándola de halagos y sabedor del enorme capital que la señora poseía debido a los pozos petroleros de sus tierras.

No pasó mucho tiempo antes de que el tal Aguilera la convenciera de que era ella y no su ahijado Mario quien debería administrar el Regis. Le llenó la cabeza de ideas y la persuadió para que se casaran lo antes posible, asegurándole que así podrían retirarle a Castelán el poder que como administrador de los bienes de la familia Hernández le había sido conferido años atrás. Y dicho y hecho: trataron de arrebatarle el trabajo de años, aduciendo su incompetencia en la administración del edificio; sin embargo, don Mario protestó enérgicamente y acudió a los hijos de la familia para que lo apoyaran, haciéndoles saber las para entonces más que obvias intenciones que Aguilera tenía de suplantarlo.

Pero no contento con lo que estaba logrando, Aguilera convenció a la señora para que se casaran al día siguiente, gesto que ella tomó como una muestra más del amor de su hasta entonces pretendiente. La boda se realizó inmediatamente y entonces la pareja recurrió a los servicios de un afamado abogado, quien después de un pleito vertiginoso logró meter a la cárcel a Castelán e incluso a Guillermo, el hijo mayor de la misma familia Hernández, quien desde el primer momento notó la forma tan vulgar en que su madre estaba siendo utilizada y se puso del lado del cuñado… Mas el encarcelamiento fue breve, y con eso, viendo frustrado definitivamente su plan, Aguilera hizo la graciosa huida, abandonando a su reciente esposa y renunciando a una fortuna que nunca pudo obtener. Pero a partir de entonces las cosas comenzaron a ir de mal en peor. Primero porque don Mario Castelán se divorció de su esposa Paulina, y segundo porque enfermó y fue declarado en estado de interdicción. Además, por si eso fuera poco, las acciones del Regis para entonces habían sido ignoradas con una persona de nombre Raúl Basurto, quien comenzó a sentir que su puesto inmediato sería el de propietario absoluto del hotel. Corría el final de la década de los treinta y, toda vez realizada la expropiación petrolera, los Hernández se vieron en aprietos económicos muy serios, al grado de tener que recurrir a la familia de Humberto y Alberto Guzmán Barberena, poderosos ganaderos veracruzanos, con el único propósito de solicitar un préstamo de ciento cincuenta mil dólares. Y don Alberto Guzmán, todo un caballero, accedió, dando a Mario Castelán la moratoria que ayudó para que la familia Hernández no perdiera de la noche a la mañana el inmueble.

Esos tristes acontecimientos para algunos, fueron felices para *Carcho*, quien se alistó para, una vez dentro de la sociedad del Don Quijote, emprender, ahora sí con todo su ímpetu, la carrera por el Regis. Enterándose tan rápido como pudo de por dónde corrían los hilos de esa revuelta madeja de accionistas propietarios del hotel, no escatimó a partir de entonces ningún esfuerzo con tal de hacerlo suyo: todo su vigor se volcó a la compra paulatina de acciones y créditos, pasando a ser, sin que nadie, salvo su abogado lo supiera, el verdadero dueño del hotel. Era sencillamente una sociedad anónima en quiebra, cuyos créditos *Carcho* fue liquidando en el juzgado tercero de lo civil ante el licenciado Iturbide Alvírez (pues en esos días casos como aquel se llevaban no sólo en los juzgados de distrito). Así, en una época en que no existía la ley de quiebras y concursos, *Carcho* Peralta se volvió en unos cuantos meses el accionista mayoritario del Hotel Regis, pasando a ser deudores suyos los accionistas que no tenían con qué pagar sus cuentas ya vencidas. Toda esa historia de juzgados e incluso tribunales es algo larga y seguramente resultaría tediosa si la contáramos aquí. Lo que más nos interesa es narrar lo sucedido una vez que Anacarsis Peralta adquirió el Hotel Regis.

Así las cosas, fue Enrique Ortiz, el abogado de *Carcho*, quien se encargó del trabajo nada grato de, incluso, embargar algunos bienes como consecuencia directa del caso que se hallaba en sus manos. Y *Carcho*, habiendo negociado lo conducente todavía con don Mario Castelán, se preparó para, exactamente el día en que nacía su hijo Sergio —3 de mayo de 1944—, tomar posesión como flamante nuevo propietario del sitio que ya entonces era el foco de la atención. Esa mañana, el *lobby* estaba impregnado de ambiente: gente iba y venía en un movimiento más rápido que el normal; había en unos, nerviosismo, en otros, pura expectación, y en la gran mayoría curiosidad. La noticia había corrido como reguero de pólvora y los fotógrafos de los diarios habían hecho su aparición desde temprana hora, tratando de obtener la exclusiva y colocándose a la entrada para capturar la imagen de la llegada inicial del dueño entrante. Los curiosos se sentían complacidos, azuzados por el vaivén de todos los congregados en la farmacia y la acera de la entrada principal. El rumor fue haciéndose más intenso a eso de las once, cuando un auto oscuro llegó y se estacionó justo a la entrada.

La puerta se abrió inmediatamente y de él bajó un hombre de estatura elevada y complexión robusta, de ojos verdes muy claros y vestido con un traje color café de fina hechura, quien al ver al cúmulo de personas que aparentemente lo esperaban no hizo sino sonreír, saludando con un movimiento de cabeza y haciendo un ligero ademán de la mano derecha en su sombrero. Toda su figura irradiaba un dinamismo especial y un magnetismo único, que se vio coronado al entrar al *lobby* del hotel mientras se colocaba un gran habano entre los labios.

Fue esa una escena que muchas, muchísimas veces se repetiría desde aquel día de su arribo como propietario del Regis, pues desde entonces el empresario Peralta —conocido principalmente en los círculos de gente prominente como alguien vinculado al mundo taurino años atrás—, se vería así, de la noche a la mañana, en el ojo de la tormenta, en el lugar que era el más famoso de cuantos podían contarse en el México de ese 1944. Porque era justamente el sitio que visitaban Dolores del Río, *Cantinflas*, Agustín Lara, Jorge Negrete, Antonio Badú, Emilio Tuero, Pedro Infante, Juan Orol, Roberto Gavaldón, Alejandro Galindo, Ismael Rodríguez, Julio Bracho y Emilio "El Indio"

Fernández (mismo que gozaba en esos momentos de una popularidad arrolladora gracias a su película *Flor silvestre*). Todos ellos sin contar a los grandes que de diferentes partes del hemisferio venían a parar en el Regis, ya fuera en plan de negocios o placer; y sin considerar tampoco a los generales de la Revolución, que todavía lucían sus uniformes y despachaban en el *lobby*; ni a los políticos en turno que llegaban seguidos por su séquito, ya fueran senadores, diputados, ministros e incluso ex presidentes que acudían puntualmente a su cita de los baños cada mañana.

No, la vida de Anacarsis Peralta ya no iba a ser la de antes.

LA GRAN REMODELACIÓN

Viéndose forzado a abandonar en 1942 el negocio de la fiesta brava, al que inyectó desde el primer día un dinamismo que antes no había tenido, un año después *Carcho* Peralta se había dado a la tarea de conseguir lo que estaba buscando: adquirir el Regis, que a sus ojos representaba una buena inversión tanto por su excelente ubicación cuanto por gozar de una reputación que lo hacía centro de reunión de la gente importante. Casi en quiebra financiera, el Regis no dejaba de resultar muy atractivo: la pugna por hacerse de él no fue fácil sino lenta y delicada, teniendo *Carcho* que echar mano de gran parte de sus recursos a fin de adelantarse a la oferta de un comprador interesado de nombre Palavicini, a quien apenas se anticipó unas horas. Los días que siguieron a su toma de posesión fueron de enorme movimiento, pues en la prensa se difundió la noticia a un ritmo vertiginoso. Llamaba la atención que el ahora dueño del Regis fuera nada menos que el ex empresario taurino Anacarsis Peralta, y sucedía así por la expectación que generaba el saber que el hotel seguiría siendo el sitio de reunión de los toreros más famosos. Eso hizo que los periodistas y cronistas comenzaran a acudir a diario ya fuera a la farmacia, la peluquería o los mismos baños, tratando de contactar a esos notables para obtener una noticia de primera. Casi inmediatamente, los asiduos visitantes y todos cuantos de una y otra manera frecuentaban ese edificio de la avenida Juárez comenzaron a notar la diferencia. La afluencia de huéspedes nacionales creció notablemente, y el espectáculo que para los curiosos representaba ver a tantos artistas y políticos juntos no tenía parangón. Y aunque *Carcho* no pensaba en ese momento que el Regis sería el negocio de su vida, sí sabía que definitivamente era sin duda el mejor de cuantos había hecho hasta entonces. Con el atino de estar en el lugar preciso en el momento justo; con la visión de poder aprovechar un negocio venido a menos debido a un mal manejo, sabiendo que debería redituar más beneficios por su fama comprobada; con la idea clara de convertirlo en un centro de trascendencia internacional, utilizando para ello no sólo sus amistades políticas, *Carcho* concibió en sólo algunos meses un ambicioso plan que consistía en ampliar su hotel prácticamente en todas direcciones. Así, desde finales de ese 1944, sus esfuerzos no tuvieron otro objetivo que el de ver sus deseos convertirse en realidad. Presentía que la guerra terminaría pronto y quería un hotel que contara con servicios similares a los que ofrecían por esos días los mejores de París o Nueva York. Sabía que se encontraba justo a tiempo para lograrlo y que, entonces, con un Viejo Continente destruido y caótico, los norteamericanos y europeos acostumbrados a viajar buscarían una alternativa que prácticamente no existía. Y el Regis estaba en México, justo en el punto medio entre Copacabana y California. ¿Cómo era posible entonces que no pudiera ofrecerse en él lo que en otros sitios abundaba?: atención esmerada, interés por el huésped y cada una de sus necesidades, alimentos de primera, información… empresa nada fácil, pero quería lograrla.

Proyectando a futuro lo que el hotel necesitaba, como un salón de variedad a la altura del más lujoso centro nocturno, un restaurante de alta cocina europea y una mayor cantidad de habitaciones, se concentró en principio en lo prioritario: el servicio. Instaló su oficina en un pasillo entre el *lobby* y la cafetería, rumbo a la calle de Colón; era pequeña, con dos modestos escritorios para él y su secretaria, una sola línea telefónica, luz abundante y algunos cuadros sencillos entre los que destacaba una caricatura de él que colgaba detrás de su escritorio, hecha por un amigo… despachito que casi nunca utilizó realmente, porque quien llegaba lo veía siempre de pie en el *lobby*, como esperando a alguien a quien no hubiera visto en años; ahí, con su gran puro en la boca y luciendo un traje tan impecable como su amplia sonrisa: el metro ochenta aunado a su corpulencia lo hacían visible desde cualquier distancia, y su voz franca resonaba acompañada de una risa abierta y un tanto áspera. Cuando un huésped hacía su aparición seguido del botones, inmediatamente se aproximaba para estrechar su mano caballerosamente, dándole la bienvenida y poniéndose a sus órdenes. Ese fue siempre su estilo. Mientras así actuaba, no dejaba de pensar en la inminente remodelación que el Regis necesitaba, porque en verdad no iba a ser suficiente ni para ofrecer los servicios que deseaba, ni para albergar a la cantidad de gente que tenía en mente hospedar. Y alternaba sus proyectos con desayunos y comidas en los que le acompañaban lo mismo Miguel Alemán Valdés —entonces secretario de Gobernación y cuya amistad conservaría toda la vida—, que amigos como Gonzalo N. Santos y varios generales prominentes, así como numerosos políticos de primer orden.

Vale contar aquí un hecho algo curioso que sucedió en abril de 1942, prácticamente un mes antes de que México declarara la guerra a las potencias del Eje (Alemania, Italia y Japón). Fue como medida de compensación a las graves dificultades que atravesaba el comercio marítimo, que el gobierno mexicano, en manos del presidente Manuel Ávila Camacho, decidió incautar algunos buques italianos y alemanes que se encontraban en Tampico y Veracruz. Justamente a este segundo puerto acababa de arribar el barco de pasajeros Hameln, propiedad de la todavía hoy mundialmente conocida Hamburg American Line, cuya tripulación de origen alemán fue detenida y trasladada a un campo de detención en Perote. Entre ellos venía el joven Helmuth Ruther, quien se desempeñaba como gerente de servicio al pasaje. Pues bien, resulta que de Veracruz los enviaron a Guadalajara, donde más tarde este Helmuth conocería a una linda tapatía con quien poco después contraería matrimonio; así, su situación migratoria cambió aunque no totalmente: comenzó a ser visitado por inspectores, dada su ciudadanía alemana y se le complicó el poder obtener un empleo. Ante tales problemas, intentaron sin éxito regresar a Alemania en un intercambio de detenidos de guerra; y entonces su mujer, desesperada, vino a la Ciudad de México decidida a hablar con Adolfo Ruiz Cortines, por esos días secretario de Gobernación.

Fue tanto su empeño que, tras muchas antesalas, logró verlo y explicarle la situación que vivían ella y su esposo, así como los constantes hostigamientos de que él era objeto. El secretario la atendió y giró instrucciones para que Ruther no fuera molestado más. Agradecidos, se trasladaron al Distrito Federal en busca de trabajo, pero sin obtenerlo. Una tarde, descorazonada por su suerte, la joven entró en una iglesia del centro para rezar; su llanto llamó la atención de un sacerdote, quien se acercó y de sus labios escuchó toda la triste historia. "Tranquilízate", le dijo, "con la experiencia que tiene tu marido tal vez pueda trabajar con el señor Carral o con el señor Peralta en el Hotel Regis; toma esta tarjeta y dile que vaya a verlos de mi parte". Al día siguiente, Helmuth se presentó con Carral, pues *Carcho* estaba de viaje, y obtuvo así un empleo para el turno de la noche en recepción. Cuando *Carcho* regresó, Carral le habló de Ruther y se lo presentó. Y no fue extraño que al ver su capacidad y dominio de otros idiomas —cosa que su hotel necesitaba—, lo cambiara al turno matutino, poniéndolo como gerente de recepción. Un año después, *Carcho* lo hizo gerente del hotel, y poco más adelante se convirtió, con Nicolás Morales, en uno de los hombres de absoluta confianza en el negocio, permaneciendo en él hasta 1959.

Así, contando con gente capaz como Edmundo El Chivo Saunders (su gran amigo de Tampico, quien ocupó el puesto de cajero general incluso hasta años después); Nicolás Morales, y el propio Helmuth Ruther (a los que fue colocando en la administración para que lo auxiliaran), y disponiendo de recursos frescos para invertir, provenientes sobre todo de la numerosa clientela nacional, la mencionada remodelación no se hizo esperar demasiado. Se comenzó por la parte superior del inmueble, en la que al cabo de poco más de un año se construyeron varios pisos, logrando que el número de habitaciones llegara a superar las trescientas. Eran cambios costosos, pues el trabajo de modificar las ventanas utilizando ahora acero inoxidable, la obra arquitectónica misma, así como la implementación del mármol de Carrara que se colocaría en los baños, no era cosa de centavos. Pero el resultado fue espléndido y la suntuosidad sobre todo de los baños Regis vino a fortalecer la promoción del hotel en su conjunto.

Cabe aquí hacer una somera descripción del *lobby*, que se vio principalmente afectado por esta gran remodelación. Se utilizó el mármol en piso y muros, de un sobrio color blanco que hacía juego con la amplia escalera que conducía al *mezzanine* y en la que el barandal de bronce —realizado al igual que la puerta principal por el arquitecto Luis Vigil— lucía tanto como el enorme candil europeo de prismas que colgaba de una gruesa cadena. Quien entraba, dejando tras de sí los grandes cristales que existían a ambos lados de la puerta de la avenida Juárez, y que abarcaban desde el techo hasta unos setenta centímetros del piso, veía una gran chimenea adornada con una escultura en bronce sumamente elegante; dos magníficos candelabros de pie de unos dos metros de altura (puesto que el *mezzanine* hacía un vacío que daba al *lobby* el doble de espacio hacia arriba); y la gruesa columna revestida de mármol negro que, junto con otras tres, servían de soporte a la escalera y a todo el *mezzanine*. En el costado izquierdo, los dos elevadores idénticos que contaban con puerta doble, la interior de fuelle, y debían ser operados por elevadoristas, más o menos para cinco personas cada uno; a la derecha el elevador automático, más amplio, y ubicado junto a un pasillo que comunicaba con la cafetería, la peluquería y los baños, en cuyo extremo se llegaba a la entrada de la calle Colón; además de otro corredor a mano izquierda, que conectaba con las áreas de mantenimiento: lavandería, un elevador de carga y servicio, la caseta de vigilancia con las tarjetas de entrada y salida del personal. En su parte más elevada, el *lobby* estaba decorado con relieves en yeso representando una escena clásica; por otra parte, el *mezzanine* —subiendo la amplia escalinata en el descanso de la cual lucían esplendorosas estatuas esculpidas en mármol—, sitio que tiempo después daba acceso a El Capri, comunicaba a la derecha con un pasillo que llevaba a las oficinas generales de administración y siguiendo por él uno podía acceder al baño de vapor de damas y al salón de belleza, lugares ambos que posteriormente (en los años setenta) se eliminarían para instalar ahí tanto la peluquería como una ampliación de los baños de caballeros.

Y qué decir de las *master suites*, que eran las habitaciones más amplias; había dos en cada uno de los siete pisos del inmueble. Contaban con una sala de estar y una espaciosa recámara en la que dos camas matrimoniales, un tocador, mobiliario fino y un vestidor, daban paso al amplio baño con piso y muros revestidos en placas de mármol de treinta por cuarenta centímetros. Eran *suites* amplias, todas con vista a la avenida Juárez, y las del segundo piso tenían balcones de cantera gris, lo mismo que cuatro columnas que sostenían y enmarcaban parte de la fachada de los primeros pisos.

El México de entonces gozaba de una vida nocturna agitada —plasmada por Efraín Huerta en su poema "Los hombres del alba"—, en la que los salones de baile y cabarets abrían sus puertas para recibir a la más disímbola gama de personajes: desde los que estrenaban traje cada fin de semana, hasta el sencillo aseador de calzado que echaba mano de su único sombrero para dirigirse al lugar de la movida y encontrarse con amigos que compartían los mismo gustos.

El séptimo arte y la música seguían siendo el centro de la atención general; para entonces el cine Regis aún vivía, rentado a la Compañía Operadora de Teatros, y en él llegaban a proyectarse cintas de éxito, como *La fórmula secreta*, que fue triunfadora en una de las temporadas de cine experimental —concursos en que argumentos de escritores notables eran llevados a la pantalla grande por directores como Alberto Isaac—. Y en el Toreo, ahora en manos del empresario Algara —quien representaba los intereses de Maximino—, se anunciaba por vez primera una pelea de box por el campeonato mundial de peso ligero entre el ídolo Juan Zurita y su retador, el norteamericano Ike Williams.

¡Aquellos años cuarenta! Días en los que hicieron época varios hoteles de provincia; ya fuera el San José Purúa, en el Estado de México, con sus chefs extranjeros y sus aguas termales como las de Ixtapan de la Sal, que a su vez contaba con invernaderos propios y cerca de doscientas habitaciones; el *spa* de la familia Peñafiel en Tehuacán; el Mocambo en Veracruz y el Casino de la Selva en Cuernavaca, ambos del señor Manuel Suárez; el famoso Fortín de las Flores, cerca de Orizaba, cuya alberca la llenaban regularmente de gardenias; o bien el hotel Taninul, de Gonzalo N. Santos, a sólo quince minutos de Ciudad Valles, en San Luis Potosí; en su gran mayoría eran hoteles balnearios que ofrecían servicios de billar, albercas termales, ping-pong, boliche y demás atractivos por ese estilo. Puesto que su idea era la de mejorar el Regis en todos los aspectos, *Carcho* realizó varios viajes más por Europa y los Estado Unidos, buscando ideas para implementar en su hotel, así como gente. Si bien al español Nicolás Morales lo conocía y había sido inicialmente socio suyo en el Don Quijote una vez instalado en el país, en México conoció también al italiano Pascual Filissola; con ambos, expertos restauranteros, configuró el proyecto de más adelante crear no sólo un fino restaurante, sino también un lujoso cabaret y un bar con variedad. Fue al volver de uno de esos recorridos por España que le dijo a Nicolás:

—Oye, "gachupín", te tengo una sorpresa: ¿quién crees que llega dentro de una semana?

—No sé, *Carcho*, dime.

—Pos Candelitas, tu mujer.

Una auténtica sorpresa para Morales, ya que su esposa Candelaria no había podido salir de su país tras la guerra civil, cuando él tuvo que partir hacia Francia. *Carcho* le prometió ayudarlo, y le dio así la noticia, sin previo aviso y llenándolo de alegría. Era su estilo para con los amigos.

Inaugurada el martes 5 de febrero de 1946, con una gran corrida en el marco del vigésimo noveno aniversario de la Constitución, la monumental Plaza de Toros México, el coso taurino más grande del mundo hasta nuestros días, abría sus puertas para recibir a los aficionados en un programa extraordinario: Luis Castro El Soldado, Manuel Rodríguez Manolete y Luis Procuna, con seis toros de San Mateo. En efecto, Neguib Simón había concluido aquel proyecto de *Carcho*, y era el flamante administrador. Pero al poco tiempo comenzó a irle muy mal, teniendo que recurrir a Anacarsis para pedirle que volviera.

—Carchito, véngase conmigo —le suplicó—, usted pone las condiciones.

—No, don Neguib, lo siento mucho. Ya le expliqué que no puedo:

acabo de comprar el Regis, y yo, cuando tengo un negocio, me entrego a él. No puedo hacer dos cosas a la vez —fue la respuesta contundente.

El Toreo de la Condesa había sido demolido en 1945, trasladando parte de su estructura para edificar en el norte de la ciudad la plaza El Toreo de Cuatro Caminos, que hasta hace algunos años le daba una fisonomía inconfundible a la zona por su domo plateado y que hoy ha desaparecido, víctima de la modernización de la ciudad.

Así, poco a poco, como se hacen las buenas cosas, *Carcho* fue viendo su plan convertirse en realidad. Para finales de 1948 el Regis se mantenía sin discusión como el mejor hotel, pero él, aunque contento, no estaba satisfecho: había ya hecho ciertas negociaciones con los propietarios de los predios colindantes, a fin de adquirir esos terrenos que consideraba de incalculable valor para su proyecto de ampliación. Algunos cedieron rápidamente y otros no. Pero de cualquier forma, para el año siguiente el Regis ofrecía bar, cine, alberca, baños de hombres y mujeres, restaurante, farmacia, peluquería y salón de belleza, y todo ello sin contar el servicio de lavandería y tintorería para los huéspedes, único y pionero en su género. Sólo faltaba un sitio selecto de espectáculos, un restaurante como el mejor de cuantos hubiera conocido Europa, un estacionamiento más amplio... Y eso llegaría cerca de diez meses después, al dar inicio la era de oro del Regis de la Ciudad de México. Se perfilaba el final de otra década, sin duda la más fructífera en el aspecto material para *Carcho*, la de mayor crecimiento, la más promisoria. Pero antes de que concluyera sucederían cuatro cosas: inauguraría la *suite* presidencial, crearía el restaurante Paolo y La Taberna del Greco, anunciaría la fastuosa apertura del Capri, que de inmediato se convertiría en el mejor centro de espectáculos en toda la ciudad. Cada uno de estos sitios merece un capítulo aparte y el tercero sería de gran relevancia en la cultura del joven país que estaba comenzando a ser visto por los ojos del mundo.

De forma por demás inesperada, la Segunda Guerra Mundial vino a colocar a México en un sitio relevante del panorama mundial. Impedidos de recorrer Europa, tanto nobles de aquel continente como artistas de Hollywood y Broadway comenzaron a llegar a nuestra geografía para pasar aquí largas temporadas de vacaciones y esparcimiento. Era un flujo constante que en los años de postguerra no hizo sino incrementarse, dado que en casi todos los países europeos imperaban el racionamiento y la carencia. Por el contrario, de este lado del Atlántico, y especialmente en México, continuaba una feliz época de paz y prosperidad social que era aprovechada por las personas pertenecientes a la clase social acomodada.

Una de esas visitas es ya legendaria. Invitada por don Lázaro Cárdenas, quien gustaba de traer personalidades que pudieran de una u otra manera colaborar al desarrollo cultural o científico del país, llegó un buen día la italiana Rita Alberti Brunetti, quien tenía la tarea de instalar y promover la industria del gusano de seda en nuestra tierra. Amiga íntima de la amante de Mussolini y acostumbrada a las ostentaciones naturales propias de su nivel, no encontró mejor lugar que el Regis para hospedarse a su gusto: los mármoles, las maderas preciosas, las mullidas y finas alfombras, la cristalería de los candiles y toda la atmósfera del lugar le producían la sensación de "estar en casa", como ella misma lo expresara en numerosas ocasiones. Se le veía ataviada con vestidos y medias de seda, con zapatillas de raso, sombreros de ala ancha adornados con largas plumas de ganso y, también, con sus imprescindibles guantes que subían en ocasiones hasta la altura de sus codos, de piel blanquísima. Como salida de una película de los años veinte, esa "condesa" (llamada así por su forma de vestir) era una mujer ya madura que se hizo de un gran número de amigos de manera tan natural que en la época de oro del cine mexicano solía, en el *lobby* donde iba a tomar algún té o aperitivo, saludar a los famosos que pasaran caminando por ahí. Y les llamaba por su nombre, sin importar que se tratara de diputados, artistas, cantantes u hombres de negocios. Los aludidos como Manuel Bernardo Aguirre, que a diario visitaba el hotel, de inmediato reaccionaban acercándose y estrechando su mano, o inclinándose respetuosamente para besarla. Pero a *Carcho* eso no le sucedía: él conocía y hospedaba a la condesa, tratándola con suma deferencia y tan cotidianamente que logró en poco tiempo ser considerado como de su familia. Ella así lo sentía y la confianza generada por esa singular relación hizo que se quedara en el Regis durante dos largas décadas, pues era para la condesa una extensión de su hogar italiano.

UN GRAN PRECURSOR DEL HOSPEDAJE DE CATEGORÍA

El Regis fue el verdadero pionero de la hotelería mexicana, pero su época de oro sin duda fue la de *Carcho*, quien con su ejemplo demostró a los hombres de negocios la conveniencia de construir establecimientos similares para dar empuje a la naciente y productiva empresa del turismo que sería posteriormente una muy importante fuente de ingresos en la economía de la nación. Aunque el hotel ya tenía una amplia trayectoria y gran clientela, adquirida sobre todo mediante recomendaciones de boca en boca, la excelencia en el servicio llegó a él sólo con el ímpetu de su nuevo propietario. Era el más exclusivo por su discreto encanto, por su refinado ambiente de estilo europeo en el que destacaban los cuadros artísticos, los amplios candiles, los uniformados y atentos empleados, el discurrir sereno de viajeros y mujeres bien vestidas que, en plan de negocios o simplemente turístico, eran la escena diaria.

En él se hospedaron figuras consagradas que dejaron huella en todos los ámbitos y a nivel internacional. Nadie de esa altura dejó de ir al Regis, ni siquiera Agustín Lara y María Félix cuando él trabajaba en Capri y contrajeron matrimonio. Y el café de la farmacia servía para acompañar las amenas charlas de personajes encumbrados en el cine y el arte, a la vista de sus admiradores. Juan Orol era uno de esos asiduos visitantes, quien despertaba envidias por llegar acompañado de María Antonieta Pons, luego de la bellísima Rosa Carmina y posteriormente de Mary Esquivel; pero estaban ahí también el periodista Juan Pita Cabrera, quien escribía en el *Mexico City Herald* de Jesús H. Tamez —amigo de *Carcho*— y llegaba acompañado del galán Roberto Romaña.

Estaba muy cerca la etapa de Miguel Alemán, quien en su campaña política echara mano de "La bamba" como himno de la modernidad. Y era también la época dorada de los actores del celuloide que más destacaron: Pedro Armendáriz, Arturo de Córdova, Emilio Tuero, los hermanos Soler, Joaquín Pardavé con sus temas de don Porfirio, Isabela Corona, María Elena Marqués, Andrea Palma, Dolores del Río, Sara García, Mario Moreno *Cantinflas* y muchísimos otros. En esos días quién no dejó de ir a El Retiro, de la calle de Atenas, o al conocidísimo Salón México para ver bailar el mejor danzón. Y qué decir del Leda, sitio obligado de la intelectualidad de aquel entonces; o bien de la famosa cantina Ópera, que acogía entre otros a Rafael F. Muñoz, el conocido autor del libro *Vámonos con Pancho Villa*. Era muy frecuente que después de una buena parranda, los trasnochadores no desearan otra cosa que reanimarse o "revivir" en los mejores baños, que abrían sus puertas justo a las seis de la mañana.

Los constantes viajes de *Carcho* le habían hecho afinar su perspectiva de lo que significaba dar un servicio en el que el cliente viera satisfechas absolutamente todas sus necesidades, motivo por el cual los baños Regis, al iniciar el día, no sólo recibían a muchos desvelados parroquianos para ser "apapachados" con esmero, sino también a individuos singularmente madrugadores como don Othón Pérez Correa, prestigioso notario de recia personalidad y amable trato que desde el primer día se convirtió en el cliente más asiduo, llegando alrededor de las seis y media y dándose el lujo de regañar tanto a caldereros como a masajistas cuando el vapor no estaba lo suficientemente caliente. A excepción única del fin de semana en que se daba un obligado descanso, el licenciado Pérez Correa visitó los baños desde el año de 1938 hasta la mañana misma del fatídico 19 de septiembre de 1985, algo en verdad inimaginable. Su recorrido diario lo platica más o menos así:

"El acceso a los baños podía realizarse ya fuera por la calle de Colón o bien por la avenida Juárez, a través del *lobby* y al fondo de un pasillo. Una vez subiendo la escalera, después del pequeño mostrador en que se hallaba Luis Cruz y se compraba el boleto, se encontraban a ambos lados cuartos de diversos tamaños para dos o tres camas o cheslones de respaldo alto en los que uno podía recostarse y descansar después del vapor y el masaje. Una mesa de madera servía como buró para poner en ella objetos personales y contaba con una extensión telefónica por si se necesitaba recibir o hacer una llamada. Tenía también una mesa para bebidas o alimentos si es que llegaban a solicitarse, y un perchero para colgar la ropa. En el cheslón siempre había un par de sábanas limpísimas, además de otra doblada que el cliente se enredaba como túnica después de desnudarse, para pasar a la habitación en que se encontraban las salas de masaje y las estufas del vapor. Al fondo de uno de los pasillos había un espacio en que se colocaban los ayudantes que lustraban el calzado, y las cajas de valores en que el visitante colocaba sus objetos personales. Y por supuesto, las salas y cubículos contaban con música delicada y de buen gusto que invitaba a descansar. De las dos áreas de vapor, la del fondo y más pequeña era la más caliente: por lo tanto la menos frecuentada; tenía capacidad para cuatro o cinco sillas, y cuando el cliente se sentaba, después de poner su sábana, acudía de inmediato alguno de los masajistas llevándole una palangana de acero con agua muy caliente, para sumergir los pies a fin de descansarlos y sudar más abundantemente mientras tomaba el jugo de su preferencia, las conocidas "pollas", o bien leía el periódico... Así que en las planchas de masaje de fino mármol importado algunos se quedaban dormidos en las manos de los avezados masajistas, que tenían una fama bien ganada como expertos en su arte y llegaban incluso a aplicar en el abdomen ciertas sales para bajar de peso. Eran en total cuatro planchas del mismo tono que las paredes de todas las habitaciones, y en la cabecera de cada una habían sido instaladas llaves y mangueras que servían para enjuagar el pelo del cliente en turno, eliminando el jabón hecho espuma que solía utilizarse durante el masaje. Antes de acostarlo, los empleados cubrían la placa con una sábana, colocando una segunda doblada como si fuera almohada. Era todo el conjunto un área grande, enfrente de la cual cuatro regaderas estándar se encargaban del enjuague final. Y también se podía pasar por una puerta de aluminio y cristal a las dos regaderas de presión, que funcionaban con el solo hecho de pisar la tarima colocada justo debajo de ellas, haciendo salir un fuerte chorro de agua fría que ayudaba para enfriarse y estimular la circulación una vez terminado el baño, siendo uno recibido inmediatamente después por un masajista que lo envolvía en otra sábana tras auxiliar en el secado, para pasar al cubículo personal. Ahí, a solicitud del cliente, se le daba una frotada de alcohol o se le llevaba el desayuno o la copa".

Es así como don Othón Pérez Correa se sentaba cómodamente en una de las grandes sillas de madera que se encontraban en las salas de vapor, sin otro objetivo que el de sudar copiosamente con los pies dentro de la palangana. Ese era el mejor sistema para comenzar la actividad del día, y tomaba entre hora y hora y media. Después, ya vestido y rebosante, se dirigía invariablemente al Sanborns de los Azulejos para, una vez terminado el desayuno, caminar con dirección al Zócalo hasta su despacho de la calle Madero. El peculiar ritual lo realizó por más de 46 años, y siempre lo disfrutó.

Lo cierto es que no existía necesidad que pasara inadvertida, desde estacionar el automóvil, lustrar el calzado, tener acceso a cajas de seguridad para resguardar las pertenencias de valor, enviar ropa a la lavandería y planchaduría —un servicio del que todos los demás hoteles carecían—, e incluso recibir manicura y pedicura por parte de los cuatro manicuristas que realizaban su labor en sillitas de ruedas, corte de pelo o barba en cualquiera de los siete sillones de peluquero, y hasta solicitar alimentos y bebidas que eran traídos al mismo cubículo que uno estuviera ocupando. Así llegaba a suceder con gente como Silverio Pérez, José Gálvez, Luis Procuna, Xavier López Chabelo, Agustín Isunza, Víctor Alcocer y Luis Aguilar, quienes todos los jueves iban a bañarse, comer algo ligero, tomarse varias copas y jugar cubilete en el vapor o la sala de masaje, saliendo a eso de las cuatro o cinco de la tarde "muy bien servidos".

Luisito Cruz, el encargado de los baños era el responsable de guardar los relojes, joyas y hasta pistolas en las cajas de valores, e igualmente, supervisaba a los jóvenes estudiantes o concesionarios que lustraban el calzado y proveían a los clientes de lociones, cepillos para el cabello e inclusive alimentos de la cafetería, recibiendo a cambio jugosas propinas. Aproximadamente hasta 1953 existió una amplia alberca igualmente revestida de mármol con columnas a los lados, a la que tenían acceso los usuarios de los baños: hombres y mujeres que deseaban un momento de ejercicio acuático y que entraban a ella sólo a través de las puertas correspondientes de sus respectivas secciones (es decir que únicamente en la alberca podían reunirse, nunca en el interior). Sin embargo, fue a mediados de la misma década que se decidió *Carcho* a desaparecerla y convertir esa superficie en una gran peluquería que, debido al mármol, fue la más elegante de su época.

Las mujeres por igual encontraban los baños sumamente atractivos, y por muchas razones: eran amplios y cómodos, con muros de mármol de Carrara. Contaban con muy completos salones de belleza en donde se aplicaban diversidad de mascarillas para cualquier tipo de cutis, así como champúes elaborados con avena, yema de huevo, miel y aceite de almendras. Y eso no era todo, pues si la clientela deseaba bajar algunos kilos, el tratamiento se complementaba con la atención de instructores profesionales de danza y gimnasia, amén de un baño especial con gran variedad de exóticas hierbas aromáticas. El ambiente del baño de mujeres a lo largo de los años fue heterogéneo y agradable. Se mezclaban ahí damas de diversas edades, profesiones y nivel social en un ambiente de mutuo respeto. Desde las señoras Zuckerman y Césarman, de origen israelita y madres ambas de connotados médicos; la esposa de don Miguel Abed, rico y famoso libanés de aquel entonces; Irma Serrano; la legendaria Graciela Olmos, apodada La Bandida, quien acudía en compañía de varias pupilas y dejaba propinas más que buenas (se dice que en esos baños compuso su canción "La enramada"); las distinguidas cantantes de ópera Ernestina Garfias, Mercedes Garaza y Aurora Wooldrow; la señora Margo, otrora propietaria del teatro del mismo nombre; hasta artistas como Columba Domínguez, Blanca Estela Pavón y Amalia Hernández, quien comúnmente llegaba de prisa acompañada por algunas de sus bailarinas. En más de una ocasión la inigualable voz de Amparo Montes interpretaba ahí dentro románticas melodías del momento, recibiendo calurosos aplausos por respuesta.

Corrían los años en que se encontraba ocupando la silla más importante del país el presidente Miguel Alemán, y era justo la época en que serían destapados los candidatos a gobernador para los estados de Guerrero y Veracruz —los licenciados Gómez Maganda y López Arias, respectivamente—. Uno de esos días, al enterarse de que la designación presidencial había favorecido a Marco Antonio Muñoz y no a él, López Arias estalló en cólera. Para apagar su pena, se dedicó a visitar en compañía de algunos amigos varios centros nocturnos mientras que, entre copa y copa, no dejaba de maldecir al primer mandatario; así pasó aquella noche, acusando en público al presidente y denostándolo con cuanto calificativo le llegaba a la mente. A la mañana siguiente, Alemán le dijo a Gómez Maganda, señalando el reloj: "Alejandro, quiero que encuentres a López Arias y me lo traigas aquí a las cinco en punto", tras lo cual Gómez se dio de inmediato a la tarea de encontrar al susodicho. No fue sino después de varias horas de rastrearlo que pasado el mediodía lo encontró en el vapor del Regis, curándose la cruda. Apenas lo vio, López Arias comenzó su retahíla:

"¿Ya viste lo que me hizo ese hijo de tal por cual, Alejandro? ¡El muy desgraciado me quitó la gubernatura de Veracruz! Mal amigo, hijo de su tristísima, yo que tanto lo estimo". "Ya cállate, chaparro, deja de estar gritando esas cosas", le dijo Gómez Maganda; "precisamente me envió a buscarte el señor presidente para que exactamente a las cinco de la tarde te presentes ante él. Ándale, apúrate, que necesitas vestirte para que vayamos a que comas algo y no te le presentes en este estado. ¡Pero pícale, que don Miguel no nos va a estar esperando!"

Una vez en el despacho presidencial, el gobernante dio instrucciones de que les permitieran pasar. Se puso de pie cruzando los brazos, y cuando atravesaban la puerta comenzó a hablar dirigiéndose secamente a López Arias, sin darle tiempo para reaccionar: "Conque aquí estás por fin. Ya sé que estuviste despotricando toda la noche que soy un hijo de tal por cual. ¡Y no lo niegues, porque te grabaron!" Los ojos del interpelado, muy abiertos primero, se hicieron aún más grandes al escuchar estas últimas palabras de Alemán. Sosteniéndole fijamente la mirada, le preguntó con una especie de furia contenida: "¿Me mandaste grabar Miguel?" Y al recibir la respuesta positiva del primer mandatario, le dijo sin titubeos: "¿Pues sabes qué? ¡Sí, eres un hijo de la tiznada, Miguel!" El presidente entonces esbozó una sonrisa, mientras decía: "¡Chaparro desgraciado! ¿No hemos sido amigos durante muchos años, cabezón? ¿No te he ayudado siempre en tu carrera? ¿No te hice líder de la CNC?"... Está de más decir que ambos terminaron ese encuentro con un abrazo. Y cabe mencionar aquí a don Gilberto Flores Muñoz, secretario de estado con Ruiz Cortines y de quien se decía sería presidente. Persona sencilla, atenta y educada, acostumbraba llegar a eso de las diez de la mañana en traje de equitación, pues acostumbraba montar sábados y domingos. Aunque frecuentaba el *lobby*, la cafetería, el Paolo y el Capri, era en el cubículo tres o cuatro del vapor donde recibía a Carlos Osuna, Francisco Galindo Ochoa y el doctor Tijerina, cuando ese espacio no lo ocupaba su buen amigo *Carcho*. Mientras su ayudante le traía cortes especiales de carne para su almuerzo, el teléfono repiqueteaba cien veces, buscándolo para saber a qué hora llegaba o se iba.

Fue esa la época en que se decía del Regis que era sucursal de la Secretaría de la Defensa Nacional, pues tanto al hotel como a sus salas de vapor acudían cotidianamente infinidad de militares tan importantes como el general Bonifacio Salinas Leal, gran revolucionario que en principio fue jefe de la zona militar de Jalisco (que abarcaba varios estados), después gobernador de Nuevo León y Baja California Sur, y posteriormente senador de la república. Amigo íntimo de *Carcho* y de Eisenhower, se decía que no había podido llegar a ser secretario de Defensa por un malentendido con el presidente Adolfo Ruiz Cortines debido a la sucesión presidencial; mas lo cierto es que usaba el Regis como si fuera su oficina, yendo a los baños, desayunando y atendiendo asuntos de política y negocios con amigos y gente conocida durante muchos años. Y como él, desfilaban por ahí los generales Gómez Velasco y Antonio Nava Castillo, ambos en su momento jefes de la policía metropolitana y el segundo, más tarde, gobernador de Puebla; Humberto Mariles y Juan Luis Cueto Ramírez, el primero famoso por obtener medallas olímpicas de oro sobre el caballo "Arete", y el segundo también director de Policía y Tránsito; el general Limón, quien fuera secretario de la Defensa Nacional; el general Alejo González, de Coahuila; el teniente coronel Ortiz Ávila, en ese entonces secretario particular del general Salinas Leal y después gobernador de Campeche; los generales Rodrigo M. Quevedo —jefe de varias zonas militares—, Juan Jaime Hernández, Francisco "Chico" Martínez Peralta, y Jesús M. Guajardo (además de su hermano), de triste memoria por haber asesinado a Zapata en el estado de Morelos; el coronel Viñals; el mayor Arturo Cisneros, jefe de ayudantes del coronel Carlos I. Serrano; el capitán Conrado Montalvo, jefe de ayudantes del general

Salinas. En fin, que la lista resultaría extremadamente larga. Baste decir que sólo había un denominador común: todos ellos disfrutaban del Regis, y todos ellos gozaban de la amistad de *Carcho*.

Uno de esos clientes asiduos era el doctor Gustavo Arévalo, quien iba a lo menos tres veces por semana. Hermano del general Arévalo Gardoqui —en ese entonces jefe de ayudantes del presidente López Mateos y años más tarde secretario de la Defensa Nacional—, el doctor siempre solía irradiar una simpatía característica que lo hacía más que bienvenido al lugar. Pero una mañana, al salir del vapor bastante pálido, se recargó penosamente en la vitrina. "¿Qué le pasa, doctor?", preguntó Luis Cruz al verlo tan extraño. "Me duele mucho la cabeza, Luisito". "Pues entonces recétese algo para que se le quite y no se esté sintiendo así", le dijo Cruz. "Ya veré", fue la débil contestación. Al parecer repuesto, salió al estacionamiento para recoger su auto. Horas después se supo que había sufrido un accidente, estrellándose contra un autobús y falleciendo a causa de una conmoción cerebral.

También andaban por ahí el doctor Turati, conocido oftalmólogo, y Agustín Isunza, artista cómico que tomó parte en las películas de Pedro Infante y se llevaba demasiado pesado con los masajistas: "¡Órale, desgraciados, ya llegó su padre! ¡Alíniense!", les decía —pero en verdad no era tan malo, porque en más de una ocasión los invitaba al terminar su turno a una famosa pulquería del Centro—. O bien don José García, fino y respetable propietario de una gran cremería, quien frecuentemente mandaba traer a un guitarrista y cantante de nombre Marco Antonio Alcalá que trabajaba en el Hórreo, restaurante que se encontraba a espaldas del Regis y que todavía hoy funciona; don Pepe le llamaba "compadre" y lo hacía tocar para él y sus amigos dentro de su cubículo. En alguna ocasión don Pepe llegó a eso de las siete más alegre que de costumbre, acompañado por un mariachi que introdujo "voluntariamente a fuerza" a las salas de vapor para que le siguieran cantando; y en otra oportunidad arribó con un grupo de músicos traídos de un bar cercano para tocar en el vestíbulo, llegándole la música a través del micrófono ambiental.

Ya a fines de los cincuenta andaban por los baños Regis el famoso matador Luis Procuna; el Che Ramírez, administrador del ingenio azucarero El Mante, de San Luis Potosí; el señor Manuel González, un introductor de carne a quien le cortaban el cabello y le arreglaban las manos después del baño: hombre adinerado, en la época navideña enviaba a una persona a Salinas y Rocha para comprar algunas prendas que obsequiaba al conocido peluquero Galicia, y a Magdalena, Gloria, Lupita y María Luisa, las cuatro manicuristas que en ese entonces laboraban ahí; así como los señores Abelardo L. Rodríguez y Aarón Sáenz (que en conjunto adquirieron en 1944 parte de las acciones de la empresa Pan-American Airways, Sáenz se retiró en 1963). Poco más tarde, al principio de los sesenta, el señor Miguel Rojas, anticuario de la Zona Rosa; el licenciado Jorge Gálvez; el Negro López Negrete; Marco Antonio Muñoz, gobernador de Veracruz; el arquitecto Joaquín Álvarez Ordoñez, director de obras públicas del Departamento Central; el licenciado Alfonso Galindo; Manuel Espinosa Rugarcía, hijo del connotado banquero del mismo nombre; así como Jorge Rojo Lugo, quien fue secretario de la Reforma Agraria y después gobernador de Hidalgo; y los hermanos Roberto y Alex Cardini, hijos del creador de la ensalada César. Conocido restaurantero, Alex llegaba acompañado de un cardiólogo amigo y entre varios se ponían a jugar como niños, aventándose cubetadas de agua en el vapor; un día en que esto hacían, la descarga cayó nada menos que sobre el Embajador de Estados Unidos, quien plácidamente leía el periódico. Deshaciéndose ellos en disculpas, el personaje los interrumpió risueño para decirles que no se preocuparan, y agregando: "Es lo más gracioso que me ha pasado en los últimos días".

Así era aquel ambiente relajado y bohemio de los baños del Regis.

Eran los días en que al Café del Caballito —frente al Regis— y a la cantina La Mundial acudían todos los periodistas de *Excélsior*; las tardes en que al restaurante Ambassador —ubicado junto al periódico y propiedad de Dalmau Costa— llegaban a comer el entonces director, Rodrigo de Llano, y el gerente, Gilberto Figueroa, pero en mesas separadas; y es que durante muchos años fingieron que se odiaban, a fin de poder dirigir la cooperativa propietaria del diario. Hasta que un día de asamblea se presentó De Llano con el periódico *Printer's Ink* en la mano, diciendo a los presentes: "Señores, esta seria publicación menciona que el *Excélsior* es uno de los diez mejores periódicos del mundo, y esto, por supuesto, es gracias al trabajo y la colaboración de todos ustedes. Y aunque parte de la responsabilidad en cierta forma es mía, también se debe a la buena administración de un señor cuyo nombre no voy a mencionar, porque no quiero. Ustedes lo conocen y propongo que a partir de hoy lo nombremos gerente general *ad perpetum*". La reacción fue unánime, y todos votaron a favor. En ese momento se levantó Figueroa, diciendo: "Señores, tengo que reconocer, con modestia, que *Excélsior* sí se ha administrado bien, pero muchos de sus logros se han debido a la acertada dirección de una persona cuyo nombre tampoco quiero mencionar. Mas como pagar es corresponder, deseo proponer que se le nombre director general *ad perpetum* de nuestro periódico". Así sucedió, y precisamente en aquel Ambassador en que teatralmente se sentaban en mesas separadas, fue donde se dio a conocer el famoso restaurantero Jordi Escoffet.

¡A AGRANDAR LOS ESPACIOS SE HA DICHO!

Carcho había ideado una magna ampliación cuyo objetivo era el de crear el hotel más grande de América Latina, y tuvo que hacer gala de su cariz histriónico para conseguir en las ocasiones más difíciles lo que deseaba. Tal fue el caso de una persona que era la dueña del predio de la esquina de Colón y Balderas, y que por ningún motivo deseaba venderlo: la señora Villoro. Viuda de edad avanzada y católica de hueso colorado, consideraba que el terreno, legado de su difunto esposo, era el patrimonio más valioso que poseía.

Pasaron así meses enteros de insistencia, a lo largo de los cuales Anacarsis se vio representado por un abogado, buen amigo que, no obstante sus esfuerzos, nada pudo lograr. Pero *Carcho*, como en todas sus negociaciones, nunca se daba por vencido, e investigó para saber un poco más sobre la mencionada señora. Se enteró de que a diario rezaba el rosario y recibía en forma constante a un cura como consejero espiritual en su domicilio y se presentaba a primera hora a misa todos los domingos. Eso le hizo visitarla de improviso sin siquiera llevar su oloroso puro, para causar buena impresión. Sorprendida, ella lo recibió con rostro severo, pero durante la charla no pudo sino ser gradualmente conquistada por ese bien educado caballero que frente a ella, y con voz suplicante, aseguraba ser un ferviente cristiano que iba a misa con toda la familia y rezaba también diariamente el rosario en compañía de su esposa y sus pequeños hijos. Sabía, le decía, que quizás esa costumbre fuera algo dura para ellos en su edad tan temprana, pero que no pensaba sino en su bienestar espiritual y físico, por lo cual también le era muy necesario adquirir el predio que ella poseía para poder hacer crecer el negocio que a la larga sería el patrimonio que él, el abnegado Anacarsis Peralta, dejaría para la posteridad de sus seres queridos. Todo era verdad, de eso ella podía estar segura. ¿Aceptaría, pues, venderle? La señora dijo que lo pensaría, pero al comenzar a recibir felicitaciones por su loable actitud al contar con un guía espiritual de cabecera y por su acendrada convicción religiosa, semanas después aceptó que la transacción se realizara.

Mas al poco tiempo Nicolás Morales —el brazo derecho de *Carcho* en el Regis— recibió al administrador de la Sra. Villoro quien le reclamó abiertamente el engaño del cual ella había sido objeto, pues el señor Peralta, ahora se daba cuenta, no era lo que decía ser: para nada rezaba el rosario, y no se paraba en la Iglesia los domingos; todo había sido una sucia mentira y su representada la señora en la venta quería dar marcha atrás. Pero negocios son negocios y nada consiguió aquel emisario. Cuando Morales le comentó el incidente, *Carcho* no hizo otra cosa que carcajearse divertido. Y meses más tarde, ya pasado el trago amargo, la señora aceptó rentar con opción a compra una parte de otro terreno del que también era propietaria, dando paso así a la construcción del estacionamiento en las proporciones que el Regis necesitaba, en la esquina de Colón y Balderas, pero enfrente.

Al igual que esos predios adquiridos a la señora Villoro, Anacarsis hubo de pagar con esfuerzo los demás lotes colindantes para hacer efectiva la ampliación. Fue una labor que le tomó varios años. Y como entonces el Departamento Central deseaba ampliar la avenida

Balderas, *Carcho* ofreció financiar parte de esa obra a cambio de un convenio mediante el cual las propiedades que el gobierno afectara en la manzana le fueran posteriormente vendidas al mismo precio en que el Departamento las hubiera adquirido, más un 10% extra. Su audaz propuesta fue aceptada, y así logró convertirse en propietario de toda la manzana, comprando los terrenos de las calles de Colón y Doctor Mora, en cuya esquina estaban las oficinas del periódico El Nacional. Y por último, pudo adquirir el edificio de Salinas y Rocha. De inmediato mandó hacer un proyecto para su nuevo hotel, que abarcaría todo ese espacio: el gran Hotel Peralta-Regis. Elaborado por la empresa ICA (Ingenieros Civiles Asociados) de su amigo Bernardo Quintana Arrioja, familiar de su esposa María Elena, el proyecto contemplaba la creación de tres torres: dos de veinte pisos cada una y otra de veinticinco, cuya cimentación estaría piloteada hidráulicamente y supervisada por el ingeniero Leonardo Zeevaert —el mismo que calculó la Torre Latinoamericana—. La idea era crear de inmediato la primera torre en la esquina de Doctor Mora y Colón, y después una segunda que abarcaría el terreno de Salinas y Rocha. Ambas se fusionarían, generando así los recursos necesarios para entonces demoler y crear la tercera, aún mayor, precisamente en el sitio en que se ubicaba el Regis.

El trabajo inició, de acuerdo con el plan, construyéndose la mencionada primera torre y terminando tanto su cimentación como once pisos de estructura; mas lamentablemente el proyecto quedó trunco por el capricho del regente Ernesto P. Uruchurtu, quien detuvo la obra alegando absurdamente que el reglamento prohibía la construcción de edificios tan altos dada la anchura de la calle. (Así, no fue sino más de diez años después que la viuda de *Carcho* pudo terminar los once pisos, y dicho inmueble se convirtió en un edificio de oficinas en renta).

Anécdota curiosa fue la del reloj del Regis, que estaba en la fachada de la avenida Juárez y cuya procedencia todavía hoy resulta incierta; era grande, con manecillas proporcionales en tamaño y una blanca carátula que fácilmente los transeúntes podían ver. Pues bien, dada la ampliación del hotel, a *Carcho* se le ocurrió donarlo a Ciudad del Carmen, Campeche, ya que algunos de sus antepasados habían provenido de esa zona a la que guardaba por ello especial cariño; llevándose una gran sorpresa al recibir semanas después una carta del ayuntamiento en la que le exigían cierta cantidad para sufragar los gastos de instalación del antiguo reloj en la plaza central. Molesto en extremo por lo absurdo de la situación, no encontró entonces mejor solución que obsequiárselo a un amigo residente de la misma ciudad, quien terminó colocándolo en la fachada de su casa.

Enfrentando contratiempos pero ampliado ya, el Regis pudo crecer a trescientas treinta habitaciones y comenzó a dar servicio a cerca de setecientos visitantes, con un dinamismo que significó el principio del movimiento masivo de turistas en el país. Primero se construyeron cuatro pisos, y posteriormente el ala de Colón y Balderas en parte de los terrenos que *Carcho* fue adquiriendo; así, sobre la bóveda del cine Regis quedó el "Patio andaluz", el cual contaba con una fuente revestida de azulejos de talavera lo mismo que los balcones de ese mismo nivel, en las *suites* (pero para 1957, después del temblor en que se cayó el Ángel, el Departamento Central dispuso que se quitara la pesada fuente y sus bancas). Y fue entonces que toda aquella transformación se vio enmarcada por una serie de importantes acontecimientos que darían inicio a la edad de oro del hotel de Anacarsis Peralta, el primero de los cuales consistió en la construcción del "ala nueva" en la esquina de Juárez y Balderas y en la creación de un sitio que involucró directamente a su buen amigo otrora secretario de Gobernación y ahora flamante presidente de México. *Carcho* lo invitó a cortar el listón inaugural, que por ese mismo hecho daría nombre al lugar que en adelante sería conocido como la *suite* presidencial "Miguel Alemán".

Padres de *Carcho*, Anacarsis y María. Atrás: Héctor y *Carcho*. De izquierda a derecha: Juan (medio hermano), Octavio, Natalia, Aurora y Leopoldo. Alejo y Eugenio no habían nacido todavía.

Boda de Aurora Peralta Díaz Ceballos (hermana de *Carcho*, en la Ciudad de México) con el señor Salvador Esteva Rivas.

Manifestación de duelo en el sepelio del Sr. Peralta

Se inhumó ayer al infortunado joven en el "Panteón Moderno"

Boda de Natalia Peralta Díaz Ceballos con Benjamín Galván.
La acompañan su padre, Anacarsis Peralta Requena, y a la extrema derecha,
su hermano Héctor Peralta Díaz Ceballos.

Padres de *Carcho* con su nieta María Eugenia Esteva Peralta (hija de Aurora).

Héctor y *Carcho* Peralta Díaz Ceballos.

Coronel Leopoldo Díaz Ceballos Mont, tío de *Carcho* (hermano de su madre).

Los padres de María Elena, Alfredo Sandoval y Rosa Carrillo.

María Elena con su hermana Josefina
en su casa, en Puebla.

Georgina Sandoval Carrillo
(hermana de María Elena).

María Elena con su hermana Graciela
Sandoval Carrillo.

María Elena Sandoval de Peralta, vestida de novia.

Carcho y sus dos primeros hijos, Héctor Anacarsis y Yolanda, al poco tiempo de llegar de Puebla a la Ciudad de México.

Primera comunión de la señorita Natalia Peralta Ahuatzin. A su derecha, su padre Héctor y Aurora; a su izquierda, doña Amada Ahuatzin de Peralta; abajo, la segunda hija Aurora Peralta Ahuatzin; entre las damas, la señorita Luz Requena Sitges.

Eugenio Peralta Díaz Ceballos y su esposa, la señora Teresa Olvera de Peralta. De izquierda a derecha: como padrino, Alejo Peralta Díaz Ceballos, y su esposa María Quintero de Peralta.

Alejandro Algara, Agustín Lara al piano y el ballet español, de Queti Clavijo, en la década de los cincuenta.

Alejandro Algara, las Hermanitas Águila, Agustín Lara al piano y, al fondo, la orquesta del Capri, década de los cincuenta.

Agustín Lara, Pedro Vargas cantando y José María (*Chema*) Dávila, famoso político, propietario del teatro Insurgentes, en La Taberna del Greco, década de los cincuenta.

Marquesina del Capri, farmacia Regis, década de los cincuenta.

Pedro Vargas, Frank Sinatra —quien pasaba su luna de miel con su esposa, Ava Gardner (hospedados en la *suite* presidencial)— y *Carcho* Peralta en el Capri, década de los cincuenta.

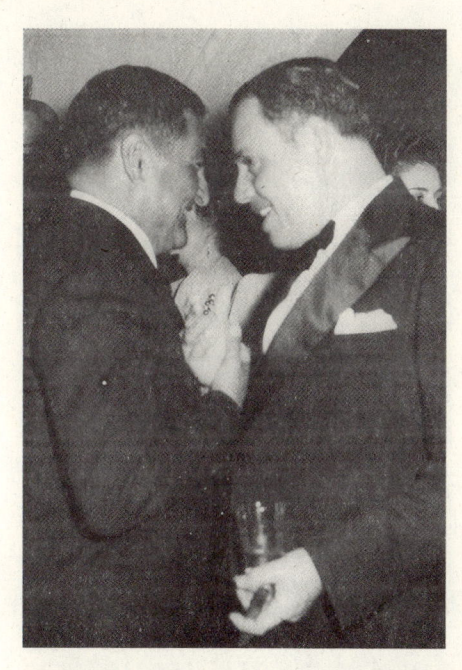

Emilio Portes Gil, ex presidente, y *Carcho* Peralta en una cena de gala en el Regis, década de los cincuenta.

Lola Flores, con Faico y Paco Aguilera, actuando en el Capri, década de los cincuenta.

Gary Cooper y bailarinas de flamenco del *show* del Capri, década de los cincuenta.

Agustín Lara y Pedro Vargas cantando en el Capri, década de los cincuenta.

Pedro Armendáriz, el *maître* Publio de Juana y, al fondo a la derecha, el chef Paul Leonard y meseros en el vestíbulo del Capri, década de los cincuenta.

Pedro Vargas, quien estaba de variedad en el Capri, y Jorge Negrete, a quien el público invitó a cantar, década de los cincuenta.

En el vestíbulo del Capri: al centro, el gran piloto Piero Taruffi; a la derecha, el *maître* Publio de Juana, y a la izquierda, un capitán de meseros.

Agustín Lara y Rebeca, dando su *show* en el Capri, década de los cincuenta.

Gitano Moreno y Lupita Tovar, de variedad en el Capri. Al fondo, a la izquierda, el gerente del hotel, Helmuth Ruther, década de los cincuenta.

En el Capri: al centro, Ginger Rogers y Lola Flores; a la izquierda, Carmen, hermana de Lola, y personalidades del cine norteamericano.

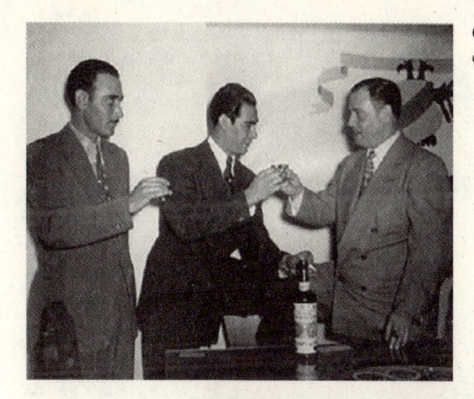

Carcho negociando corridas con toreros.

Carcho Peralta actuando como picador en una tienta.

La rejoneadora peruana Conchita Cintrón.

La posición de *Carcho* fue muy firme: la defensa del espectador.

La intervención de *Carcho* en el ambiente taurino de México "levantó" la alicaída fiesta brava.

Torero Félix Guzmán: un pase "natural", Toreo de la Condesa, 1941.

Personal de Sanitarios El Águila y Cerámicas El Águila
(en medio Héctor Peralta Díaz Ceballos).

Héctor Peralta Díaz Ceballos, hermano de *Carcho*.

Héctor Peralta Díaz Ceballos, con su hija Natalia, entrando a la iglesia.

Foto de la boda de la Baby Dávila, hija de *Chema*, con el licenciado Bernabé Jurado. De izquierda a derecha: *Carcho* Peralta, Pedro Vargas, Libertad Lamarque, la Baby y Bernabé, en El Patio.

Calesero al capote, dedicado a *Carcho*, Plaza México, en los años cincuenta.

María Elena Sandoval de Peralta, *Carcho* Peralta y Joseph Freeman en la Plaza México a principios de los años cincuenta.

TERCERA PARTE

LOS DÍAS FELICES ENTRE GRANDES
ACONTECIMIENTOS Y DISTINGUIDOS VISITANTES

Abierta en 1949 y sin lugar a dudas el orgullo del Regis, la *suite* presidencial abarcaba la mayor parte del octavo piso recientemente construido: es decir, cerca de doscientos cincuenta metros cuadrados. Su amplitud no fue mayor por el sólo hecho de haber sido creada antes de que se concluyera el "ala nueva". No obstante, en su concepción se contempló hasta el más mínimo detalle, e incluso la instalación especial de un elevador automático para ocho personas que, a diferencia de los otros dos que en el hotel ya funcionaban, era el único que llegaba tanto al *mezzanine* como directamente a ese nivel superior y exclusivo de acceso controlado.

Al salir del elevador se llegaba a un pequeño vestíbulo de sobria decoración en sus muros de madera, que contaba con dos puertas laterales, un escritorio secretarial, y al fondo una tercera puerta más amplia que propiamente era la entrada a la *suite*. Ahí, el visitante era recibido en una sala o *hall* de fino mobiliario, con gran chimenea sobre el muro de la cual lucía un óleo esplendoroso que representaba a los volcanes Popocatépetl e Iztaccíhuatl. En uno de los costados del ancho marco del pergamino se leía: "*Carcho*, el cuadro que me encargaste para la *suite* presidencial 'Miguel Alemán' lo pinté con mucho cariño. Tu amigo, Dr. Atl". Inmediatamente después, a la izquierda, estaba un bar perfectamente equipado con una elegante barra de madera y cristal biselado en los respaldos, que separaba la sala del también amplio comedor al que para llegar se tenían que subir tres escalones; a la derecha del mismo *hall* existía un área acondicionada con mesa circular propia para el juego de cartas.

El comedor, que como la sala lucía sobre su alfombra un gran tapete persa, era de fina madera en todos los acabados; traído ex profeso de Europa al igual que la mayoría del mobiliario, contaba con capacidad para doce personas, y tanto sus platos base como el gran juego de té eran de plata alemana grabada con el emblema del Regis (las dos erres encontradas con su coronita). A través del comedor, al fondo y bajando otros cinco escalones, se llegaba a una cocina muy completa, detrás de la cual se hallaba el cuarto de servicio con baño para la persona que siempre atendía la *suite*. En el pasillo que corría detrás de la sala de juego y conducía a las recámaras, había dos puertas. La primera daba entrada a un medio baño; la segunda era un pequeño salón de peluquería que tenía espejos, un lavabo y, por supuesto, su clásico sillón giratorio.

De las recámaras, la primera era de unos veinticinco metros y estaba amueblada en marquetería. Tenía una cama de tamaño *queen size* cubierta por una bella colcha de pluma de ganso en tono rosa pálido, que hacía juego con el color de los muros y con las grandes plazas de mármol de Carrara de su baño completo e independiente. La segunda, principal, en el fondo de la *suite*, era de un lujo extraordinario. Bastante más amplia, en cerca de cuarenta metros ostentaba fino mobiliario europeo y una gran columna rodeada de un gobelino chino. Su cama *king size* estaba recubierta por un edredón de seda que con todo el conjunto interior confería al espacio una sobria y rica atmósfera. Su baño alargado estaba dividido en cuatro secciones intercomunicadas: la primera, el vestidor, contaba con tocador iluminado y espejos biselados, frente a un clóset mediano y recubierto en seda capitonada; la segunda era el baño propiamente dicho, con lavabo, W.C., amplia tina y regadera cuyos cancel y puerta eran de vidrio grabado con imágenes de personajes vestidos a la usanza europea del siglo XVIII; la tercera era una pequeña sala de vapor, y la última el salón para masaje con su correspondiente plancha. A excepción del vestidor, el resto del baño era de mármol igualmente gris oscuro, confiriendo al lugar un aire de suntuosidad por sus grandes placas de cincuenta por cincuenta centímetros.

Pero quizá lo más espectacular de aquella *suite* presidencial lo constituía el formidable ventanal que, comenzando en el comedor y sostenido por columnas laterales, se extendía hasta recorrer a todo lo largo tanto la sala como las dos recámaras, haciendo las veces de un enorme y continuado muro de vidrio que halagaba la vista de cualquiera. A un costado de la sala, formando parte del extraordinario ventanal, había dos grandes puertas de cristal con marcos y manijas de bronce; y a ambos lados, para abrir esas puertas, dos grandes placas también de bronce, grabadas cada una con el escudo nacional. Sin duda lo que más destacaba era la gran águila patria que había sido minuciosamente biselada en el muro de cristal sobre las puertas. Era eso, junto con los escudos de todos los países de América grabados a ambos lados de las puertas, en círculos, lo que confería a la *suite* un aire sumamente elegante y majestuoso. Si a ello agregamos los candiles de Baccarat, los espejos finísimos, los muebles europeos, las lámparas y los cuadros artísticos originales, el conjunto no era otra cosa que un armonioso sueño vuelto realidad.

Afuera, un balcón con barandal de bronce corría a lo largo de la *suite*. De casi dos metros de ancho, a él se tenía acceso a través del ventanal del comedor, de la puerta de cristal de la sala, o bien desde la recámara principal. Una mesa con cuatro sillas, propia como desayunador o simplemente para tomar la copa, se encontraba en la terraza, precisamente afuera del comedor. Desde ahí la vista de la ciudad era perfecta: se dominaba prácticamente toda la avenida Juárez, parte del Paseo de la Reforma y del Centro, pero sobre todo los bellos atardeceres que en esa época sí era posible disfrutar.

Falta por último describir la biblioteca, que era amplia y estaba comunicada con la sala, aun cuando contaba con otra puerta que daba directamente al vestíbulo exterior. Así lo había ideado *Carcho*, pues la utilizaba esporádicamente como oficina personal cuando la *suite* no estaba rentada. Tenía un gran escritorio de madera; al costado derecho un medio muro sobre el cual, con luz indirecta, descansaba una valiosa escultura europea representando una gran carreta; y sobre la chimenea de mármol, frente al escritorio, otro bronce europeo con una escena de caza del siglo XVIII; atrás del escritorio, abarcando todo el muro revestido de madera, amplios libreros que contenían una enciclopedia completa y colecciones de tamaño uniforme, libros todos empastados especialmente en imitación de pergamino y grabados en el lomo con el emblema del Regis. A un costado, un ventanal igualmente biselado con un paisaje del siglo XVIII; y en el mismo muro de la chimenea, sobre la cual estaba una pintura de tema marino, una puerta de acceso al baño privado, cuyos muros y pisos consistían también en grandes placas de mármol negro y brillante de Carrara. Tanto la puerta que comunicaba con la *suite*, como la que daba al vestíbulo, eran gruesas y dobles, a fin de tener la intimidad necesaria para sostener en la biblioteca cualquier tipo de conversación o asunto privado.

Se dijo antes que en el vestíbulo, además de la puerta de entrada a la *suite*, había otras dos que estaban a la derecha del escritorio. Una, como ya vimos, correspondía a la biblioteca oficina; pero la otra conducía a la parte restante de aquel octavo piso, es decir, a la azotea. Había en ella dos departamentos en los que llegaron a vivir, en su momento, tanto Helmuth Ruther como Edmundo Saunders (gerente y cajero general) con sus respectivas familias; el conmutador, y más tarde las secciones de ropería y carpintería, así como el elevador de carga y servicio, ubicado en un extremo.

A la inauguración de la *suite* presidencial "Miguel Alemán" asistieron personalidades del mundo político nacional. Además del mismo presidente Alemán Valdés, estuvieron presentes el coronel Carlos I. Serrano, líder del Senado, Mario Ramón Beteta, secretario de Hacienda, Fernando Casas Alemán, quien fungía como regente, el general Gilberto R. Limón, secretario de la Defensa Nacional y varios otros notables de la vida política de México. Fue en la *suite* que durante los años cincuenta se reunían a jugar cartas con *Carcho* numerosos generales y políticos. Jugaban póquer y "paco" (con cinco barajas); y eran veladas en las que si Anacarsis tenía que atender algún asunto urgente, en medio de una mano, sentaba sin pensarlo dos veces a su *valet* japonés Luis Okura, poniéndole las cartas en la mano para que siguiera su juego ante gobernadores o secretarios de estado. Okura permaneció con *Carcho* durante mucho años y lo acompañaba también cuando en forma esporádica se celebraban ahí mismo partidas de dominó con Antonio Badú, Luis Aguilar y algunos otros.

Así las cosas, el Regis iba creciendo a pasos firmes. Y *Carcho* seguía su ritmo acostumbrado, la mayor parte del tiempo en el *lobby* observando el movimiento y conversando con los empleados, amigos y huéspedes que día con día hacían su inevitable aparición. Ahí estaba el movimiento y era ahí desde donde él lo controlaba.

Por su parte también la ciudad aumentaba en volumen, y sus pobladores recibían a través de la radio las pegajosas tonadas de Agustín Lara, Jorge Negrete, Pedro Vargas, Emilio Tuero y muchos otros. Fue una época de transición en la que el joven Pedro Infante comenzaba a ganar la simpatía del público, escalando una fama que a la postre lo convertiría en un mito nacional que hoy, a más de medio siglo de su muerte, lo mantiene vivo en el corazón de sus fanáticos.

Y en el cine, una amplia gama de nombres seguía engrosando la lista de estrellas que conformaron una parte importante de nuestra historia cultural. Pero lo que más entusiasmo provocó no surgió de la pantalla o la radio, sino de los numerosos salones de baile. Habían quedado atrás el swing y sus secuelas, y ahora era un ritmo fresco y desenfadado proveniente de Cuba el que inundaba el ambiente, mezclando en sus acordes danzón y rumba: el mambo de Dámaso Pérez Prado, toda una revolución que con bellas mujeres vino a inyectar sabor a la vida nocturna del país. Días felices aquellos, en los que la diversión consistía en salir a cenar, bailar, o ver un *show* de innumerables *sketches* que todos festejaban, sin importar su nivel cultural o económico.

Había para todos en gusto y precio. Incluso para los extranjeros que se hospedaban en el mejor hotel y partían del país tan satisfechos que pronto darían origen a aquella frase hoy trillada que habla de la "tradicional hospitalidad mexicana".

Antes de que concluyera ese 1949, el Regis fue escenario de otros dos acontecimientos importantes y casi simultáneos: la apertura del restaurante Paolo y la inauguración de La Taberna del Greco. Construido en el mismo sitio en que años atrás estuviera el Don Quijote (restaurante en el que Anacarsis se asociara poco antes de adquirir el hotel), del cual entonces formaban parte el exiliado español Nicolás Morales y César su cuñado, además de Raúl Ricardi —un buen amigo de *Carcho* que se convertiría más tarde en jefe de la policía y senador—, Paolo fue bautizado así debido a un socio minoritario que *Carcho* tuvo en un principio: el restaurantero italiano Paolo Necci, quien dejaría la sociedad al poco tiempo para crear el bar Paolo en 16 de Septiembre y Gante. Cabe aquí señalar que en dicho bar se reunían Mariano Rivera Conde, *Chema* Lozano y Enrique Fabregat, quienes regularmente iniciaban ahí sus correrías nocturnas (Fabregat, prolífico compositor, llevaba a ese bar algunos tríos que iniciaban su carrera); después, los amigos se iban a la famosa casa de La Bandida para oír cantar a Marco Antonio Muñiz.

La idea de crear el restaurante Paolo surgió en *Carcho* como natural consecuencia de sus primeros viajes por Europa y Estados Unidos.

Había pensado en un lugar que atrajera a los amantes del buen comer, ofreciéndoles platillos de la alta cocina internacional en un ambiente refinado y sobrio en el que la lujosa decoración, la buena música y el servicio esmerado fueran el distintivo. Y ahora, con el Regis en sus manos, el momento había llegado. Para llevar a cabo el proyecto, contrató en España al *maître* Publio de Juana, al que conoció por medio de su gran amigo Perico Chicote, trayéndolo para trabajar en el hotel; e hizo lo propio con el italiano Filissola, hombre eficiente que compartiría en principio la responsabilidad del manejo del negocio con el mismo Nicolás Morales (quien para entonces era ya un empleado de confianza de *Carcho*; ambos llevaban un porcentaje de participación ahí). Desde el día de su inauguración, Paolo se hizo de muchos clientes regulares. A él acudían los empresarios Harry Steele y Howard Palmer, así como astros del cine, importantes periodistas, o bien políticos como Aarón Sáenz, también banquero, que llegaba con sus invitados a comer en un determinado día de la semana sobre los elegantes platos base de la vajilla, que eran todos de plata grabada con el emblema del Regis. A ellos se unían lo mismo el gobernador Marco Antonio Muñoz que los licenciados Gómez Maganda y Ezequiel

Padilla. Lugar en extremo original, Paolo contaba con las especialidades del chef francés Paul Leonard y de un fabuloso pastelero italiano, quienes entrenaron muy bien a sus segundos ayudando a crear así una nueva generación de chefs mexicanos. Con toda propiedad, y ataviado con su blanco delantal y gorro, Paul llegaba a la mesa de los diversos comensales empujando personalmente un carrito de plaqué sobre el cual elaboraba ensaladas o presentaba un delicioso entremés caliente que servía para abrir el apetito. Y platillos principalmente de la cocina italiana eran la especialidad: canelones, antipastos y pichones al vino blanco, o bien la cotoletta parmesana de pollo, la cual se presentaba cubriendo el hueso de la pierna con un adorno de papel blanco en forma de gorrito de chef. Pero la carta incluía también delicias francesas, y sobre todo los suculentos panes y pasteles que eran ya famosos y diariamente se elaboraban en los hornos del propio restaurante. Eran muchos los que los compraban para llevar a casa. Destacaba sobre todo un especial tipo de pan que los clientes no sólo consumían en el Paolo, sino adquirían para llevarlo: el panteón, hecho de pasta muy porosa y relleno de frutas secas cristalizadas que lo hacían sabrosísimo. Producto de origen italiano que a la fecha sigue siendo muy popular en aquel país, el panteón se elaboraba principalmente para la época navideña, siendo del agrado de todos tanto por su peculiar forma de iglú como por su tamaño, pues alcanzaba hasta para ocho o diez personas. Y otra especialidad del restaurante, quizá la más conocida, eran las "casatas", un famoso postre compuesto por diferentes capas de helado rellenas de fruta, e igualmente como iglú, que para servirse se cortaba en cuatro porciones grandes.

Estaban ahí Manuel Becerra Acosta, Carlos Amador, Alfonso y César Estrada, Fito Peralta; y el ingeniero Bernardo Quintana Arrioja, fundador con Saturnino Suárez Fernández, Felipe Pescador Estrada y Javier Barros Sierra de la prestigiosa constructora ICA. Clientes satisfechos fueron siempre lo común en Paolo: desde Adolfo Ponzanelli, propietario de la empresa Canteras de Mármol y a quien *Carcho* compraba gran parte de ese producto; Agustín Barrios Gómez; el gobernador Marco Antonio Muñoz; Alejandro Gómez Maganda; don Agustín Legorreta; don Manuel Espinoza Iglesias; Lauro Villalón; Ernesto y

Elpidio Gómez Lira; Gilberto Flores Muñoz; don Emilio Portes Gil; Aarón Sáenz; e incluso el presidente Adolfo Ruiz Cortines con su esposa; además de don Fernando Gutiérrez Barrios y el chihuahuense Teófilo Borunda, o bien el subsecretario de Gobernación Román Lugo.

El segundo acontecimiento no menos celebrado sucedió semanas después, al ser abierta formalmente La Taberna del Greco. Concebida por *Carcho* como un "pianobar" al que llegaran a reunirse los amigos para tomar la copa, estaba decorada al estilo de una tradicional taberna española: grandes vigas en el techo, lambrines de madera color roble en los costados y una elegante barra amplia "todo de robusta madera" que hacían sentirse bien a cualquier visitante, en sus altas sillas con respaldo. Todo ello a media luz, con mesas pesadas y un ambiente sobrio y elegante. De inmediato se colocó en el gusto de todos por dos razones principales: su excelente barman, quien con frecuencia inventaba cocteles nuevos de nombres muy curiosos; y sobre todo por la música que ahí podía escucharse.

A la taberna se tenía acceso ya fuera por la avenida Juárez, a la izquierda de la entrada del hotel y del Capri, o bien desde el *lobby*, bajando una escalera o utilizando los dos elevadores antiguos. Entre sus paredes se dieron cita famosos intérpretes de la canción como la extraordinaria Olga Guillot, a quien Juan Bruno Tarraza acompañaba en el teclado, Toña la Negra, Fernando Fernández y otros, además de músicos como el conocido violinista Elías Breeskin —quien por cierto tuvo que salir de la empresa al comprobarse que llegaba a cobrar las melodías a los clientes del lugar, a fin de poder afrontar sus numerosas deudas de juego. Pasaron apenas pocas semanas cuando en los diarios ya era frecuente hallar textos publicitarios de antología referentes a La Taberna del Greco: "…y prepárense", rezaba alguno, "con una copa de las que son su especialidad para lo que usted más tarde espera. Saldrá tonificado e inspirado para gozar mejor de esta noche con la voz de Toña la Negra, la que interpretó por primera vez a Agustín Lara, la misma que llevó por todo el mundo su cálida voz para gloria de México…" Lo cierto es que más tarde la taberna sería el punto de reunión de los artistas del cine nacional para presenciar el siempre alegre espectáculo que ahí se presentaba: un sitio que rápidamente fue escogido como escenario de varias películas famosas del cine mexicano, casi siempre como un lugar de encuentro para los personajes de la trama.

Una situación especial se daba de vez en cuando, y era justo cuando El Sordo Carlos González López Negrete, todo un personaje de la vida bohemia de la capital y mejor conocido como "El Duque de Otranto", llegaba con sus muchos invitados para apoderarse literalmente del Greco, cerrando las puertas a fin de que el espectáculo se convirtiera de pronto en un festejo privado que terminaba ya entrada la madrugada. (Y fue ahí mismo que en cierta ocasión el conflictivo Carlos Denegri rompió de un certero balazo la copa con la que Severo Mirón (Julio Samuel Morales Ferrón), brindaba con Lola Flores, a quien en nada tranquilizó escuchar cómo "respetuosamente" Denegri le pedía que se hiciera a un lado por si acaso erraba el tiro. Por supuesto, Denegri, para desagraviarlo, le envió posteriormente una caja de champán.) A ese Carlos González, conocido periodista de sociales que recibía su apodo debido al aparato de amplificación de sonidos que siempre utilizaba, le sucedió algo que más tarde relataría con gran sorpresa: "Estaba yo en la cafetería del Regis, cuando de pronto comencé a escuchar ciertas voces que llegaban a mi oído desde una mesa algo lejana —así son estos aparatos: no oyes de cerca, pero sí lo que no debes—; era algo sobre un plan de alguien para fugarse de una cárcel, y cuál no sería mi sorpresa al enterarme pocos días después de la fuga de Kaplan, ni más ni menos". Por cierto que sus amigos llegaban a referirse a Carlos González como el "Duque de otro antro".

Puede decirse del Regis que en los treinta destacaron sus billares, el póquer y el dominó; en los cuarenta los baños, la farmacia, espacio de reunión de intelectuales y artistas como Buñuel, Alcoriza, Emilio Fernández, Roberto Gavaldón, Jorge Negrete y otros no menos importantes; pero en la década de los cincuenta hubo cuatro distintivos: los baños, la farmacia, La Taberna del Greco y Capri, el centro nocturno que se volvió el escenario por excelencia de la época de oro del hotel. Inaugurado a finales de los cuarenta, su apogeo comenzó alrededor de 1951, año en que los sombreros y los trajes cruzados con o sin pistola en la cintura estaban de moda; días, o más bien noches, en las que los noctámbulos encontraban su punto de reunión ideal dentro del Regis, al calor de la música de las orquestas más famosas y los espectáculos celebrados: variedades con aire europeo o caribeño, huéspedes distinguidos y un sinfín de estrellas rutilantes que imprimían a ese sitio un aire de exclusividad única.

Capri fundó una época de la historia del acontecer nocturno del país, la más prolífica. En sus años de vida desfilaron por su escenario diversos intérpretes como Alejandro Algara, Rebeca, Lupe Silva, Jorge Fernández, Lupita Tovar, el tenor continental Pedro Vargas, y artistas diversos como la bailarina española Carmen Amaya, Antonio Gadés, los Chavales de España, Manolo Caracol y su tribu de gitanos, Nicolás Urselai, el tenor y pianista italiano Pino Barati, Verónica Loyo, las Hermanitas Águila, Rosita Quintana, los Churumbeles, Los Panchos, Los Tres Ases, el trío Los Calavera, Lucho Gatica —quien vino a México traído por *Carcho* para actuar en Capri, el Teatro Lírico y la televisión—, los chilenos Hermanos Silva, Los Hermanos Zavala, Los Apolinares, el compositor José Alfredo Jiménez...

A mediados de los cincuenta debutó allí el grupo que entonces se llamaba Los Panchitos, integrado por los hermanos Castro todos ellos muy jóvenes aún, casi niños, cambiaron posteriormente su nombre gracias a un comentario de *Carcho*, a quien le caían muy bien por su edad, su empeño en el trabajo y sus deseos de destacar: "Tienen que cambiarlo", les dijo, "porque Los Panchitos y los pinchitos se oyen muy parecido". Más no fueron los únicos, pues gente de la talla de Lola Beltrán dio inicio prácticamente a su carrera artística dentro de esas paredes; posteriormente cantaba también ahí La Torcacita, y había un conjunto de violines que años después modificaría su nombre por el de Violines de Villafontana, al pasar al conocido restaurante ubicado en la avenida Reforma.

El Capri tenía, por supuesto, su propia orquesta, dirigida por Américo Cayano, quien la dirigió cerca de 8 años y más tarde se asociaría con el famoso Wolf Rubinskis en los restaurantes El Rincón Gaucho.

Igualmente, el internacional Tito Guízar, famoso por su película *Allá en el rancho grande* (en el financiamiento de la cual *Carcho* tuvo que ver), actuó en el Capri después de haber realizado una serie de cintas en la unión americana con buen éxito; y el ballet de Queti Clavijo (de una de cuyas bailarinas se enamoró Luis Aguilar), así como el famoso "bailaor" de flamenco Luis Mariano. Para muchos artistas extranjeros el Capri fue como un oasis: Henry Salvador, por ejemplo. De origen antillano francés, emigró a Brasil al huir de la guerra y vivió tocando en el Casino Urca de Río de Janeiro; después pudo venir a México para actuar en el Teatro Insurgentes y, casi por azar, en el Capri. Otro caso fue el de Luis Mariano, cantante que debutó en el salón Versalles del Hotel del Prado y quien todas las noches cruzaba la avenida Juárez para presenciar el espectáculo; o el puertorriqueño Bobby Capó, quien estrenó en Capri sus canciones "Piel Canela" y "Luna de miel en Puerto Rico".

Andy Russell, cantante de ascendencia mexicana cuyo nombre era Andrés Rábago, había tenido un éxito enorme durante la década de los cuarenta en Estados Unidos, llegando a presentarse en Broadway al mismo tiempo que Donald O'Connor y Frank Sinatra: los tres en un lugar diferente pero con filas igualmente largas para comprar los boletos. Andy, habiéndose casado con una joven de origen italiano llamada Della, quien lo había impulsado en el inicio de su carrera, se vio de pronto en la miseria económica y anímica al tener que divorciarse y quedar sin un quinto. Conociendo la situación, su amigo Charly Skipsie, propietario entonces de una marca conocida de ron embotellado, le aconsejó que regresara a su país por un tiempo. Andy aceptó y Skipsie lo apoyó para hospedarse una temporada en el Regis, donde no tardó mucho en conocer a *Carcho*. Platicaron y entonces *Carcho*, con su característica espontaneidad, le propuso trabajar en Capri. Y fue tal el éxito que tuvo, que se vio en posibilidad de realizar una gira en diversos centros nocturnos del país. La suerte le sonreía de nuevo; y más aún cuando su amigo, el periodista y conductor de programas radiofónicos Carlos López Rangel, lo entrevistó y le propuso contar parte de su historia en varios programas, como si se tratara de una radionovela que captó un auditorio muy numeroso y terminó por consagrarlo. Algún tiempo después, ya totalmente recuperado, Andy Russell contrajo matrimonio con Velia Sánchez Belmont, haciendo la recepción y el banquete de boda en el Paolo, por supuesto.

Otra anécdota tiene que ver con el pianista y compositor Vicente Garrido, quien se encontraba tocando en el Rendezvous cuando lanzó su canción "No me platiques más" en interpretación de Jorge Fernández. Era una muy buena oportunidad que desafortunadamente no tuvo en el público la aceptación deseada: y es que, aun cuando era un buen cantante, Fernández tenía un timbre exageradamente parecido al de Pedro Vargas. Posteriormente Garrido le dio su nueva canción a Lucho Gatica, quien la cantó en el Capri y obtuvo un éxito unánime; precisamente a su debut asistieron, entre otros, Silvia Pinal, acompañada del mencionado Garrido y del mismo Jorge Fernández.

Fue Capri una pasarela en la que se daban cita importantes personajes de la vida empresarial y política, así como artística del final de los cuarenta y todos los cincuenta: Jorge Negrete y Gloria Marín; Gilberto Guajardo; el recién casado Frank Sinatra, quien pasaba su luna de miel con Ava Gardner hospedado en el Regis, y por las noches subía del Paolo al Capri para presenciar el *show* de su gran amigo Pedro Vargas, acompañado al piano por Juan Bruno Tarraza. Durante su estancia, Frank y Ava fueron atendidos personalmente por *Carcho*, quien ya tarde los recibía con Pedro Vargas y demás amistades en la *suite* presidencial. Y qué decir del recientemente depuesto rey Karol de Rumania, que se hospedaba de incógnito en el Regis y acostumbraba ir al Capri o al famoso cabaret Ciro's del hotel Reforma, siempre con sus Phillip Morris en los labios en compañía de madame Lupescu.

Días inolvidables aquellos de los primeros años cincuenta, tan inolvidables como la presencia en Capri de una mujer de nombre María de los Dolores Flores Ruiz. Cantante de música flamenca, hacía poco que en su país había filmado la película *La niña de la venta* cuando conoció a *Carcho* Peralta. Interesado en la talentosa artista, le ofreció un contrato de treinta mil dólares por medio de su amigo Cesáreo González para actuar en Capri, teatro y televisión. El trato, por supuesto, se cerró en el bar Chicote. Lola platica aquellos días:

"Era la primera vez que iba a América. En 1952 debuté simultáneamente en Capri y en el Teatro Esperanza Iris, haciendo también presentaciones en el Jardín Corona, de esa cervecería. En el Capri actué por espacio de dos meses acompañada de un grupo de cuatro personas: mi hermana Carmen, que bailaba, el guitarrista Paco Aguilera, el pianista Manolo Mato y el bailador Faico; y también llevé a México a mis padres y mi abuela, que era quien me vestía. A *Carcho* le hacía mucha gracia que mi padre fuera bajito y mi madre bastante alta, y a mí me divertía el que *Carcho* con frecuencia me trajera vestida de andaluza, pues hacía que me sintiera permanentemente en la feria de Sevilla. Iban a ver nuestra actuación Sally Winters, Gary Cooper, Ginger Rogers y Ricardo Montalbán, quien por cierto se portó muy bien con mi hermana cuando entonces le dio hepatitis, consiguiéndole un excelente médico que la atendió de inmediato. Durante nuestra estancia estuve alojada en la *suite* presidencial y *Carcho* se portó magníficamente con nosotros, regalándonos al final cuatro medallas guadalupanas que conservo con mucho cariño. A través del debut en Capri y gracias al éxito que tuve con la canción 'Pena, penita, pena', pude filmar en México una película con ese nombre, y entonces me surgieron contratos para actuar en La Habana, Caracas y Buenos Aires, y posteriormente en el Hotel del Prado, donde simultáneamente se presentaba la célebre francesa Édith Piaf... Cuando iba a actuar a La Habana y pasaba a México, y también durante todo el tiempo que estuve actuando en el Salón Versalles, era inevitable ir al Capri a saludar a *Carcho* al igual que a la Piaff, quien era gran amiga de Agustín Lara. Ahí trabé profunda amistad con Pedro Vargas, María Félix, Carlos Arruza, Lolita Sevilla, Juan Legido, Lola Beltrán, Agustín Lara, y con el entonces presidente Miguel Alemán Valdés, quien tuvo la gentileza de invitarme a su casa a cenar y donde conocí a su esposa. Fue una época que disfruté enormemente ya con el sobrenombre de la *Faraona*, pues *Carcho* me lo puso".

Y llegaba a decir también que Anacarsis fue muy valiente al haber invertido tal cantidad de dólares en ella, siendo una perfecta desconocida en América. No obstante, por su temple y personalidad espontánea y franca, por su amistad y trato amable, Lola Flores, la *Faraona*, ha sido un puente de hermandad entre México y España.

Lo cierto es que Anthony Quinn, Barbara Hutton —quien se hospedó alguna vez con nombre falso en el Regis—, Ali Kahn, Richard Nixon, Linda Christian y su esposo Tyrone Power, llegaban al Capri para presenciar una variedad que competía con cualquiera en originalidad; y lo mismo hacían Jorge Negrete, Fernando Soler, David Záizar, Pedro Armendáriz y todos, absolutamente todos los encumbrados de esos días. Se veía en sus mesas a los coroneles Carlos I. Serrano y García Balseca; al licenciado Gilberto Flores Muñoz; al diputado José Villanueva; a Teófilo Borunda, Aarón Sáenz, Jorge y Bernardo Pasquel; a los hermanos Barreto, de Guadalajara, gente muy conocida y de dinero; a Gastón Guerra, del norte de Tamaulipas; a Juan y Chapo Aguirre, hermanos de Manuel Bernardo; a don Agustín Legorreta; a los gobernadores Marco A. Muñoz, Alejandro Gómez Maganda y Gonzalo N. Santos; a Rogerio de la Selva (secretario de la Presidencia) y Ángel Carbajal (secretario de Gobernación); al joyero Chacho Ibáñez, compadre de Agustín Lara; al también joyero Porfirio Fenton; al licenciado López Arias y los hermanos Parra Hernández; a Carlos Denegri, quien con frecuencia salía a golpes; Bernabé Jurado, que se casó con la hija del político *Chema* Dávila, a Miguelito Alemán Velasco, quien iba esporádicamente; y a Jorge Mistral, otro buen amigo de Lara.

Era harto frecuente ver también en el Capri a los famosos pelotaris Aquiles Elorduy y Guillermo Amuchástegui; a los periodistas Luis Spota, Rodrigo de Llano, Agustín Barrios Gómez, Manuel Becerra Acosta y José Pagés Llergo; al incansable trío de bohemios Carlos Darío Ojeda, José María Dávila y Vicente Miranda (propietario de El Patio), y a un mundo de personalidades que asistían a ver la variedad en la que el maestro de ceremonias era Dante Aguilar, conocido locutor más tarde de la XEW, quien acuñó la frase: "Capri: te besa la luna, te besa el amor". Todos ellos disfrutaban de la amistad de *Carcho*, y junto con infinidad de generales, ganaderos, comerciantes e industriales que gastaban grandes cantidades en los baños, el Paolo, la Taberna y el Capri, hacían del Hotel Regis el mejor. Como bien decía Abel Quezada: "Si México era entonces la capital del mundo conocido, el centro de la capital era el Regis. Hotel, baños, peluquería, restaurante, cabaret y la famosa farmacia, única al 'estilo americano', con *counter* de cafetería, altos bancos de asientos redondos de cuero rojo y buen surtido de helados, *cinnamon rolls* con mantequilla caliente, leches malteadas, café capuchino y exprés… En las *suites* del hotel vivían o tenían refugios permanentes los políticos más importantes del país, los generales que sobrevivían de la Revolución y los ricos más mundanos. En los baños se juntaban los políticos con los que los querían ver, y ahí, metidos en el vapor con las enormes panzas rodeadas de toallas, decidían la vida del país: las concesiones, los puestos lucrativos, las gubernaturas, los contratos, los negocios. De los baños y el masaje seguían los desayunos pantagruélicos ya en el restaurante, ya en la farmacia, ya en la intimidad de sus *suites*… Cuando envueltos en una toalla los políticos entraban a los baños de vapor, Sabino, el masajista, les cuidaba las pistolas, siempre atento a que las fueran a necesitar".

Así era, ni más ni menos: como si el Regis tronara los dedos para marcar el ritmo, como si lo aprendido por *Carcho* en su infancia y juventud lo estuviera aplicando ahora entre risas y amigos, pero siempre con ese brillo y esa profundidad impresionante en los ojos.

EN MEDIO DEL CRECIMIENTO: LA VIDA BOHEMIA Y NOCTURNA DE LA CIUDAD DE MÉXICO

Eran los años en que la ciudad iba cambiando, expandiéndose y llenándose de gente que quién sabe de dónde salía para caminar por las calles y los parques como si fueran una especie de hormigas ante el calor del sol, una ciudad con alumbrado público mejor y con aviones que cada vez más frecuentemente se veían en el cielo. Ya no resultaba tan fácil divisar los volcanes a la distancia: edificios de diferente número de pisos obstruían la visión. Pero aun cuando la "mancha urbana" iba creciendo a paso veloz, se dejaba sentir un aire todavía tan limpio como no lo imaginamos, algo así como cerrar los ojos y pensar que se encontraba uno en un espacio abierto y con cielo despejado y unas cuantas nubes, parecido al que en sus películas de entonces retrataba el prodigioso Gabriel Figueroa o incluso el mismo Indio Fernández. Había verdor aún, árboles hacia prácticamente cualquier punto que uno mirara. Y autos, sí, y policías de crucero vestidos de "tamarindo" que hacían señales con brazos y silbato, y camiones de pasajeros que habían ya dejado muy atrás a los de antaño, tirados por caballos o bien de redilas, y en los que uno tenía que hacer muchas veces gala de agilidad para subir sobre la marcha. Ahora eso era parte de un lejano pasado. Ahora, casi la mitad de los cincuenta, el Zócalo había cambiado: de jardineras a palmeras, a cemento y a una superficie en la que ya no aparecían los rieles del tranvía otrora tan visibles. Y del otro lado la avenida Reforma, con su Ángel como símbolo de la incipiente modernidad.

La vida nocturna en la capital transcurría en los lugares de segunda y primera categorías. Y entre estos la competencia era pesada: Capri, el Salón Versalles, El Patio y Ciro's se disputaban a los clientes con la calidad del espectáculo internacional que ofrecían. En cierta ocasión se llevó a cabo un desfile de trajes de baño en el Capri, con hermosas modelos norteamericanas entre las que llamaba la atención una pelirroja de nombre Mary Sorensen, aun cuando el verdadero era Norma Jean Baker. Fotogénica, se distinguía claramente por un pequeño lunar ligeramente arriba de la comisura de su boca, y años después, ya lejos de ese grupo traído por Agustín Barrios Gómez, conocería la fama, el amor y la tristeza con el seudónimo de Marilyn Monroe.

León Michel era, en 1953, el presentador de los tríos Los Diamantes o Los Tres Ases, lo mismo que de la Cenicienta Evangelina Elizondo (famosa por haber doblado la voz de ese personaje en la cinta de Disney); e igual hacía con Nicolás Urselai, Antonio Badú —quien decía que Sinatra lo envidiaba por poder cantar una octava más abajo—, Paco Miller y sus muñecos, Ricardo y sus marionetas, y los famosos pianistas Azarola y Felo Bergaza... Otros maestros de ceremonias fueron Pepe Ruiz Vélez y Rafael Rivera, además de los ya mencionados Aguilar y Michel. Y en su voz anunciaban a Flor Silvestre, Los Tariácuri, Rosa de Castilla, Emilio Gálvez, Lola Beltrán, Tata Nacho, el Piporro y muchos más representantes de nuestra música folclórica.

No está de más narrar aquí aquella histórica entrevista que María Félix concedió a Carlos López Rangel para la radio. Soltera aún y acabada de regresar de la Argentina después de un viaje de siete meses debido a la filmación de *La pasión desnuda*, cinta en que protagonizó el papel estelar al lado del argentino Carlos Thompson, María no había desmentido todavía los rumores periodísticos que circulaban con la versión de su inminente boda con ese actor. Y *Carcho*, hábil como siempre, se había encargado de invitar a María a hospedarse en el Regis, sabedor de la enorme publicidad que tal inversión le retribuiría. Así, el 4 de septiembre de 1952 se organizó un coctel en el Capri para que ella se presentara ante los medios de comunicación. Era aquello un hervidero de gente: decenas de fotógrafos, locutores, infinidad de amigos e invitados especiales como Víctor Junco, Amada Ledesma, Dalia Íñiguez, Nini Marshall, Andrés Soler, María Elena Marqués y, por supuesto, el charro cantor Jorge Negrete, quien para entonces llevaba ya más de seis meses separado de Gloria Marín. María Félix, por su parte, había estado ya casada con Agustín Lara, sin que nada apuntara hacia un nuevo idilio en puerta. (Quién sabe, hay los que sostienen que para entonces seguramente María y Jorge ya se entendían en lo que a amores respecta.) Lo cierto es que la presentación fue tan sonada que apenas dos días después la Asociación Nacional de Actores, ANDA, presidida por Jorge Negrete, ofrecía nuevamente en Capri otro cóctel a la diva de la pantalla. Era una publicidad maratónica la que el Capri, los baños y todo el conjunto del hotel de Anacarsis estaba recibiendo en revistas, periódicos, noticiarios y publicaciones especializadas hasta más allá de la frontera: un asunto netamente internacional.

Lo cierto es que entre una y otra presentación, Carlos López Rangel consiguió que María aceptara la invitación para ser entrevistada por él en un programa que se transmitiría en vivo. Esa mañana ella se presentó elegantemente ataviada con una especie de traje de charro para dama; y un cúmulo de mujeres y hombres, admiradores todos, llenaban junto con los corresponsales y fotógrafos de prensa el pequeño recinto. Después de hacer las presentaciones de rigor ante el público y darle la bienvenida tanto al país cuanto a su programa, López Rangel le preguntó a bocajarro:

—María, díganos usted: ¿su noviazgo con Carlos Thompson continúa?

—No se lo puedo decir, porque es algo personal —fue la cortante respuesta. Se hizo un breve pero pesado silencio, interrumpido inmediatamente por el avezado entrevistador.

—Bueno, María, usted es una personalidad pública y el público pregunta, quiere saber de usted. Díganos…

Entonces María, haciendo gala de su dicción severa, levantó la voz interrumpiendo con brusquedad:

—Le repito que eso no le voy a contestar, pues es algo íntimo y no tengo por qué hacerlo.

A lo cual Carlos Rangel agregó lo que sigue:

—Bueno, María, correcto. Yo nada más estaba formulando las preguntas que hace el público.

Y luego, sin vacilación alguna, concluyó:

—Señoras y señores, aquí damos por terminada la entrevista con la señora María Félix.

Retiró el micrófono y se dispuso a presentar de inmediato a otro artista, y aun cuando se le dijo que no podía cortar así a la estrella, él se mantuvo incólume y dueño de la situación, argumentando que no tenía sentido continuar con la entrevista si la señora no deseaba contestar sus preguntas. María, ante lo que muy a su parecer consideraba una falta de respeto, se limitó a arquear las delineadas cejas y a guardar silencio. Después no tuvo más remedio que retirarse por donde había llegado… Esa fue la entrevista seguramente más breve que La Doña ofreció jamás a cualquier medio.

Así, en aquel principio de los cincuenta, el trabajo de Anacarsis Peralta se hacía más que evidente. No sólo Paolo y Capri descollaban, administrados por gente tan capaz como Nicolás Morales y Pascual Filissola (quienes llevaban porcentaje en las utilidades), Aimeri y Paul Leonard, así como el *maître* Publio de Juana; sino el grueso de las instalaciones del hotel: sus baños, su cafetería, su alberca en la que llegaba a nadar Ana Luisa Peluffo, su peluquería, su restaurante… en fin: todo el conjunto gozaba del prestigio más alto. No contento con ello, *Carcho* inició entonces el negocio de distribución y promoción de películas del cine mexicano en España, aprovechando sus contactos allá y los continuos viajes que por negocios frecuentemente realizaba.

Era la época de oro de otra cafetería famosa: Lady Baltimore, que en la calle Madero abría sus puertas a las 8 de la mañana para en el transcurso del día recibir a estrellas como Maureen O'Hara y políticos importantes como Ernesto P. Uruchurtu. Inaugurada en 1940, esa conocida fuente de sodas propiedad del simpático español Nicolás Suárez tenía como uno de sus detalles distintivos la venta de los chocolates que le daban nombre, y cerraba sus puertas hasta las nueve de la noche, cuando sus visitantes cenaban, igual que en Sanborns, en esa ciudad coronada por la Torre Latinoamericana.

De entre los muchos lugares famosos de esos años, había dos que destacaban particularmente: el Café París de la calle Gante, y los Caldos Zenón, de San Juan de Letrán. Al primero acudían periodistas, intelectuales, políticos y algunos artistas que, en conjunto, daban al sitio un ambiente especialmente heterogéneo: Ermilo Abreu Gómez, el famoso editor Botas, el filósofo Octavio Barreda, la poetisa Margarita Paz Paredes y muchos otros —como Fidel Castro y Ernesto Che Guevara, quienes cuando estaban en México alternaban sus visitas ahí con las que hacían a la farmacia. El otro lugar era un tanto diferente, y surgió debido a Dante Aguilar. Cuando era maestro de ceremonias en el Capri, al principio de su carrera, Dante conoció a un hombre llamado Zenón, quien era propietario de una pollería, y se asoció con él, convenciéndolo para que montara un negocio de caldos: todo un éxito que desde las cinco de la mañana comenzaba a recibir un mundo de trasnochadores ávidos. Desfilaron por la farmacia en ese entonces los periodistas Lotario Coli, quien se autonombraba "El cronista de las estrellas"; Karl Hillo's, decano de los periodistas de cine; Roberto Blanco Moheno, Ernesto Julio Teissier, Federico Bracamontes, Renato Leduc y Braulio Maldonado —al que precisamente ahí le avisaron que acababa de ser nombrado candidato a la gubernatura de Baja California Norte—; Manuel Alonso, director de la Lotería Nacional y después de Comunicación Social de la Presidencia en la época de Miguel De la Madrid; Ramón Armengol y Jorge M. Isaac; los caricaturistas Freyre, Cabral y Carreño, además del periodista Jacobo Zabludovsky, quien tenía entonces una columna que se llamaba Antena en el periódico El Redondel de Abraham Bitar y Alfonso de Icaza; o bien María de las Mercedes Foronda, alias Pituka de Foronda, así como sus hermanos Rubén y Gustavo Rojo, que acostumbraban jugar dominó por las tardes. Durante mucho tiempo hizo su aparición en la farmacia un personaje singular vestido a la moda de veinte años atrás, a quien todos conocían como el Doctor "Tuvo", ya que en sus conversaciones invariablemente hacía alusión a casa, coches, haciendas y un sinfín de bienes que, decía, había tenido en cierta época; así, con sus inacabables "Yo tuve", entretenía a los parroquianos que aceptaban invitarle una o dos tazas de café, pues el Doctor, que se presentaba con todo y maletín, nunca llevaba un peso encima… Y mientras eso sucedía en la farmacia, Paolo recibía la visita de Emilio Azcárraga Vidaurreta o del licenciado Adolfo López Mateos. Y en los baños eran atendidos los señores Mario Enrique Mayáns —padre e hijo— de Tijuana, Ricardo Elliot, Fernando Vignon, Fernando Elías y, por supuesto, Fernando López Arias, a quien un día le sucedió algo curioso siendo procurador de la República. Después de recibir su servicio acostumbrado, el nuevo masajista le dijo: "Licenciado, ¿no me puede usted regalar una charola?" "¿Y tú para qué la quieres?", preguntó López Arias. "Pues para entrar gratis al cine, licenciado", fue la cándida respuesta. "Ah, ya veo. ¿Y cuánto te cuesta la entrada al cine?" "Pues cincuenta centavos licenciado". Después de vestirse, López Arias llamó al empleado, quien feliz entró en el privado que ocupaba, esperando recibir la credencial deseada; una vez dentro, escuchó: "Mira muchacho, aquí tienes veinte pesos: para que te me vayas al cine muchas veces".

Desde México hasta el Caribe, un grupo de artistas de la voz y compositores creaban una nueva expresión musical que en muchas de las veces no era sino poesía: el bolero. En esta ciudad de los palacios sus máximos exponentes eran sin duda la pareja integrada por el talentoso Pedro Vargas y su inseparable compadrito Agustín Lara, quienes entregaban noche a noche su sensibilidad a un público fiel que seguía las transmisiones en cobertura nacional a través de la señal de XEW, lo que constituía el corazón de la vida nocturna del país. Era todo un acontecimiento que se originaba en vivo desde el Capri y al cual acompañaban los propios violines del lugar. Intérpretes como Consuelo Velázquez, Vicente Garrido y María Luisa Landín tenían su gran prestigio, al lado de muchos otros, pero indiscutiblemente la gloria era de Pedro y Agustín, quienes llenaban la atmósfera y hacían vibrar al México de entonces. Durante muchos años, ya fuera acompañado tan sólo de su inconfundible voz, o bien de las de sus intérpretes como Toña la Negra, Alejandro Algara, Rebeca, Lupe Silva, Jorge Fernández, o Lupita Tovar, el Flaco de Oro, como bien se le conocía, se presentaba ante su público con el inseparable cigarrillo colgando de la comisura de los delgados labios, su imprescindible copa de coñac y, también sobre el lustroso piano negro, un par de hermosas rosas rojas a las que profesaba un amor sublime. Eran su capricho y nunca se decidía a tocar cuando esas flores que le inspiraban sensualidad no estaban colocadas ahí. Necesitaba verlas, respirar su perfume.

La clase estaba donde estaba el maestro. En una mesa, Gloria Marín, Jorge Mistral y Jorge Negrete, a quien el público amablemente obligaba a cantar un improvisado dúo con el Tenor Continental.

En otra, el terrible y ya mencionado Carlos Denegri discutiendo como siempre con sus acompañantes ante la desaprobatoria mirada de la atractiva dama del cine nacional que lo acompañaba. El aire se llena con los primeros acordes de "María Bonita". Muy cerca, el engalanado Chacho Ibáñez sonríe mientras disfruta su copa junto con la internacional Édith Piaf y el no menos conocido Tyrone Power, quienes complacidos esperan el final del *show* de Lara para que de nuevo se les una; Agustín los ha invitado ya a continuar la velada en su casa. Son noches inolvidables, días de gloria. Mas las cosas para él no siempre fueron fáciles.

Ya desde niño sus dotes musicales eran claras. Su tía Refugio lo había llevado a que tomara clases de piano, pero el rebelde muchacho no hacía caso de las indicaciones de su profesora: rehusaba leer sus primeras notas y no repasaba las lecciones; el solfeo tampoco le interesaba mucho. Lo único que quería era estar sacando tonaditas, improvisando y tocando de memoria. A muy temprana edad ingresó en el Colegio Militar, mismo que al poco tiempo abandonó para alistarse en la guardia personal del general Francisco Villa allá por 1914, obteniendo el grado de teniente apenas pasando los quince años. Sus inicios como pianista fueron producto de la casualidad. Llegó de Veracruz con la esperanza de trabajar en algún sitio en que no perdiera el contacto con su instrumento favorito. Así, dio con una tienda de música en la que exhibían diversos pianos e inmediatamente entró para verlos de cerca sin poder evitar que sus manos se posaran en aquellos teclados relucientes que invitaban a la imaginación. Automáticamente se puso a tocar. Una clienta casual se le acercó, tal vez pensando que se trataba de un empleado del lugar. Lo escuchó sin decir palabra durante unos minutos, pasados los cuales le dio unos golpecitos en el hombro, diciendo:

—Oiga, joven, ¿puedo decirle algo?

Sorprendido, Agustín se interrumpió y contestó:

—Perdón. Dígame usted, señora.

—Toca usted muy bien —fue el comentario de la mujer de edad madura.

—Ah, muchas gracias, es usted muy amable.

—Lo estuve oyendo con atención… Mire, si no le pagan muy bien aquí, quiero invitarlo a un lugar que acabo de abrir. Es una casa donde trabajan dieciséis muchachas muy bonitas, y necesitamos un pianista. Si le interesa, búsqueme, soy la señora Estrella. Tenga mi tarjeta.

El joven no lo pensó dos veces. Al día siguiente se presentó y fue aceptado de inmediato. Una tarde, en esa casa de citas, mientras interpretaba algunas tonadas románticas todavía sin un estilo propio, se le acercó un amigo del lugar.

—Tienes talento, muchacho —le dijo.

—¿Usted cree, señor?

—Claro que sí. Pero creo que te falta más cariño.

—¿Cómo dice? —fue la respuesta llena de curiosidad.

—Sí, mira: al piano tócalo suavemente, acarícialo, como si fuera una mujer. Sólo así podrás hacer que los que te oigan se entusiasmen. Soy Manuel Rangel Bravillo, mejor conocido como El Garbanzo. No soy cliente de aquí, sino que Estrella es amiga de hace años.

—Está bien, don Manuel, seguiré su consejo.

—Hazlo, muchacho, y verás que funciona. Si sigues mi consejo vamos a llegar lejos los dos.

Ese y no otro fue el inicio de su carrera bohemia.

Pasaron los días, a lo largo de los cuales su atención fue recayendo en una hermosa joven trabajadora de la casa, a quien apodaban "La Mariposa". Agustín la veía embelesado, aunque ella ni siquiera se daba por aludida. Una tarde, en la habitual algarabía del sitio se escucharon gritos histéricos: era la policía, que había llegado sorpresivamente a hacer una redada. En el desorden, el pianista pudo escabullirse hasta una recámara vacía, logrando esconderse en un amplio ropero... ¡Y cuál no sería su sorpresa al descubrir que aquella mujer de lozana belleza por la cual suspiraba había escogido antes que él ese mismo refugio! Allí estuvieron unos minutos que a ambos les parecieron eternos. Vuelta la calma, bajaron, hallando la estancia totalmente vacía. Ella se sentó en un sofá y él, sin dejar de mirarla, fue hasta el piano. Segundos después empezó a componerle una canción, uniendo versos nuevos del todo. Lo miró intrigada, y dijo:

—¡Qué bonito! ¿Eres romántico?

—No lo sabía hasta que llegué aquí y la vi a usted. Luce hermosa recostada ahí solita: ¡quién fuera el dueño de su amor!

Esa espontánea confesión la conmovió, dejándola sin habla. No obstante, al pasar de los días, para ella Agustín parecía no existir. Se convirtió en un amor platónico para él, sin darse cuenta de que otra de las mujeres, una pupila de la señora Estrella y de nombre Violeta, no hacía otra cosa que mirarlo de lejos, añorando ser el objeto de su música y su sentimiento. Se fueron las semanas. La pasión callada de Violeta se avivaba pero, cosas del amor, el joven soñaba despierto con esa "mariposa" que sistemáticamente lo ignoraba. Por si eso fuera poco, una tarde cualquiera sufrió el terrible desconsuelo de saber que su amada había decidido huir con un cliente de la casa que muy a menudo iba a buscarla. Seguramente esa fue la primera vez que la nostalgia se apoderó de Lara. La tristeza hizo su aparición, inyectando a sus letras cierto dramatismo que a todas luces fue del agrado de quienes lo escuchaban. Anduvo taciturno hasta que un día, de la manera más inesperada, El Garbanzo le informó que había dado con la "mariposa", que sabía dónde estaba, y que le daría su teléfono para que la llamara. El joven e inexperto enamorado sintió un vuelco en el corazón. Sin embargo, su contento se transformó en drama, pues Violeta, al saber la noticia, llena de un celo apasionado y sabiéndose totalmente desdeñada, rompió una botella e iracunda se acercó para herirlo en el rostro, totalmente fuera de sí.

De inmediato lo trasladaron al Hospital Morelos de Mujeres, porque era el que Estrella conocía bien y en el que no harían averiguaciones. Fue un médico de apellido Ortiz el encargado de suturar la herida. Al levantarse, del saco de Agustín cayeron unas hojas dobladas que el doctor se inclinó a levantar, dándose cuenta de que se trataba de canciones escritas en líneas musicales.

—¿Usted las escribe? —preguntó al paciente.

—Soy músico a medias —dijo el joven—, no sé nada de nota.

—El doctorcito canta lindo —terció Estrella.

Entonces Alfonso Ortiz Tirado, con voz clara y armoniosa, improvisó un fragmento de los escritos. Años más tarde interpretaría muchas canciones más de aquel joven que acababa de conocer en tan accidentadas circunstancias.

Así, Agustín desde su inicio se fue desarrollando en ambientes de lo más difíciles: lugares de noche, de pasiones, de dramas que, curiosamente, caían como anillo al dedo en la inspiración fértil de ese afortunado músico que con gran naturalidad hacía uso de su talento único para deleitar siempre a quienes lo escuchaban. Su vida de 1920 a 1927 fue un continuo ir y venir de un cabaret a otro, de una casa de citas a un salón en los que invariablemente mujeres guapas ofrecían sus favores. Tocaba también en reuniones sociales, cafés, cantinas y salas de cine, en donde amenizaba los lapsos entre función y función. En 1928, un personaje de la cultura nacional, Antonieta Rivas Mercado, había impulsado la creación del Teatro Ulises así como de un salón denominado El Pirata (ubicado en una accesoria del ex convento de San Jerónimo), sitio en que un poco más adelante sería instalado el Salón Smyrna, donde Agustín acompañaría a la famosa Maruja Pérez y fungiría también como pianista del renombrado cantante Juan Arvizu.

En 1929, el gobierno de la ciudad echó a andar una campaña moralizadora en contra de anuncios de prensa, cabarets, *dancings* y cines que atentaran contra las buenas costumbres. Pero fue una empresa muy desafortunada, pues el mundo nocturno ejercía una fascinación tal que alcanzó sin el menor esfuerzo a las realizaciones cinematográficas más destacadas, en las que los argumentos mitificaban siempre por igual a rumberas y cabareteras. Todo un fenómeno que tuvo su mayor efervescencia en 1931, año en que el cineasta Antonio Moreno llevara a la pantalla la novela *Santa* de Federico Gamboa, primera cinta sonora en el país y punto de partida de una nueva y lucrativa industria nacional. Era una odisea asistir en aquellos primeros años treinta a las salas de cine, en las que casi invariablemente el público balanceaba las pantallas, trataba de llevarse una que otra butaca y veía películas de pie con la torta y el agua en las manos: en familia, eso sí, como si se tratara de un día de campo más. No era para menos, pues el cine se había constituido inmediatamente en el centro de la vida cultural de la ciudad, surgiendo de él las primeras estrellas como Andrea Palma, quien en 1933, bajo la dirección de Arcady Boytler, encarnó a una prostituta y sus amores en *La mujer del puerto*.

Eran tiempos en los que Agustín iba sembrando una trayectoria que más tarde cosecharía con creces. Su nombre se mencionaba ya en muchas variedades, e incluso se pensaba que era extraño que sus canciones no se escucharan por la radio, como las de otros intérpretes incluso menos talentosos. Era un secreto a voces el hecho de que don Emilio Azcárraga ya lo había escuchado bien, aun cuando se hallaba un tanto reticente a invitarlo a su estación por causa del tipo de letras que tenían sus canciones y que podrían escandalizar a las personas que lo escucharan. No obstante, apenas un par de años después, le hizo una proposición en el sentido de ofrecerle una oportunidad si tan sólo cantaba temas que fueran románticos y aptos para todo público, no aquellos de: "Vende caro tu amor, aventurera" y similares. Lara aceptó, y entonces comenzó a componer más y más canciones en las que el amor y cierta incomprensión, la desilusión e incluso algunos tangos fluían con suavidad, a la par de su melódico piano. Eso fue un gran éxito que le dio toda la popularidad que nunca hubiera imaginado. Comenzó a dar entrevistas para la prensa y a aparecer cada vez más en las notas sociales: sus canciones estaban prácticamente en boca de todos, contagiando un estilo que en esa época faltaba en el ambiente nocturno.

Las transmisiones por la XEW ganaron entonces parte del auditorio de la estación líder del momento: la XEQ, pues el don que Agustín tenía para versificar casi sobre la marcha y sus acordes bien medidos hacían las delicias de su público, que gozaba igualmente por el sentido del humor de aquel maestro de apenas 33 años. Gradualmente se fue volviendo una especie de mito, con su cicatriz en plena mejilla, su voz extraña y ronca, y su cadavérica figura que generaba la especulación sobre lo que acostumbraba comer. Él, a lo largo de su vida, hacía en ocasiones mofa de sí mismo, bromeando sobre su físico ante el auditorio cariñoso que lo prefería. "Cuando nací", decía, "mi padre descubrió que yo era muy feo, y válgame decir que no exageraba ni mentía: nací feo y lo seré toda mi vida. Yo creo que Dios me vio tan feo que dijo: 'A éste le vamos a dar un poco de inspiración, porque si no le va a ir muy mal en la vida'". Eran bromas celebradas, parte de un sentido del humor fino y medido del que siempre hacía gala. Vestía elegantemente y se mudaba de ropa muchas veces, porque "cuando uno está feo, lo menos que puede hacer es vestirse bien".

Siguió en ascenso su trayectoria artística. Ya no eran burdeles ni salas de cine los sitios que se disputaban su presencia, todo eso había quedado muy atrás. Ahora, como parte del primer grupo de artistas de la XEW al cual se rendían los jugosos contratos, solía actuar nada menos que en el Montparnasse, el cabaret de moda situado en Reforma y Bucareli. Corría 1935 y su renombre como compositor excepcional parecía no tener para cuándo detenerse, si bien al año siguiente la Secretaría de Educación Pública llegaría a prohibir su música por considerarla "inmoral" y "no recomendable". Pero eso no hizo mella en su creatividad: al contrario.

Por las tardes, en los hogares que contaban con electricidad, hacían su aparición los diversos modelos de radio que se encargaban de entretener a la familia entera reunida alrededor del aparato. Fue tan grande la demanda que en muy poco tiempo comenzaron a surgir en distintas partes de la provincia estaciones repetidoras, pero no fue sino la misma XEW del señor Azcárraga la que rápidamente alcanzó una cobertura razonablemente nacional, transmitiendo canciones, información, entrevistas y las radionovelas diarias que acapararon desde el primer día la atención de las señoras y jóvenes de la casa, convirtiendo a la radiodifusora en la número uno.

"Solamente una vez", "Granada", "Mujer", "Perfidia", "Dos puñales", "Mi rival", "Enamorada", "Señora tentación", "Arráncame la vida"… prácticamente todas un éxito rotundo y un negocio redondo para la compañía disquera que con agrado veía la vertiginosa manera en que las copias iban vendiéndose día con día. La capacidad creativa de Agustín, que a la postre le permitiría componer cerca de setecientas canciones, le hizo merecedor del título de Músico Poeta, con el que siempre era presentado en su conocidísimo programa de radio. En él hacían aparición todos aquellos que una o muchas veces fueron sus intérpretes, deleitando a los románticos que en casa no se perdían ni una emisión. Era un formato elástico, con diálogos, anécdotas, chistes y canciones, muchas y todas de la inspiración de Agustín. Así, Toña la Negra recordaba la ocasión en que cantara por vez primera las canciones del Flaco de Oro; Ana María Fernández dejaba flotar su melodiosa voz; Alejandro Algara cantaba su inolvidable "Granada" y contaba alguna anécdota sobre la manera en que había visto esforzarse al maestro para componer durante la madrugada alguna melodía que invariablemente se tornaría un éxito. Pero el cantante que más simpatías despertó en el público, y con quien Lara fundó el género del "bolero romántico", al grado de convertirse en su intérprete oficial, fue Pedro Vargas. Ya solos o acompañados de orquestas y hasta conjuntos de mariachi, ambos se divertían de lo lindo, uno diciendo siempre: "Querido compadrito", y otro con su eterno: "Muy agradecido. Muy agradecido". Sería bueno contar aquí una anécdota que ejemplifica con claridad el sentido del humor de Agustín.

El chef Paul, que en el restaurante Paolo lucía orgullosamente su gran gorro y que frecuentemente laboraba también en Capri, como capitán de meseros y ayudante del *maître*, era un francés simpático de corta estatura y extremadamente amable que se daba perfecta cuenta de los apuros por los que cada noche pasaba un joven mesero de nombre Enoc al tener que conseguir las rosas rojas necesarias para el piano de Lara. El maestro conocía bien a Paul y lo había enterado de que no le gustaba que sirvieran alimentos durante la variedad, ni tampoco ver ceniceros sucios por doquier cuando se acercaba a las mesas para saludar a alguien. Era un gran tipo ese Flaco: muy atento con las mujeres, educado, pero también enérgico. En una ocasión le dijo al mencionado Paul:

—Mira, Paul, mañana va a venir como invitado mío mi amigo el maharajá. Es una persona muy importante que me atendió muy bien en su país y hasta me regaló una de las mujeres de su harén. Como comprenderás, mi estimado Paul, deseo corresponder a sus atenciones; así que ya sabes: una buena mesa con sus rosas, como a mí me gusta, y lo atiendes personalmente... ¡Ah!, olvidaba decirte que él no habla español; pero no importa, tú lo atiendes como se merece.

—Desde luego, maestro, así será.

Y, en efecto, a la noche siguiente llegó el maharajá perfectamente ataviado a la usanza de sus costumbres, con un gran turbante y un impresionante rubí en medio de la frente. Agustín acudió a recibirlo y, después de conducirlo a su mesa, lo fue presentando con algunas damas y sus acompañantes, todos amigos suyos que había invitado ex profeso. El maharajá saludó a todos con una reverencia al estilo árabe, besando la mano de las mujeres con gran cortesía pero sin pronunciar una palabra. Acto seguido, al sentarse, lo abordó Paul, quien en buen inglés y francés le preguntó si deseaba tomar champaña, coñac o alguna otra bebida. La respuesta fue un ligero movimiento de cabeza en sentido negativo, acompañado de una breve reverencia de agradecimiento. Paul, responsable como era del servicio personalizado al maharajá, se mantuvo siempre al lado de la mesa, pendiente del menor movimiento que significara una necesidad. Y aunque aparentemente nada se le ofreció al invitado, notaba en él algo extraño, como si lo mirara a su vez con insistencia, pero de reojo. Entonces Paul se acercaba de nuevo para ofrecer servicio, probando en francés y también en inglés, mas repitiéndose otra vez la negativa y el gesto de agradecimiento. Así transcurrió gran parte de la variedad, casi al final de la cual el maharajá levantó apenas el brazo para pedir que se acercara; Paul inmediatamente se inclinó para oír las siguientes palabras quedamente:

—¿Acaso no me reconoces, pen...? Soy Verduguillo, el secretario de Agustín.

Así llegaban a ser las bromas del maestro. ¡Y vaya que se divertía! Pero lo más serio de su vida fueron siempre, sin duda alguna, las mujeres... y una de ellas en especial lo cautivó. De Lara se sabían muchas cosas, y otras se adivinaban fácilmente, como cuando le echaba ojo a alguna guapa que de improviso apareciera. A veces el romance brotaba, mas cuando no era así, sus allegados sabían interpretar la letra extraña de alguna canción nueva en la que se reflejaba el sentimiento trunco: "Oye, te digo en secreto que te amo de veras", "Permite que ponga toda la dulce verdad que tienen mis dolores, para decirte que tú eres el amor de mis amores", y muchos otros versos inspirados que de pronto hacían su deslumbrante aparición y que seguramente no eran sino un bello remedo posterior de aquella lejana letra que rezaba: "Yo sé que es imposible que me quieras, que tu amor para mí fue pasajero... Te quiero mucho más en vez de odiarte, y tu castigo de lo dejo a Dios". Así, con una elegancia natural e incomparable, Agustín daba rienda suelta a su arte único, cantando y contando su sentir, sus emociones nunca fueron suficientemente aplaudidas.

No podemos saber cuántas de esas palabras las dedicó a María, la verdadera dueña de su amor, la mujer que entonces comenzaba a forjar su propia leyenda. Mayor que ella por más de diez años, el destino quiso que ambos se encontraran, se trataran, se enamoraran irremediablemente para, una vez unidos, tener que sortear las bromas a veces finas e incluso hasta groseras tanto de sus admiradores como de la prensa amarillista que en la pareja no veían sino una mina que explotar, llegando a referirse a ellos como "La Bella y la Bestia" y cosas por el estilo. Podría decirse, y con razón, que esos fueron los tiempos en que la popularidad de ambos llegó a la cúspide enmarcada en la letra pegajosa: "Acuérdate de Acapulco, de aquellas noches, María bonita, María del alma". Hay anécdotas sobre la pareja que van de lo chusco a lo sorprendente, como esa en que llegaron a la plaza de toros muy elegantes, Agustín iba totalmente vestido de negro; de pronto, una voz se escuchó desde filas atrás: "¡Ey, María, hoy viniste con paraguas!"

En otra ocasión, al terminar su actuación y salir del Teatro Lírico, el maestro Lara le pidió a su secretario David Verduguillo que trajera el auto, una reluciente limusina negra. Iba, por supuesto, con María, y le había ofrecido a su intérprete Alejandro Algara: "Acompáñanos, por ahí te dejamos en tu casa". Alejandro subió junto al chofer y Agustín se fue atrás con María, que llevaba un *mink* oscuro. Era más de la una y enfilaron por las calles de Cuba. En una esquina el semáforo en rojo los hizo detenerse; en ese momento se acercó una mujer nocturna con los brazos cruzados, Lara bajó el cristal y, al reconocerlo, la damisela le dijo en tono de súplica:

—Maestro, tengo mucho frío, ¿me regala un cigarrito?

—Claro que sí. Aquí tienes —contestó al tiempo que sacaba de su saco una cajetilla de Pall Mall y se la extendía, agregando—: Pero eso no te va a quitar el frío. Espérate.

Volteó para pedirle a María su abrigo y le dijo a la mujer:

—Toma, esto sí te abrigará, para que no pases más fríos. Nos vemos.

Mientras el auto se alejaba, con toda espontaneidad le dijo a su acompañante: "Mañana te compro otro".

Sin embargo, la unión de las dos celebridades se fue a pique y su separación se volvió inevitable. Nunca se olvidarían el uno al otro, y todavía se escuchan aquellas coplas que parecieran haber sido escritas para nadie más que ella, versos quizá de los más tristes de Agustín:

> *Luna que se quiebra*
> *sobre la tiniebla*
> *de mi soledad:*
> *¿a dónde vas?*
>
> *Dime si esta noche*
> *tú te vas de ronda*
> *como ella se fue:*
> *¿con quién está?*
>
> *Dile que la quiero,*
> *dile que me muero*
> *de tanto esperar:*
> *que vuelva ya...*

Años después, en 1950, se decía que el maestro sentía celos de las atenciones que desde hacía algún tiempo el licenciado Alemán prodigaba a la Doña, y de los rumores que esto producía. Una noche en el Capri, después del primer *show* de Agustín, hizo su aparición el flamante mandatario, acompañado de varias personas. Al enterarse de ello, inmediatamente Agustín le dijo a Algara:

—Alejandro, vámonos: tenemos que ensayar.

—Pero maestro, falta el segundo *show*...

—Vámonos, te digo. Tenemos que ensayar, toma tus cosas: nos vamos a casa.

Ante la enorme sorpresa de su cantante, que se limitó a seguirlo, cruzó el salón para salir, topándose precisamente con la mesa que ocupaba el presidente, quien al verlo cerca preguntó:

—Maestro, ¿a qué hora comienza su *show*?

—Justamente acaba de terminar, señor presidente. Buenas noches —agregó retirándose sin decir otra palabra.

Fue por aquellos años que la Meca del cine mundial puso sus ojos en él. Para muchos otros, Hollywood habría representado la oportunidad de la vida en cuanto a fama internacional y dinero se refiere; pero después de estar un brevísimo periodo allá, Agustín regresó tan fresco como había partido. El ambiente y el idioma lo habían decepcionado, llegando incluso a comentar en una entrevista concedida al *Hollywood Reporter*: "Yo soy jarocho y a nosotros no nos emociona el inglés". Volvió así a su querido México para continuar lo que mejor sabía hacer: dejarse querer por su público fiel. Pero ¿con cuántas musas se mantiene viva la inspiración? En el caso de Agustín fueron bastantes. Así, conoció a Yolanda Santacruz Gasca, que en el medio artístico era Yolanda Gasca y formaba parte del famoso ballet de Chelo La Rue que se presentaba por esas fechas en Capri. Hija de una mujer que trabajaba como extra en el cine, desde niña había visto a Lara en los estudios cinematográficos. Mas ahora, con sus preciosos quince años, la historia era distinta. Ella había entrado al grupo La Rue cuando este se presentó en una temporada en El Patio, un centro nocturno de los más mencionados. Coincidentemente, el ballet fue requerido en esos días para servir de marco a una producción que Lara iba a estrenar justo en el teatro Margo. El Flaco se enamoró de su belleza desde los primeros ensayos y decidió conquistarla enviándole diariamente una rosa roja al camerino, acompañada de una simple tarjeta blanca con la inicial "L" escrita en tinta negra. Así fue durante un mes, al cabo del cual Yiyí se separó para ingresar al nuevo Ballet Continental que hacía su debut en el Teatro Lírico. Y quiso el destino que ese grupo de hermosas jóvenes acompañara el espectáculo musical de Agustín Lara, Carmela Rey y Pedro Vargas. Sorprendido inmediatamente por la grata presencia de Yolanda, esta vez el maestro no se limitó a las rosas y comenzó a lanzar sus certeras frases de galán. Al principio la bella joven se resistía, pero después irremediablemente sucumbió al cortejo, que pasó por el romance y acabó en matrimonio.

Sucedió que una noche, al terminar el *show* del músico poeta, Yolanda y una amiga decidieron seguirlo hasta su casa en el coche de la segunda, creyendo pasar inadvertidas. Pero al día siguiente, y puesto que Yiyí también trabajaba en el Capri, la mandó llamar para preguntarle a bocajarro:

—¿Qué pasa, por qué me seguiste ayer?
—Pues lo seguí para raptármelo, maestro.
—¿Y por qué no lo hiciste?
—Es que yo no tengo coche.
—Pues te voy a regalar uno para que me raptes.

Así fue, le regaló un auto muy bonito y la noche nupcial mandó que llenaran la *suite* que ocuparían con pétalos de rosas, lo que hizo que su secretario Verduguillo fuera con Vicente, el chofer, muy temprano a Xochimilco a comprar montones de esas flores, para luego deshojarlas en la estancia, la recámara, el baño, los muebles y hasta el mismo piano en la amplia *suite*; labor que los dejó llenos de rasguños por las incontables espinas. Al día siguiente partieron a Acapulco para pasar una luna de miel inolvidable, en la que el gobernador Alejandro Gómez Maganda, buen amigo de Lara, les tenía preparado un hotel para ellos solos.

Dos años después, en aquella misma *suite* del Regis, sucedió una anécdota chusca cuando de repente apareció Yiyí a ver a su esposo, sin saber que él se encontraba muy bien acompañado por alguna bella americana. Sonó el teléfono y el chofer les avisó de la llegada. A toda velocidad Verduguillo bajó con el fin de ganar tiempo y detenerla, y *Carcho* voló hasta donde estaba su buen amigo. Apenas tuvieron tiempo de esconder a la joven en el baño, y cuando Yiyí se presentó vio a su marido tendido en un sofá, con el rostro de enfermo y tapado hasta el cuello con un cobertor. Y *Carcho* al lado, en una silla tomándole el pulso. El cuadro era conmovedor.

—¿Qué te pasa, flaquito? Estás muy pálido, mi amor —dijo ella asustadísima.

—Le bajó la presión, Yiyí —dijo *Carcho*—, pero ya está mejor, se acaba de ir el doctor.

—¿De veras? —dijo la esposa tomándolo de la mano y acariciando su rostro lívido—. Entonces nos vamos a la casa para que descanses.

—Sí, mi vida —musitó Lara—, creo que lo necesito.

Pero *Carcho*, atrás de Yiyí, empezó desesperado a hacerle señas. Y en un momento de descuido de la esposa se acercó para decirle al oído:

—Oye, desgraciado, tengo el Capri lleno. ¡Tienes que hacer el *show*!

Lara tosió y entonces le dijo a ella:

—Sabes mi amor, ya me siento mejor, debe ser por las ganas que tenía de verte. Voy a bajar, porque no quiero dejar al público plantado. Adelántate con Verdugo y nos vemos en mi camerino en unos minutos. Te aseguro que ya estoy bien.

Ella, sin imaginar siquiera que el famoso "doctor" estaba escondido en el baño durante toda la escena, aceptó bajar al Capri después de darle otro beso en la frente a su marido.

No puede decirse que con aquella boda ya todo había terminado. El temperamento de Lara y sus destrampes acabarían volviendo difícil y tormentosa la relación. Consciente de sus propias fallas, de sus errores y de la paciencia incondicional que Yiyí le profesaba ante su volubilidad, dejó plasmado su sentir, su tristeza y quizás hasta su arrepentimiento en canciones inolvidables, reflejo de esa etapa tan marcada de su vida.

En la eterna noche de mi desconsuelo
tú has sido la estrella que alumbró mi cielo.
Y yo he adivinado tu rara hermosura
y ha iluminado toda mi negrura.

Santa, santa mía,
mujer que brilla en mi existencia;
santa, sé mi guía en el triste calvario del vivir.

Aparta de mi senda todas las espinas,
calienta con tus besos mi desilusión.
Santa, santa mía,
Alumbra con tu luz mi corazón.

El tiempo haría su parte. El refugio que Agustín buscaba afanosamente no llegaba a su vida. Tal vez nunca llegaría. Y hay que considerar también en que él era mucho mayor que Yiyí... El amor, así, se fue de nuevo.

Resulta necesario contar aquí una historia de José María Lozano, relacionada con la conocida canción "Madrid".

Corría el mes de mayo de 1953 y *Chema* se encontraba radicando en La Coruña, España, después de haber vivido varios años en el Regis. Fue entonces que se enteró de la fastuosa ceremonia de coronación que en breve se llevaría a cabo en Londres y acapararía la atención del mundo entero, pues la princesa Isabel Alejandra María, que entonces tenía sólo veintisiete años, ascendería al trono tras la muerte de su padre, el rey Jorge VI. Deseoso de conseguir una invitación para tan memorable evento, *Chema* se traslada a Inglaterra y se presenta en la embajada de México en aquel país; una vez ahí, se entrevista directamente con su amigo el embajador Francisco de Icaza, a fin de solicitarle la mencionada invitación.

—Lo siento mucho, *Chema*, fíjate que ni siquiera yo voy a poder asistir, porque precisamente viene de México una comitiva especial en representación del presidente Ruiz Cortines —es la respuesta que recibe.

Sin darse por vencido, decide hacer un segundo intento y acude a la embajada de Argentina en la misma ciudad de Londres, donde fungía como embajador su amigo Octavio N. Derizi, a quien conociera años atrás cuando el propio Derizi era el rector de la Universidad de La Plata, adonde *Chema* llegó a estudiar. Sin embargo, la respuesta que recibió fue prácticamente igual que la anterior. Entonces *Chema* decidió presentarse en la sede diplomática española, sabiendo que al frente de ella se encontraba Miguel Primo de Rivera, hermano de José Antonio, el líder del movimiento falangista en España; *Chema* llevaba buena amistad con Pilar, la hermana de ambos. Una vez ante Miguel, este le dice:

—Mira, *Chema*, yo tampoco sé si voy a poder asistir. Precisamente hoy arriba, en representación del generalísimo, el Conde de Mayalde, actual alcalde de Madrid. ¿Por qué no me acompañas a recibirlo al aeropuerto? Anda, que a lo mejor algo podremos hacer.

Al regresar a la embajada, Primo de Rivera le dice que se quede otro rato, ya que se va a ofrecer un vinillo de honor para el Conde; *Chema* acepta y la suerte decide que le corresponda sentarse justo al lado del alcalde de Madrid. Instantes después, cuando la orquesta que ameniza el acto comienza a tocar, una de las primeras melodías es "Madrid".

—Escuche usted —le dice el Conde—, con esa música preciosa es con la que me reciben dondequiera que voy, como si me encontrara en casa. ¿Sabe usted?, es una composición hecha por un talentoso refugiado español que vive en México.

José María, por supuesto, lo contradice, explicándole que "Madrid" es creación de un paisano suyo: Agustín Lara, que ni siquiera conoce España. Sorprendido, el Conde le comenta que le encantaría conocer mejor la historia, que por favor vaya a verlo a Madrid, en donde a su regreso con mucho gusto lo recibiría. Una vez en Madrid —y habiendo tenido que conformarse con sólo ocupar uno de los miles de asientos afuera de la Abadía de Westminster el 2 de junio, en la coronación de Isabel II de Inglaterra—, *Chema* se encuentra con el alcalde de Madrid, quien tras escuchar nueva y detalladamente la historia, expresa su creciente interés por conocer a Lara: "España está en deuda con él por su música", dice entusiasmado.

—Bueno, señor Alcalde, estoy seguro de que a Agustín le gustaría venir. Como le dije, no conoce este país. Debería usted invitarlo.

—Me parece buena idea, señor, y sirve que así podremos hacerle el homenaje que se merece.

—Magnífico, estoy seguro de que Agustín aceptará venir, pero siempre y cuando la invitación se le haga en nombre del pueblo español. Es un sujeto muy especial.

—Pues entonces así se hará—, afirma el Conde.

En ese momento, uno de los presentes en la reunión comenta:

—Pues si se trata de un maestro, habremos de regalarle una batuta; y por la canción, una que sea de oro.

—¡Zas! —dice *Chema*—, pero para que sea mejor, hay que hacer una colecta en la que participe todo el pueblo de Madrid. Hay que poner una alcancía, ¿no le parece?

—Así se hará, entonces. La colocaremos en la Puerta del Sol.

Después de esa entrevista, José María se comunicó a México con Enrique Fabregat, un acaudalado comerciante de semillas oleaginosas, bohemio, compositor y amigo suyo tanto como de Agustín, para contarle el asunto. Le pidió que le explicara a Lara, y agregó: "Amánsamelo para que acepte venir, Enrique". Entonces Fabregat llamó a Santiago Ontañón, y juntos se dieron a la tarea de hablar con las personas más representativas y adineradas de la colonia española en México, a fin de sufragar los gastos del viaje del maestro. Sumamente interesados, algunos querían pagarlo todo y no lograban ponerse bien de acuerdo; pero a Fabregat se le ocurrió una condición: que todos aportaran una cantidad mínima de cinco mil pesos y máxima de diez mil. Sin embargo, al ser enterado del asunto, Agustín puso inicialmente algunos pretextos, tras lo cual los interesados le ofrecieron costear no sólo los pasajes de él y su esposa Yiyí, sino también un fino collar que en esos días él acababa de comprar para ella. "Es que ya se lo di", le dijo a Fabregat, "y si ahorita dejo de trabajar, no voy a poder pagarlo." Caprichos de artista.

Así, contentos todos, el cheque por el importe del viaje se le entregó a Lara durante una comida en el Casino Español, a la que asistieron, por supuesto, todos los que cooperaron para que el esperado viaje se hiciera realidad. Ahí, en reciprocidad por el magnífico gesto de la colonia, Agustín regaló su blanco piano de cola.

Así, con Enrique Fabregat y Santiago Ontañón encabezando al grupo de patrocinadores avecindados en México, el primer viaje de Agustín Lara a España se volvió una realidad. Allá se había ido corriendo la voz, y la expectación era generalizada ante el inminente arribo del que consideraban "un poeta bohemio y elegante" que iría personalmente a interpretar su exitosa canción "Madrid" y muchas otras más para beneplácito de un público ávido por conocerlo.

El recibimiento que se le dio entonces fue multitudinario, y el maestro no tuvo sino que sucumbir ante tales muestras de cariño: repartió autógrafos, abrazos y besos, concedió entrevistas, apareció en muchas fotografías con políticos, artistas y fanáticos. Todavía hoy se recuerda aquel acontecimiento único en el que a Lara se le regaló una batuta de plata mandada a hacer especialmente con los donativos que se recaudaron en la colecta del pueblo español —pues curiosamente no alcanzó para que fuera de oro—, y es muy probable que ningún otro artista mexicano haya sido objeto de tal algarabía del otro lado del Atlántico. Sólo el maestro Lara, quien por ello escribiría a Ontañón, propietario de la fábrica del aceite 1-2-3, una carta de profundo agradecimiento.

El mismo *Chema* Lozano fue personaje central de una anécdota que comenzó en el Regis. Al estar desayunando, su mirada recae en una bella joven que llama poderosamente su atención; se presenta, por supuesto, y descubre que es una retraída mujercita mexico-norteamericana que está buscando un boleto para ir a los toros.

—¿A los toros? Permítame por favor invitarla, señorita.

—No se moleste usted...

—De ninguna manera es molestia, señorita. ¿Le parece que pase por usted a eso de las tres?

—¿De veras? Gracias, señor. ¿Cómo debo ir vestida?

—Como usted quiera, señorita, de eso no se preocupe.

Llegaron puntualmente a la tercera fila de sol, donde *Chema* tenía una barrera propia; de repente se hizo un murmullo y las miradas de todos se centraron en la espigada figura que perfectamente trajeada, y con el eterno cigarrillo en los labios, hacía su aparición: nada menos que Agustín, quien ocupaba su barrera en la segunda fila, a tan sólo unos metros de *Chema* y su acompañante. La joven, incrédula por tenerlo tan cerca, le dijo a José María:

—¡Ay, pero si es el maestro Lara! Mi mamá lo adora, es una gran admiradora, igual que yo.

—¿Ah, sí?, pues eso no es raro, porque todo el mundo lo conoce y él es un gran aficionado a los toros.

—¡Pues qué suerte tengo al estar aquí, tan cerca de él! ¡Tan distinguido que es! Si supiera usted: yo me sé casi todas sus canciones... ¡es tan romántico!

La joven continuó durante un buen rato hablando del maestro y deshaciéndose en elogios hacia su persona, lo que a *Chema* no le cayó en gracia. Abiertamente, le dijo:

—Óigame, señorita, vinimos a ver los toros y usted se ha pasado toda la corrida nada más hablando de Agustín. ¿Qué, acaso no quería usted venir a los toros?

—Bueno, sí, pero es que teniendo al maestro tan cerca...

—Pues si tanto le interesa, señorita, se lo presento.

—¡Ah! ¿Usted lo conoce?

—Por supuesto que sí, somos amigos. Esté usted lista a las ocho para que yo la recoja y vayamos juntos a ver su *show*.

Esa misma noche se dirigieron al teatro donde Agustín se presentaba. En el palco de la empresa, que casi siempre estaba vacío, presenciaron la función, al final de la cual *Chema* le dijo:

—Bueno pues, vamos al camerino para que lo conozca.

—¡Claro que sí! ¡Qué gusto me va a dar; lo que daría yo por tomarme una foto con él, y cuánto le gustaría a mi mamá una foto del maestro!

Entonces, tomándola del brazo, *Chema* la condujo hasta donde estaba Agustín. Al entrar, dijo:

—Maestro, ¿cómo estás? Quiero presentarte a esta belleza que es una ferviente admiradora tuya y canta tus canciones.

—Conque cantas, niña.

—Pues un poquito, maestro —fue la respuesta tímida. Inmediatamente *Chema* agregó:

—¿Cómo qué no? Si se pasó toda la corrida tarareando tus canciones.

—Pues entonces vamos a ver cómo suena tu voz —dijo Agustín y, dirigiéndose a su secretario Verduguillo, agregó:

—Verdugo, mi casaca. Prende las luces del foro.

Una vez los tres en el escenario, Lara le preguntó:

—¿Qué vas a cantar?

—Pues si le parece, "Solamente una vez".

—No, solamente una vez no: siempre.

Después de interpretar varias canciones, la joven —cuyo nombre era Guadalupe Morán— comenzó a cantar en inglés. Al oírla, Agustín se sorprende, y en esos momentos son interrumpidos por los empresarios Zavala y Hernández, quienes, disculpándose, proceden a explicarle:

—Maestro Lara, tenemos aquí el nuevo contrato para que lo firme si está usted de acuerdo, ya que el anterior termina precisamente hoy.

Una tanto indiferente, Agustín les contesta con su característico estilo:

—Está bien, déjenmelo, pero junto con el de la señorita, porque mañana ella va a debutar conmigo.

Y así fue. Al mismo tiempo, Lupita debutó tanto en el teatro como en la acostumbrada variedad de Agustín en el Capri. Durante esos primeros días, *Chema* se ofreció a trasladarla del teatro a Capri y viceversa. Prendado de su belleza, *Chema* se quedaba a cenar con ella en Capri después del segundo *show*. Poco después se dio el idilio entre Lupita Morán y José María Lozano, y vivieron en un departamento propiedad de un español amigo de él. Invariablemente la recogía todas las noches después del espectáculo musical que ella ofrecía, ya en medio de una carrera que le daría creciente fama. Guapa al fin, desde el principio comenzó a ser objeto de las atenciones de algunos admiradores; pero fue uno especialmente el que llegó a asediarla y molestarla. Enfadada, lo comentó con José María, quien cierta noche, a mitad del espectáculo, localizó al sujeto, reclamándole abiertamente. Iracundo, aquel admirador minimizó a *Chema*, quien como respuesta le asestó un fuerte puñetazo, ayudándole a caer moviendo la silla del susodicho. Aquella acción, haber provocado un escándalo en plena actuación de Lupita, provocó que ella reaccionara violentamente, rechazando a José María. Días después ya estaban separados. Fue una ruptura dolorosa que hizo que Agustín, acostumbrado a la frecuencia con que *Chema* se presentaba a recogerla —ya fuera al teatro o a Capri—, preguntara a su querido Pedro Vargas:

—Oye, compadre: ¿y qué pasa con *Chema*, que ya no viene?

Tartamudeando como era su costumbre, Pedro le contestó:

—*Che-Che-Chema* ya no viene porque Lupita lo dejó, compadre. Está hecho polvo.

—Entonces hay que buscarlo, porque *Chema*, aunque hecho polvo, es polvo de oro.

Por contar con cobertura nacional, durante sus primeros veinte años de existencia, la XEW acaparó la atención de un público ávido y sensible que seguía paso a paso el surgimiento de incontables ídolos populares. Cantando a la mujer, al amor sufrido, al mundo de la noche, las notas de Agustín Lara y la voz de Pedro Vargas llegaban, a través de la radio, al seno de miles de hogares que recibían gustosos las transmisiones que poco más adelante se harían en vivo directamente desde el Capri con el nombre de "La hora romántica", variedad en que sin discusión muchos artistas comenzaron o bien consolidaron su carrera. Valga este paréntesis para añadir que invariablemente a los baños del Regis acudían Carlos y Luis Amador, Hugo del Carril, Pedro Armendáriz —quien en los años treinta trabajara como cajero en el hotel—, Abel Salazar, Jorge Pasquel, Antonio Badú y muchos otros famosos, como los Cuates Castilla. Y qué decir de las animadas partidas de dominó en la farmacia, o de las visitas regulares que Andrés, Fernando y Domingo Soler realizaban a la peluquería del hotel, en donde las hábiles manicuristas Gloria, Clara, Malena y María Luisa siempre los atendían. O de las reuniones que también en la farmacia sostenía Luis Aguilar con sus colegas Negrete, Badú, Armendáriz y el Compadre Múzquiz, un curioso actor de sólo uno sesenta, ancho de espaldas, ágil, simpático y bigotudo que cotidianamente visitaba el hotel y la farmacia. Juntos tomaban café o cenaban al calor de la plática, que en ocasiones terminaba en el Capri para oír cantar al amigo de todos: Pedro Vargas, tan serio pero amable como siempre.

Hubo una famosa cantina que se hallaba a espaldas del hotel, llamada El CineClub, sitio al que comenzaron a asistir muchos productores y todavía más artistas, además de personajes notables como el licenciado *Chema* Lozano o el polifacético Lucky Romero, que había llegado de Guadalajara, y aun cuando trabajaba en el cine Balmori, frecuentaba los billares del Regis en compañía de Fernando y Julián Soler. (Los billares: precisamente el lugar en que *Cantinflas* aprendió a jugar carambola con Jorge Rachini, a quien el actor solía regalar trajes y de vez en cuando prestar algún dinero; fue esa una amistad frágil que terminó un día en que Rachini le ganó a su benefactor una partida de dominó en la que habían estado en juego doce pesos. Insistió en cobrarle a *Cantinflas* y ahí se acabó el encanto). Por su parte, Antonio Badú llegaba temprano para bañarse y después se dirigía a la farmacia, donde podía encontrarse con José Albert, Rafael Banquels, Manolo Fábregas, Jorge Pasquel acompañado de su piloto El CocaCola y Pepe Chedraui, conocido textilero poblano que junto con sus hermanos se hospedaba siempre en el Regis —además de sus primos de Jalapa, propietarios de los famosos almacenes que llevan su nombre.

Así el hotel, comandado por *Carcho* Peralta, era el sitio de reunión de las estrellas, el semillero sin igual de los consagrados e incluso de los artistas que, sin ser aún famosos, soñaban con alcanzar el éxito cinematográfico en poco tiempo; a veces sus recursos no eran considerables, y entonces *Carcho* les daba crédito sin dejar de animarlos. Fueron muchos a los que él extendió su mano amiga. Hay algunas anécdotas de las épocas de "vacas flacas" de uno de esos notables.

Cuenta Luis Alcoriza, el director español y guionista de películas como *Los olvidados* y *El ángel exterminador* —llevadas a la pantalla por el genial Luis Buñuel—, que un día: "Estaba yo con Ramón Armengol en el café de la farmacia Regis cuando llegó un señor con un Cadillac enorme. Lo paró en la puerta, entró al café y le dijo a Ramón: 'Hermano, ¿no me prestas diez pesos? No tengo para darle de comer a mis hijos'. A mí, con esa mentalidad europea de mirar un rico cuando yo contaba con un triste Fiat, me pareció absurdo, inconcebible ver que un señor con un carrazo andaba consiguiendo para darle de comer a su familia". Por cierto que, cuando a Ramón Armengol alguien le pedía que le invitara un café, decía que sí, pero sólo porque con crema era ya un alimento. "Tres o cuatro años más tarde", prosigue Alcoriza, "yo también tenía un Cadillac a la puerta, y un día también me levanté sin nada que llevarme a la boca. Y Rafael Baledón, siendo el galán de moda y con un precioso Cadillac convertible, también llegó a no tener qué comer... Buscábamos a nuestros amigos para darles un sablazo y ellos, teniendo autos de mucho lujo, estaban igual".

Pero era también "la época dorada", aquella en que reinaba un espíritu de alegría que hacía no tenerle miedo al mañana, aunque no hubiera dinero. Muchos iban al Regis a aprender, a observar, a buscar que la suerte les sonriera. Era el caso del joven Marco Antonio Muñiz, quien allá por 1951-52 frecuentaba la farmacia invitado por los hermanos Junco (especialmente por Tito, quien llegó a hacer temporada en el Capri después de su éxito en películas del cine norteamericano). Se contentaba con ver a los artistas del momento, que regularmente se reunían entre siete y diez de la noche, o bien por las mañanas en los baños: allí conoció a Emilio Tuero y Arturo de Córdova, quien iba a tomar masajes que duraban dos horas. Cuando asistía al Capri, Marco Antonio se colocaba en una mesa del bar que se hallaba a la izquierda del salón principal, y desde ahí veía actuar y cantar a los artistas rutilantes que iban haciendo su aparición... Como otros, buscaba una oportunidad.

Ya fuera a pie o en auto, todos llegaban al Regis. Como *Cantinflas*, quien lo hacía en un Mercedes negro. Era gente disímbola la que hacía su aparición en la mañana. Por un lado Víctor Manuel Mendoza o Abel Salazar, y por el otro la famosa Graciela Olmos, alias La Bandida, acompañada de algunas de sus muchachas a quienes daba carta abierta en cuanto a comida y bebida en el mismo interior de los baños de mujeres. Aunque ella y sus pupilas tenían fama de ser algo inmorales profesionalmente, dentro del inmueble su comportamiento era intachable y dejaban muy buenas propinas. Doña Graciela en ocasiones tomaba su guitarra y se ponía a cantar y componer envuelta en toallas y sábanas blanquísimas, dando vida allí dentro a creaciones como esa de título "La enramada", que se hizo muy famosa.

También Luis Cruz, el encargado de los baños de caballeros que había sido traído por *Carcho* desde Puebla, y que conocía perfectamente el negocio, tuvo una experiencia que, vista meses después, tendría tintes dramáticos. Fue con Pedro Armendáriz, ese actor carismático que hasta se había enojado cuando lo premiaron como "el mejor actor mexicano del momento", y precisamente en el Capri. ("Si me van a dar un premio, que sea únicamente por ser actor, Luis, porque mexicano lo soy desde hace mucho tiempo", había dicho en tono de reproche). El caso es que una mañana de tantas, al prepararse para entrar en los baños, Pedro le dijo a Luis mientras se quitaba la ropa:

—Qué caray, Luis, últimamente no me he sentido muy bien. Creo que ando mal, pero los doctores no me hablan claro y han andado con misterios. Por eso me voy a ir a Estados Unidos para que me hagan un estudio…

Hizo una pausa al tiempo que le entregaba el reloj y la cartera; entonces sacó de la cintura una pistola plateada que también le entregó, agregando mientras lo miraba seriamente a los ojos, arqueando la poblada ceja izquierda:

—Si me confirman que es cáncer lo que tengo, con ésta me doy un plomazo, porque no soy hombre que se vaya a morir poco a poco.

Pedro se mostraba preocupado últimamente, y esa sonrisa suya tan amplia, tan blanca y tan perfectamente delineada, que era seguramente la envidia de muchos astros del celuloide, había brillado por su ausencia en las semanas más recientes… Poco después, el destino y el diagnóstico se confirmaron. Pedro, sin alarmar a su esposa, la llamó a México para pedirle que, ya que iba a ir a visitarlo, le llevara su pistola porque pensaba mandarla pavonar allá, donde hacían mejor ese trabajo. Ella lo hizo, y al día siguiente, ya estando con su marido, éste le comentó:

—Mi amor, mira nada más que porquería me trajeron de comer. Tú sabes cómo me gusta a mí un sándwich: baja por favor a la cafetería del hospital y enséñales cómo debe prepararse.

Ella obedeció, sin saber que aquella no era sino la despedida: el momento que Pedro aprovechó para echar mano del arma.

No es casualidad que la mejor época del Hotel Regis coincida con la de la industria cinematográfica nacional. Ya desde 1933 el cine mexicano había sido creativo, pero fue sin duda desde mediados de los años cuarenta, y más aún al principio de los cincuenta, cuando el arte cinematográfico del país supo crear y sostener un verdadero vínculo con su público, convirtiéndose en un componente fundamental de la identidad tanto del mexicano cuanto de los habitantes de habla hispana de nuestro continente. Directores y técnicos valiosos, y verdaderos actores de sólida formación, dieron vida y coherencia al desarrollo social y cultural de entonces.

Precisamente, por eso mismo, el ambiente creado por *Carcho* Peralta en su hotel hizo del Regis el lugar obligado de reunión, porque fue el escenario preciso en que las más importantes decisiones políticas, sociales y culturales del país se tomaban día con día. En lo suyo, *Carcho* era definitivamente el "director y productor" que concebía y propiciaba tanto el ambiente como los elementos necesarios para que cada cual pudiera interpretar libremente su propio papel. Deseos, sueños, anhelos y obsesiones se entrelazaban en el Regis como en una pantalla, una enorme pantalla que no era otra cosa que un mosaico de la vida de aquel polifacético México.

Cuántas veces no se vio ir y venir a Emilio "el Indio" Fernández ideando, platicando, discutiendo a palabrotas y trabajando sus libretos en las instalaciones del Regis. Fue toda una figura de esa época dorada, con una larga lista de premios internacionales gracias a filmes como Enamorada, Río escondido, Maclovia, Salón México, Siempre tuya y otros más, en que figuras de la talla de María Félix, Carlos López Moctezuma, Pedro Infante, Gloria Marín, Pedro Armendáriz y Jorge Negrete compartían créditos: todos ellos parte del Regis y amigos íntimos de Anacarsis Peralta.

Jorge Negrete, por ejemplo, era uno de los clientes más asiduos. Bromista empedernido como *Carcho*, quien al verlo le decía: "Quihubo, charrito monta perros". Y a veces llegaba a pasarse de la raya. Tal fue el caso cuando filmaba la película *Y si Adelita se fuera con otro*.

Sin que nadie lo viera, Jorge colocó un puñado de pólvora en el piso al lado de la silla del director Manuel "Chano" Urueta, y lo tapó con una lámina, dejando tan sólo una línea como mecha. Luego le pidió a Fernando Casanova que la encendiera en el momento en que Urueta dijera: "Silencio, cámara. ¡Acción!"... y justo en ese instante se oyó el estallido que hizo brincar como un metro al director con todo y silla, en medio de las carcajadas de los presentes. Malencarado y lívido por el susto, Manuel volteó hacia Negrete diciendo:

—¡Ya sé quién fue el jijo de su tal por cual que hizo esta fregadera!

En la nómina de aquellos directores estuvieron también Julio Bracho y Roberto Gavaldón, el primero con obras como *La mujer de todos*, *La mentira*, *El ladrón*; y el segundo reafirmando su prestigio con *La otra*, estelarizada por Dolores del Río y Agustín Isunza; *Han matado a Tongolele*; *La diosa arrodillada*, con María Félix y Arturo de Córdova; *En la palma de tu mano*, también con este último y para la cual se rodaron varias escenas en La Taberna del Greco, con los violines del Capri ambientando la trama.

De igual forma, los hermanos Rodríguez lograron películas inolvidables: especialmente Ismael, que realizó nueve con Pedro Infante como actor estelar, quien gracias a ellas se colocó en el primer sitio de popularidad con sus interpretaciones exitosas en *Los tres García*, *Vuelven los García*, *Nosotros los pobres*, *Ustedes los ricos*, *La oveja negra*, *No desearás la mujer de tu hijo*, *Sobre las olas*, *Las mujeres de mi general* y *Pepe el Toro*. Son filmes todavía de culto para muchos, que en su momento hicieron de aquel sinaloense la estrella que más gustaba al público ávido que literalmente abarrotaba las salas de exhibición.

Fue gracias al apoyo de Ismael Rodríguez que Pedro Infante se formó profesionalmente como nunca hubiera soñado, aun cuando ciertos rasgos de su personalidad no llegaron a cambiar: por ejemplo su timidez y admiración hacia el "Charro Cantor", incluso habiendo trabajado a su lado en alguna película famosa. Pedro, al igual que Negrete, concurría a los baños para ponerse en forma y dejarse mimar con las atenciones de los solícitos empleados que con gusto lo recibían cada vez que hacía su aparición. Eran muchos —y muchas— los que llegaban a curiosear por la farmacia, los admiradores que no perdían la esperanza de saludar, o al menos, ver a su ídolo: sin duda el más popular que ha nacido en nuestro cine. Mario Moreno *Cantinflas* gozaba igualmente de una fama bien ganada. Sus películas cruzaban ya las fronteras sin problema alguno, y alternaba en la pantalla con los grandes del Hollywood de entonces. Era poseedor de una enorme simpatía que le granjeaba el respeto de muchos y el encono de unos cuantos. Tal fue el caso del periodista Kawage Ramia, quien en cierta ocasión escribió en la publicación *El Zócalo* un artículo que intentaba minimizar a *Cantinflas*, considerándolo un actor sin escuela, altivo y nada profesional, entre otras cosas. Esos comentarios fueron muy difundidos, al grado que una noche, durante una velada en el Capri, ambos coincidieron para escenificar un alegato que por supuesto llegó hasta los golpes.

Cantinflas bailaba animadamente, habiendo llegado al Regis dispuesto a pasar una noche agradable. Entonces vio a lo lejos a Kawage y, dejando a su pareja, fue a encontrarlo, asiéndolo por el cuello mientras le espetaba fuertemente:

—A ver si te atreves a decirme en persona lo que hablas de mí, desgraciado.

Acto seguido le propinó un tremendo bofetón que hizo que el otro cayera prácticamente de espaldas, humillado y ante el asombro de los concurrentes. De inmediato el personal del centro nocturno entró en acción, levantando al golpeado y sacándolo del lugar mientras otros contenían a Mario, quien seguía dispuesto a continuar la riña. A duras penas la cosa quedó ahí y Lola Beltrán lo tuvo que llevar a su camerino para tranquilizarlo, sentándolo y haciéndole tomar un vaso de agua.

Cantinflas era otro más de los visitantes distinguidos del Regis. Cuando no en los baños, se le veía en Capri cenando con su mujer y presenciando la variedad en turno. Algunas de sus cintas eran producidas por la compañía Mier y Brooks, que tenía sus oficinas en un primer piso de Balderas, exactamente al lado del Capri.

Lola Beltrán recordaba esos años felices de mediados de los cincuenta, cuando llegó a trabajar en Capri e iniciar prácticamente ahí su exitosa carrera: "El señor Peralta fue siempre muy buena gente.

Nos trató muy bien, y ya que nuestra variedad terminaba como a las dos de la mañana, dispuso una habitación para mí y la señora que me vestía —con el objeto de que no nos fuéramos solas—. Además, le encargó a una de sus empleadas, la señora Ruth, que personalmente nos atendiera. En ocasiones se nos abría el apetito a esas horas y resultaba extraño que nos pudieran servir enchiladas u otros platillos de cocina caliente; pero tiempo después nos dimos cuenta de que, como una atención especial, los traían del Sanborns que se encontraba enfrente del Regis, en el pasaje del Hotel del Prado, y que daba servicio las veinticuatro horas".

Y qué decir de historias como aquella en que *Chema* Lozano perdió algunos dientes. Sucedió que un día, al salir del Regis, se topó con Víctor Junco, quien después de saludarlo le dijo:

—Oye, *Chema*, qué bueno que te veo. Estamos en la farmacia discutiendo sobre el conflicto que hay entre el Sindicato de la Producción Cinematográfica y el STIC. Ven, acompáñame, necesitamos la opinión de un abogado.

José María accedió y juntos se presentaron en el lugar. Allí, en una mesa, estaban Mario Moreno y Jorge Negrete, quienes encabezaban al mencionado sindicato. Les acompañaban el Compadre Múzquiz, Juan García y el Indio Bedolla. Los recién llegados se sentaron y *Chema* se limitó a escuchar los variados y enardecidos argumentos. Al preguntársele qué opinaba, se refirió a ellos negativamente, lo que generó un sentimiento de descontento unánime.

Muy molesto, Negrete le reclamó con prepotencia, poniéndose de pie:

—¿Y usted quién es para opinar así?

—¿Yo? José María Lozano, para servirle, y eso es lo que pienso…

Pero no había terminado de pronunciar la última palabra cuando sintió un puñetazo tal que cayó al piso. Se llevó la mano a la mandíbula y con la lengua sintió que los dientes se le habían aflojado; no tuvo tiempo para reaccionar: recibió algunos golpes más de un Jorge iracundo. Al instante Junco, Bedolla y Múzquiz sujetaron al agresor, intentando calmarlo. Así se entretejían en el Regis las pasiones, las relaciones encontradas del mundo de la farándula. Aquí surgieron idilios, se arreglaron infinidad de negocios, se concertaron giras o contratos, y, por supuesto, se escenificaron grandes riñas.

Fue precisamente en ese entonces que vio la luz uno de los más grandes acontecimientos en la vida del país: la televisión. Aun cuando hubo años de experimentación en ese campo, no fue sino hasta 1950 que Rómulo O'Farril instaló un transmisor en los pisos 13 y 14 del edificio de la Lotería Nacional.

La primera emisión se realizó el día 26 de julio, de las 17 a las 19 horas, y sólo un mes más tarde se inauguró formalmente la primera compañía televisora de América Latina: la XHTV-Canal 4. Poco después, el primero de septiembre de aquel año se transmitió en directo, desde la Cámara de Diputados, el IV Informe de Gobierno del presidente Miguel Alemán, después del cual tanto locutores como todo el equipo de producción llegaron al Hotel Regis para celebrar con una comida suculenta en la que no escasearon los brindis y felicitaciones.

Para 1951 Emilio Azcárraga Vidaurreta creaba la estación: XEWTV-Canal 2, instalada en un moderno edificio construido en la avenida Chapultepec, mismo que desde entonces fue conocido como Televicentro. Años más tarde, ambos poderes se asociarían para formar una sólida empresa que recibió el nombre de Telesistema Mexicano.

Esa naciente industria, promotora en primer término del arte escénico, vino a inyectar más elementos de interés al Hotel Regis. De una u otra manera, tanto propietarios, productores, locutores y técnicos, así como artistas y cantantes que comenzaban a aparecer en la "pantalla chica", se reunían en él para pasar tardes o veladas de lo más animadas. Con ello, las relaciones de *Carcho* se veían fortalecidas. Y si a esto aunamos las simpatías ya hechas con importantes personajes de la radio, que en un momento dado prácticamente llegaban a "vivir" en el Regis, podemos darnos cuenta de la influencia que los baños, la farmacia, el Capri, la Taberna del Greco y el hotel en su conjunto tenían en el ámbito cultural de esos años cincuenta. Baste recordar aquellos recibimientos multitudinarios de que se hacía merecedora la Félix al regresar de Europa o Buenos Aires: eran páginas de la historia del Regis y de la vida real, momentos únicos e irrepetibles de un periodo festivo en el país que no han tenido igual.

Mientras Carlos López Rangel llegaba a los hogares en sus programas radiofónicos de comentarios sociales —en uno de los cuales hacía su aparición el joven Agustín Barrios Gómez—, y a la vez transmitía por televisión aquel que se llamó TV en Sociedad, el público comenzaba a admirar no sólo a los artistas o cantantes, sino también a ciertos personajes que en popularidad dejaban muy atrás a los políticos en turno. Se acercaba la transmisión de poderes, con Ruiz Cortines a la cabeza. Pero el verdadero interés de la gente no recaía en las próximas elecciones, sino en un espectáculo que hacía las delicias de grandes y chicos por igual: la lucha libre, esa seductora oposición entre "el bien y el mal" que generaba creciente expectación. Todos los viernes por la noche los aficionados prácticamente se "prendían" del televisor para ver a los superestrellas Santo y Gori Guerrero combatir contra "la pareja infernal" integrada por El Cavernario Galindo y Wolf Rubinskis; o bien al Tarzán López y Enrique Llanes frente a Blue Demon y Black Shadow, o ante El Verdugo y el Murciélago Velázquez.

Cabe aquí una anécdota que le sucedió a Wolf Rubinskis, quien procedente de Sudamérica venía a México contratado como luchador. Sujeto educado y amable, sentía desde siempre una gran atracción por la actuación y el cine. En el vuelo a México tuvo la suerte de coincidir con Abel Salazar, a quien le externó sus inquietudes no sin cierta reserva: quería ver a los artistas, le dijo, y tratar de relacionarse para ingresar en ese medio fascinante. Sin dudarlo, Salazar le recomendó lo mismo que ya otros antes le habían dicho: el lugar indicado para lo que deseaba no era otro que el Regis y su farmacia: allí se reunían siempre los astros del celuloide, la radio, el espectáculo y la televisión; allí y en ningún otro sitio podría él entrar en contacto con quienes pudieran ayudarlo. Además, le dijeron otras fuentes, había guapas muchachas, políticos notables, gente del teatro, pintores connotados, periodistas e intelectuales de todas las corrientes. Sin pensarlo dos veces, apenas instalado se dirigió al lugar en el que pudo constatar que gente como Diego Rivera, José Clemente Orozco o David Alfaro Siqueiros aparecían al lado del tenor italiano Pino Barati, el pianista Barbieri, el pintor Gerardo Murillo "Dr. Atl"… Todos estaban ahí, en carne y hueso, como parte de una abigarrada y riquísima escenografía que era enmarcada por la letra de "No me platiques más", la canción de moda que encumbrara a Vicente Garrido (interpretada por el chileno Lucho Gatica, fue esa justamente la creación que consagrara a éste después de haber debutado sin mucho éxito con temas de su tierra natal).

Era aquella una mina de talentos disímbolos, gracias a cuyo contacto Wolf conoció la Academia de Arte Dramático del maestro Seki Sano, ubicada justo atrás del hotel —en la esquina de la calle Rosales, a un costado de la Alameda Central—, en donde tomaba por las tardes clases de actuación en esos sus primeros años de estancia en el país.

CAMBIOS CON LA NUEVA REGENCIA DE LA CAPITAL: POLÍTICA DEL CONTRASTE Y MORALINA

Miguel Alemán Valdés dejaba su lugar al flamante presidente Ruiz Cortines, quien de inmediato designó a Ernesto P. Uruchurtu como nuevo regente de la capital. Y entonces las cosas cambiaron. Si bien el periodo alemanista había implicado el esplendor de la vida nocturna, con sus mujeres exóticas y experiencias etílicas, la llegada de Uruchurtu trajo consigo una extraña "política de contraste", ya que instauró un nuevo sistema que buscaba frustrar a los pachangueros con una fuerte dosis de moralina: dispuso que los centros nocturnos de "segunda" cerraran a la una de la mañana, y emprendió una cacería de brujas en contra de los así llamados "lugares de escándalo".

La censura de Uruchurtu se hizo sentir en teatro, cine, televisión e incluso en las publicaciones impresas de la época, fomentando una creciente y molesta expectación. Ya en 1954 esas medidas afectaron la transmisión televisiva de las luchas, consideradas "altamente violentas y dañinas para la familia mexicana", y a ello se sumó la inconformidad de esos grandes atletas, que no quisieron someterse a las políticas de la empresa.

No obstante la lucha libre siguió atrayendo a miles de aficionados que cada viernes colmaban los asientos de la Arena Coliseo, en el número 77 de la calle Perú, para ver en vivo a sus ídolos y apoyarlos con altas dosis de estridencia. Un ejemplo de ese culto se personificaba en la señora Virginia Aguilera, aficionada número uno y dueña por derecho natural del primer asiento en la primera fila del coso mencionado; coleccionista asidua de máscaras y "molotes" —fragmentos de cabellera perdidos legalmente en la batalla—, doña Virginia generaba un entusiasmo que se transformaba en gritos que inmediatamente contagiaban al público asistente, haciendo de la Coliseo un auténtico hervidero de pasiones. La televisión se acreditó otro acierto al transmitir las funciones de box los miércoles y sábados. Y ello, aunado al inicio de las telenovelas y a las películas de la época de oro del cine mexicano, pasmaba a las personas que tenían un aparato receptor, quienes solían recibir muchas visitas inesperadas de familiares, amigos y vecinos justo los días en que la programación era más atractiva. Constituía para todos un milagro el presenciar aquella mezcla de radio y cine en la intimidad del propio hogar.

Estrellas del boxeo como Raúl El Ratón Macías, y Luis Villanueva El Kid Azteca, eran admirados en sus peleas por un público cada vez más numeroso que sufría con sus derrotas y reía al festejar sus triunfos. Tal fue el caso del Ratón, quien en aquellos días conquistara el título de Norteamérica al vencer a Nate Brooks en un memorable encuentro que rompió el récord de taquillas en la Plaza México, habilitada por vez primera para una función de box. Y qué decir de su popularidad, cuando le arrebató el campeonato mundial de peso gallo al tailandés Chamrem Songkitrat, haciendo que la gente saliera a las calles para recibirlo de forma jubilosa como un auténtico héroe nacional.

Esos eventos, aunados a los partidos de futbol de equipos como el Marte, el Zacatepec, el Oro, el Necaxa, el América y, por supuesto, el Guadalajara; y a juegos de béisbol en los que el enfrentamiento clásico era entre el equipo capitalino Tigres y los Diablos Rojos —ambos propiedad de Alejo y Héctor Peralta, respectivamente, quienes se enardecían y discutían en el palco de la empresa—, fueron lo que llevó al deporte hasta la cima del gusto de los telespectadores, que como alternativa extra tenían en la tarde del domingo las corridas de toros.

Fermín Espinoza Armillita, su tocayo Fermín Rivera, Silverio

Pérez, Carlos Arruza, Luis Procuna, Joselito Huerta y Manuel Capetillo, por mencionar sólo a los matadores más famosos, se hacían de grandes éxitos. Con demasiada frecuencia el ritual de "vestirse de luces" se efectuaba en el Regis, sitio que preferían por ser todos ellos clientes frecuentes de sus baños, y también por la fama que *Carcho* gozara años atrás como empresario taurino. Así, los matadores visitaban el Regis con más ganas y eran siempre extraordinariamente bien tratados. Había entre ellos un grupo al que apodaban Los Tres Mosqueteros precisamente por el hecho de que los domingos vestían el mismo atuendo con diferente espada. Eran Manuel Capetillo, Jesús Córdoba y Rafael Rodríguez (El Volcán de Aguascalientes), quienes después del baño pasaban a sus respectivas *suites* para ajuarearse con el traje de luces.

Actores y figuras del arte taurino salían al *lobby* para ser recibidos por periodistas, mujeres, ganaderos, cronistas, amigos en general e incluso alguno que otro torerillo principiante deseoso de pedirles una oportunidad en el ruedo. Eran tardes bravías en las que la atención recaía en los difíciles astados procedentes de las ganaderías de San Mateo —la más importante del momento—, Xajay, La Laguna, La Punta, Zacatepec y Pastejé.

No está de más decir aquí algunas palabras sobre los tres grandes del toreo: Domingo Ortega, Fermín Espinoza y Silverio Pérez. El primero fue un auténtico genio del toreo, un artista dueño de un estilo nunca sujeto a suertes preconcebidas, sino más bien dispuesto a utilizar recursos propios para adaptarse al toro en la faena. Técnico como pocos, Domingo Ortega hizo que, sin quererlo, su fortaleza y porte, así como su ingenio singular en el ruedo, influyeran a diestros como Carlos Arruza, poseedor de una elasticidad e intrepidez alegre y personal. Ortega, de gran inventiva, dominaba las suertes y tenía una enorme visión del terreno. Era magnífico.

En contraste, Fermín Espinoza Armillita —el "Maestro de maestros", como lo llamaban— fue un espada fácil y muy completo, pero frío. Llenó por sí solo toda una época del toreo en México, debido principalmente a su excesiva seguridad con los astados. Fue un artista en toda la extensión de la palabra.

Por su parte, Silverio Pérez, cuando estuvo en España como novillero, aprendió aquello que puede ser calificado como su suerte más definida: "el trincherazo", al que gradualmente fue imprimiendo un acento menos seco, más suave y rítmico. Si bien cada torero proyectaba su personalidad en el ruedo, la diferencia estribaba en el hecho de que Silverio nunca pretendió el dominio inmediato del toro, sino sencillamente hacer arte con él: tuvo siempre una natural capacidad para el "toreo por lo bajo", doblándose con los toros tan armoniosamente que, de haberlo deseado, el número de astados dominados por él habría sido muy superior. Pero lo que más lo satisfizo fue el toreo "natural": esos derechazos suyos que han quedado para la posteridad. Silverio ha quedado inmortalizado en la letra del conocido pasodoble que Agustín Lara compuso en su honor; y se dice que su hermano Carmelo, gran novillero, llegó incluso a superarlo como tal (aunque más tarde falleció de una cornada). En sus corridas la banda tocaba la música que en su letra todavía es conocida:

> *Viendo torear a Silverio*
> *me ha salido de muy dentro lo gitano de un cantar,*
> *con la garganta sequita, muy sequita la garganta,*
> *seca de tanto gritar.*
>
> *Silverio, Silverio Pérez,*
> *diamante del redondel,*
> *tormento de las mujeres,*
> *a ver quién puede con él.*
>
> *Silverio, torero estrella,*
> *el príncipe milagro de la fiesta más bella,*
> *Carmelo, que está en el cielo, se asoma a verte torear.*
>
> *Monarca del trincherazo,*
> *torero, torerazo azteca y español:*
> *Silverio, cuando toreas no cambio por un trono*
> *mi barrera de sol.*

Se sabe que Carlos Arruza y Silverio Pérez no solamente compitieron con el cordobés Manuel Rodríguez Sánchez, mejor conocido como Manolete, sino que incluso, como se dice en la jerga, llegaron a bañarlo.

Hubo también muchos otros matadores, como Lorenzo Garza, Alberto Balderas (un frustrado violinista), El Soldado Luis Castro Sandoval, Manolo González, José María Martorell, el sevillano Manolo Vázquez o el entonces debutante Guillermo Carvajal; lista a la que con el tiempo se irían sumando los nombres de Paco Camino, Jaime Bravo (famosos por sus variados amoríos), Manolo Martínez, Eloy Cavazos y Alfredo Leal. Precisamente éste recuerda que, siendo apenas un chiquillo que anhelaba por querer ser torero, se hizo amigo del notable matador Gregorio García —quien en sus buenos años llegó a vivir en el Regis— y pasaba por él al hotel para ir a entrenar juntos; así, el joven Alfredo se fue formando para, una vez triunfador, acompañar en ocasiones a Silverio y los demás en sus reuniones prolongadas dentro de los vapores, al cuidado de Luis Cruz y su equipo. Para algunos de esos toreros, el Regis fue desde el inicio de su carrera siempre un lugar amable, un sitio de reunión y esparcimiento sin igual: tanto consagrados como principiantes, ninguno faltó nunca a ese "segundo hogar" en el que *Carcho* era no otra cosa que el anfitrión ideal. Son parte, todos ellos, de una maravillosa época que se ha ido.

Años después, en una fresca noche, llegó al Capri Agustín Barrios Gómez acompañado de varias personas, entre ellas la despampanante señora Vianei Lárraga. Al terminar la variedad del maestro Lara, su tocayo lo invitó y aquel no pudo rehusarse al contemplar las virtudes de Vianei, de quien su corazón inmediatamente quedó prendado. Le habló con esas palabras suyas tan especiales y sólo unos meses después la desposó. Así era él, intempestivo cuando de amores se trataba, enérgico y a la vez manejable, romántico a más no poder e irreverente, aficionado a las mismas cosas a las que los bohemios de todas las épocas y en diferentes partes han sido fieles: el vino, la poesía, las mujeres, la noche, la música, el tabaco. Su entusiasmo no se componía de una interminable sucesión de nombres y caras bonitas, sino más bien del impulso natural hacia un ideal inasible, hacia una quimera etérea que lo obligaba a intentar una y otra vez hallar el verdadero, el puro, el completo e inalcanzable amor. Poeta al fin, su musa fue siempre la mujer: el origen y el fin mismo de su esperanza y desconsuelo.

Sus inquietudes artísticas lo habían llevado desde principios de 1930 al "séptimo arte". Fue la época en que compuso muchos pasodobles y pasacalles de entre los que sobresalió "Madrid", interpretado por la inolvidable Ana María Fernández y que daría la vuelta al mundo, al igual que "Granada" en la voz de Alejandro Algara. Durante aquellos años en que el cine se volvió una industria, y hasta sus últimas noches de gloria, Agustín intervino en cerca de treinta películas, alternando con divas como Ninón Sevilla, artistas de primer orden y músicos como Pérez Prado; trayectoria digna de un músico cuyo talento lo haría merecedor de varios homenajes efectuados en el Palacio de Bellas Artes: el primero en 1953 y el último en 1969, apenas un par de años antes de su muerte.

Agustín Lara, ese ser incomparable venido de menos a más, admirado por propios y extraños, aplaudido en todas partes y querido por muchísimos, partió con su sensibilidad la noche del 6 de noviembre de 1971. Pedro Vargas y Toña la Negra hacían temporada en el cabaret La Fuente, y cuando su gerente Manuel Gómez se enteró del deceso, habló inmediatamente con Pedro para decir:

—Don Pedro, yo sé cuánto estimaba usted al maestro. Quiero decirle que no se preocupe por el *show*.

A lo cual el cantante respondió:

—Gracias, Manuel, pero mi compadre como yo sabemos que el público es primero. Si me hubiera tocado a mí, él habría hecho su *show*. Estaré ahí cantando esta noche, como siempre.

La conmoción no pudo ser mayor, y los medios de difusión dieron la triste noticia a un público que dudaba en creer que aquello fuera cierto, que deseaba que el anuncio fuera una equivocación. Inmediatamente las autoridades de la ciudad dispusieron que en ese mismo Palacio de la avenida Juárez y San Juan de Letrán se le rindiera un último homenaje, un tributo que fue acogido de inmediato por hombres y mujeres que presurosos llenaron el espacio y todas las salas adyacentes a aquella en que su ataúd se encontraba. Y exactamente a las trece horas del día siguiente, un sábado despejado, el maestro salió en hombros para ser depositado dentro de una carroza negra que lo conduciría, flanqueada por once motocicletas del escuadrón del teniente Ramón Bravo, a su última morada. Así, lentamente, sin prisa de ningún tipo, recibiendo aplausos a ambos lados de la calle, el maestro Lara se despedía de la gente a la que había hecho disfrutar y soñar con sus canciones y su incomparable música.

Recorrió el lado sur de la Alameda Central y pasó todavía más despacio frente al Regis, dentro de cuyas paredes había vivido tantos años en esas prolongadas temporadas del Capri, al lado de sus amigos. Era el adiós, un adiós sosegado y cargado de recuerdos.

En la *suite* presidencial, de izquierda a derecha: el pianista Felo, Ava Gardner y Frank Sinatra —que pasaban su luna de miel hospedados en la *suite* presidencial—; en seguida Pedro Vargas y *Carcho* Peralta. Reflejado en el espejo, Pascual Filissola, del Capri.

En la *suite* presidencial, de izquierda a derecha: Pedro Vargas, Felo al piano, *Carcho* Peralta, Ava Gardner y Frank Sinatra.

De izquierda a derecha: Lauro Salas —campeón del mundo en peso ligero— y Publio de Juana, *maître* del Capri, en el vestíbulo del hotel.

En La Taberna del Greco. De izquierda a derecha: *Carcho* Peralta, José María (*Chema*) Dávila, Enriqueta Dávila —hija de *Chema*— y Agustín Lara, década de los cincuenta.

Interior del restaurante Paolo, década de los cincuenta.

En La Taberna del Greco. Al centro: Ava Gardner y Frank Sinatra; a su derecha, el pianista Felo, Pedro Vargas y *Carcho* Peralta; atrás de Pedro Vargas y Felo, Olga Guillot, década de los cincuenta.

Inauguración de la *Suite* Presidencial Miguel Alemán. De izquierda a derecha: el presidente Miguel Alemán Valdés, el regente Fernando Casas Alemán, *Carcho* Peralta y, a la extrema derecha, de espaldas, el general Celso Vázquez.

Carcho Peralta y amigos.

Almita Tardiff y el maharajá de Bundi se divierten durante un coctel ofrecido en honor del príncipe hindú, década de los cincuenta.

Programación del Capri de la década de los cincuenta.

El mundialmente conocido financiero alemán (mago de las finanzas) doctor Hjalmar Schacht en la *suite* presidencial del hotel, donde estaba hospedado, mediados de los cincuenta.

Lobby y *mezzanine* del Regis a finales de los cincuenta.

Mezzanine del *lobby* del Regis junto al vestíbulo del Capri, década de los cincuenta.

Carcho Peralta en su oficina de la *suite* presidencial, década de los cincuenta. A la izquierda, reloj con emblema del Regis.

Alberca del Hotel Regis, que estaba situada en medio de los baños de vapor de caballeros y de damas para que pudieran tener acceso a ella ambos. Posteriormente se transformó en peluquería.

Inauguración del restaurante Medaillon, principios de 1970. Al centro, el gerente del restaurante; a la derecha, el gerente de recepción del hotel, Adrián Hidalgo.

Inauguración del restaurante Medaillon.

CUARTA PARTE

LA DÉCADA DORADA DEL REGIS
Y SUS HUÉSPEDES DE LOS AÑOS CINCUENTA

Con la idea de crear un hotel que llevara por nombre el de Hotel Peralta-Regis y abarcara la manzana completa, *Carcho* se dio a la labor de planearlo y encomendó el proyecto y la construcción al Grupo ICA, mismo que utilizó los servicios del afamado doctor en ingeniería Leonardo Zeevaert para realizar los cálculos estructurales, ya que él había sido el encargado de hacer la cimentación de la Torre Latinoamericana: el edificio más alto del país para entonces.

La obra comenzó con la demolición del edificio donde estaba ubicado el periódico El Nacional, en la esquina de Colón y Rosales. Una vez hecho esto, se empezó la construcción de la primera de las tres torres que *Carcho* había imaginado (una central de veinticinco pisos y dos laterales de veinte cada una). Todo parecía ir en orden: se había hecho la cimentación y estructura de dicha torre, hasta que la obra fue detenida por una fricción personal que el entonces regente de la ciudad sentía hacia *Carcho*. A los ojos de todos, esa actitud intransigente era sólo un capricho, consecuencia de los chismes y rumores que hablaban de Uruchurtu; y si bien él era asiduo cliente del Capri y del Regis en general, el motivo de su molestia fue que sentía que detrás de aquellos comentarios estaba el mismo *Carcho*. Cierto o no, mandó detener la obra del hotel sin que hubiera forma, razones ni poder humano que valieran para hacerle modificar su decisión.

Era de sobra conocido aquel empecinamiento que a más de una

docena hizo sacar lágrimas de sangre al ver que ninguna lógica lograba hacerlo cambiar de parecer una vez que había tomado alguna determinación. Uruchurtu era duro. Tanto, que el cómico jalisciense Jesús Martínez *Palillo*, célebre por su agudo sentido del humor enfocado a la sátira política, contaba ante su auditorio sobre el presidente Adolfo Ruiz Cortines: "Lo peor que tuvo el viejito del sexenio del trabajo fecundo y creador, fue haberle dado la primera oportunidad de regentear y sembrar flores en toda la ciudad a Uruchurtu".

Como antes mencionamos, Ernesto P. Uruchurtu impuso en la ciudad desde 1952 un clima de austeridad y falsa virtud en lo referente a usos y costumbres: se controlaron los horarios de cabarets de segunda categoría, que por ley debían cerrar a la una de la mañana, y comenzó a perseguirse la prostitución. Esa "moralización del ambiente", unida a los reclamos de organismos que entonces tomaban fuerza (como la Unión de Padres de Familia o la Liga Mexicana de la Decencia), tuvieron variadas consecuencias, entre ellas el cierre de sitios nocturnos como el cabaret Waikikí. Respecto a ese hecho, el señor José Mocelo comentó en una ocasión que el hermano menor de don Ernesto se había matado en un accidente automovilístico después de haber estado bebiendo en el Waikikí, último lugar en que fue visto. Días después, este fue clausurado con pretextos que intentaban velar el verdadero motivo del regente. Y, por supuesto, todas las gestiones que hizo el señor Mocelo para reabrir ese famoso cabaret de su propiedad nunca fueron válidas, viéndose obligado por la mano dura de Uruchurtu a hacerse de otro cabaret llamado El Pigale, ubicado en las calles de Santa María la Redonda. Había en esa época unos cabarets que se conocían como "reventaderos", lugares que acostumbraban abrir sus puertas a las tres o cuatro de la mañana, cuando ya los demás habían cerrado; en ellos la gente se quedaba hasta casi el mediodía, continuando el ambiente. Pero los sitios de reunión eran los cabarets como La Canción —en Santa María la Ribera—, La Bola, La Peña, Las Brujas, El Pigale y El Ché Raulito, este último ubicado enfrente del Waikikí y al que la gente comenzaba a llegar a eso de las tres. Aunque con el tiempo tanto el Pigale como El Ché Raulito y otros fueron muy conocidos, ninguno pudo igualar la fama del Waikikí: "Waikikí sólo hubo uno".

Eran esos los días en que a la avenida San Juan de Letrán la denominaban "el columpio", por tener una gran cantidad de teatros y cabarets de segunda: uno podía saltar de uno a otro sin problema. Estaban el Teatro Colonial, el Teatro Río, el Teatro Follies, la carpa Petit, la carpa Libertad —obsequio del argentino Luis Sandrini a los actores mexicanos—; así como los cafés Cristal, Jarocho y Correo, afuera del cual se encontraba El Fantasma del Correo: una vieja prostituta extrañamente maquillada como pambazo, que era abogada de sus colegas.

Vale la pena mencionar aquella anécdota que involucró a los hermanos Gómez Lira, de Tamaulipas: Edelmiro, Elpidio y Ernesto, quienes, así como el general Garza Zamora o Gastón Guerra, constituían un heterogéneo grupo de norteños que llegaban siempre al Regis. Ganaderos conocedores e iniciándose en la política, eran buenos amigos de *Carcho* y de su hermano Héctor. El caso fue que por 1955, y corriendo el riesgo de que ciertos ranchos suyos de la zona norte de Tamaulipas les fueran invadidos y expropiados, recurrieron a Anacarsis en busca de ayuda. Él la dio y, en reciprocidad, Elpidio comenzó a asesorarlo en el rancho que *Carcho* tenía entre Tamaulipas y San Luis Potosí, sobre todo en lo referente a la compra de ganado (ya fuera en Dallas, San Antonio o Reynosa). Así, en alguna ocasión en que el mismo Elpidio se encontraba en el Regis, *Carcho* lo buscó por la tarde para decirle: "Mira, Elpidio, quiero que estés listo a las siete de la mañana en mi casa, pues nos vamos a ver al presidente. Me va a recibir a las ocho". "Sí, don *Carcho*, por supuesto", fue la inmediata respuesta.

Diez minutos antes de la hora señalada llegaron a los Pinos, y *Carcho* instruyó al joven: "Mira, voy a entrar a ver a don Adolfo para tratarle el asunto de la licencia del hotel, y de paso el tuyo, que prácticamente está arreglado; cuando yo te haga una seña con la mano, te acercas, y cuando te ponga la mano en el hombro, ahí te quedas y ahí me esperas". "Entendido, sí, señor", contestó Elpidio.

Al llegar al salón de la reunión, *Carcho* le indicó que se detuviera y él entró con el presidente Ruiz Cortines. Una hora después, Elpidio vio salir al presidente, seguido del licenciado Miguel Alemán, el regente Uruchurtu y el mismo *Carcho*. Don Adolfo, que caminaba en medio, tomó de un brazo a Uruchurtu y del otro a Anacarsis. Este movió la cabeza y Elpidio se acercó de inmediato, deteniéndolo la guardia presidencial. "Viene conmigo", dijo *Carcho*, y al momento le permitieron acercarse a las cuatro personas. Alcanzó a escuchar la voz que decía: "Yo no quiero que haya diferencias ni problemas entre mis colaboradores y mis amigos. Yo a *Carcho* le debo atenciones y todos debemos estar juntos, unidos: no debe haber problemas entre amigos". Se hizo un silencio entonces, en el que Anacarsis preveía algún comentario por parte del regente, mas al guardar este silencio, *Carcho* preguntó al mandatario: "Perdón, ¿qué dijo usted señor presidente?... Perdone usted, señor, pero yo no puedo ser amigo de hijos de su tal por cual", señalando a Uruchurtu y terminando: "Con su permiso, señor presidente".

Elpidio, helado ante lo que acababa de escuchar, no pudo sino imitar el andar de *Carcho* hasta llegar al auto. Una vez ahí, le dijo:

—Oiga, don *Carcho*, yo pensé que nos metían a la cárcel por la forma en que usted contestó.

Anacarsis, sonriente y mientras suspiraba, volteó para decir:

—¿Sabes qué, Elpidio? Yo también.

Así pues, la imagen del Uruchurtu rígido, caprichoso e inamovible permaneció a su lado durante sus periodos como gobernante, que se prolongaron hasta el sexenio de Gustavo Díaz Ordaz. Tuvo cosas buenas, sí, pues ideó la manera de darle mejor vialidad y más belleza a la capital, aunque como persona fue un individuo intransigente, vengativo y rencoroso. Lo cierto es que la construcción del Hotel Peralta-Regis estuvo, gracias a él, detenida mucho tiempo.

Los antecedentes del hotel que *Carcho* imaginaba se remontaban al periodo de Miguel Alemán, época en que Anacarsis había adquirido de la familia Limantour el edificio y el terreno donde se encontraba la tienda Salinas y Rocha; mas esta tenía con los propietarios anteriores un contrato de arrendamiento en renta congelada que *Carcho* decidió respetar con el fin de evitar cualquier tipo de problema. Así, se llegó a un acuerdo que consistía en incrementar la renta cada dos años en el mismo porcentaje en que lo hicieran las rentas de cuatro o cinco edificios vecinos de la zona: quizás no fuera el mejor arreglo, pero *Carcho* aceptó, ya que de momento era mejor que nada.

Por cierto que Salinas y Rocha era originalmente un almacén elegante cuya casa matriz se encontraba en la ciudad de Monterrey. Su nombre provenía de los apellidos de los propietarios fundadores: Benjamín Salinas y Joel Rocha. Más tarde los hijos de ambos llegaron a ser directores de la tienda hasta que se tomó la decisión de que la dirección de la empresa estuviera en manos de un tercero para evitar problemas. Así, con una administración corporativa y Ramón Romay en el área financiera, ese almacén de lujo dirigía sus productos hacia la clase alta.

Ya para los años cuarenta el noveno piso contaba con un muy completo departamento de antigüedades traídas en gran parte de sitios como Nueva York y Europa. Su primer gerente fue el Gordo Martínez Vértiz, de familia ampliamente conocida: simpático, buen comerciante, político y amigo de *Carcho*. Después le seguiría en el cargo el señor Valdés, a quien Hugo Salinas se llevaría tras vender parte de sus acciones para construir el Hotel del Paseo, en el cual lo colocó como gerente. Hotel lujoso, contenía en su último piso el muy conocido restaurante Panorama.

En sus comienzos, la tienda tuvo la política de tener empleadas muy guapas y casi siempre de familias socialmente conocidas. Y claro está que esa política produjo beneficios, pero sólo en el plazo inmediato, pues a la mayor parte de las señoras de dinero les molestaba que sus maridos fueran "de compras" a ese almacén, y por supuesto que ellas mismas dejaron de ir.

Las cosas cambiaron gradualmente y ya para 1952 se trasladó la administración central de la compañía a la Ciudad de México, el personal ocupó parte de los pisos del inmueble en que estaba la tienda, que con el tiempo fue transformando su política comercial al grado de ser en la actualidad una de las cadenas líderes en ventas al menudeo en abonos, con productos dirigidos principalmente a las clases de menores recursos.

No obstante la negativa de Ernesto P. Uruchurtu, a *Carcho* le salieron ofertas de gente muy importante interesada en su proyecto del

Peralta-Regis. Dos de esas ofertas fueron del dueño de la cadena Hilton, así como del presidente de la compañía Pan-American. Queriendo adquirir el proyecto a todas luces viable, Pan-American envió a su vicepresidente ejecutivo para entrevistarse con Anacarsis. Corría la última semana de diciembre de 1957, y de manera natural lo invitó a pasar la noche de Navidad en su casa. Así pues, el mencionado estadounidense se hospedó en el Regis unos días y el 24 *Carcho* pasó a recogerlo en el auto que conducía Lucino, su chofer, "acompañado del chofer de sus cuñadas provenientes de Puebla, hermanas de María Elena". En el trayecto, *Carcho* y su distinguido acompañante casi no conversaron, y al llegar a su casa de San Ángel y bajar del auto, Anacarsis se acercó para tomar del hombro a los choferes, diciéndoles en su tono característico:

—Ya saben, muchachos: hoy es un día especial. Quiero que se lleven un pavo y una botella de vino cada uno, para cenar. Pero antes, vénganse conmigo para la casa: vamos a tomar una copa juntos.

Algo sorprendidos por la situación, respondieron:

—Pero, señor Peralta, su familia… y su invitado, ¿qué van a decir?

—Ustedes vienen porque vienen, cab… Además, este pinche gringo no entiende ni jota.

Pero volviendo al asunto del hotel, podemos decir que el rotundo "no" del regente fue un golpe bajo para la realización del proyecto de Anacarsis. Si bien impidió la construcción de las torres y con ello la expansión del plan, en nada demeritó la calidad y excelencia que él buscaba ofrecer.

Carcho, el corazón del hotel, su alma misma, atraía huéspedes de todas partes del mundo: Canadá, Centro y Sudamérica, Cuba, España, Estados Unidos, y hacía lo mismo con la gente pudiente y los políticos de todos los estados del país. Era común ver las instalaciones repletas por el ir y venir tanto de los clientes asiduos como de los grandes amigos de *Carcho*, que asistían a comer, tomar alguna copa o un simple café, y pasaban siempre a saludarlo. Era su gran "don de gentes" el que hacía que la lista de sus allegados se hiciera interminable. Así, la rama del intelecto y de las artes extranjeras también dejó su huella en el Regis. Escritoras como Gabriela Mistral, músicos de fama mundial como Shostakovich, o Khachaturian… Todos se hospedaban en aquellos años, prefiriendo los últimos grupos mencionados las *suites* y habitaciones del cuarto piso por la altura de sus techos, similares a los de los viejos edificios europeos.

Siendo el Regis durante esos años el hotel preferido de los ganaderos y grandes agricultores, no puede decirse que su fama haya sido totalmente local. Richard Schleiner, uno de los más importantes ganaderos canadienses, y gracias al cual fue más fácil repoblar la ganadería mexicana después de la epidemia de fiebre aftosa, se sentía literalmente en su casa dentro de sus instalaciones; el coronel Williams de Mac Allen, Texas, otro acaudalado ganadero que vivía a sus anchas cada estancia en el hotel, cuando llegaba Navidad se paraba en la puerta de avenida Juárez y regalaba a todos los transeúntes o empleados que por allí pasaban billetes de un peso; así como el también conocido ganadero Harper.

De Cuba estuvieron en diferentes años muchos políticos y empresarios, como el famoso Juanito, quien fuera presidente municipal de La Habana antes de la Revolución. Otro era Carlos Prío Socarrás, ex presidente anterior a Fulgencio Batista; amigo de *Carcho*, este político fue una de las personas que inicialmente apoyaron a Fidel Castro en su movimiento insurgente, aun cuando después, decepcionado al ver su política, ayudó con otros relevantes personajes de la isla al frustrado movimiento de Bahía de Cochinos.

Fidel estuvo hospedado inicialmente en la habitación 718 y después en la 708 al unírsele su hermano Raúl. Con cierta frecuencia llegaba a visitarlos el argentino Ernesto Che Guevara. Independientemente de hospedarse en el Regis, Fidel, el Che y Raúl habían estado antes en un hotel económico llamado hotel Pal, en la calle Arcos de Belén, y también en el hotel Meave, igualmente modesto. No obstante llegaban casi a diario al *lobby* del Regis, sitio en que la hermana de Fidel, casada con un ingeniero de Pemex, iba a buscarlo.

Y había otros acompañantes frecuentes de Castro, como el Negro Almeida, músico en una orquesta de la XEW. Era desde aquí que Fidel planeaba su movimiento revolucionario, ayudado por varias personas afines a su causa, como el conocido *Fofo* Gutiérrez, quien entonces estaba casado con la bailarina y cantante cubana Aída Pino, artista que llegaba a presentarse en el Astoria o en Capri.

Un altercado sucedió en el mismo *lobby* cuando el señor Bacardí, propietario en aquellos días de la fábrica de licores que hasta hoy lleva su nombre, llegó con su esposa e hijos. Ocupaba la habitación 337; Fidel, dando tiempo a que estuvieran en su cuarto, le llamó y pidió amablemente que bajara. Bacardí accedió. Ya en el *lobby*, le pidió que se afiliara a sus ideas, solicitándole ayuda económica para financiar la causa de la "revolución".

Al recibir una respuesta negativa, tanto él como sus acompañantes se hicieron de palabras, insultando agriamente a Bacardí y enardeciéndose, con intenciones de llegar a las manos. Uno de los botones llamó de inmediato una patrulla y el grupo de Castro se retiró rápidamente.

No obstante, Fidel continuó en México, llegando a tomar parte en algunos mítines dentro de la Ciudad Universitaria. Entonces, el gobierno lo detuvo por "agitador". Al presenciar esto, el *Fofo* Gutiérrez recurrió a su amigo Agustín Barrios Gómez, pidiéndole que interviniera para ayudar a Castro, quien se encontraba detenido. Agustín accedió y fue a ver al licenciado Román Lugo, explicándole todo y pidiéndole que por favor lo ayudara. Lugo, en aquellos días subsecretario de Gobernación, comentó: "Que salga, pues", y se comunicó con Fernando Gutiérrez Barrios.

Así, Fidel Castro fue puesto en libertad, aun cuando distó mucho de cumplir su promesa de no involucrarse en asuntos nacionales de México. Poco después, para agradecer el favor, Barrios Gómez ofreció una comida a los benefactores de Fidel, misma que se realizó en el Paolo con la asistencia de Lugo, Gutiérrez Barrios, el *Fofo* Gutiérrez, Castro y Agustín. Todo esto sucedía en 1958. Posteriormente, al triunfar su revolución, Fidel —como agradecimiento y suponiendo que tendría alguna experiencia en la materia— trasladó al *Fofo* para nombrarlo director de Petróleos Cubanos, aun siendo mexicano.

Eran los años en que se abrían nuevos horizontes para la economía nacional. Y sin duda una de las visitas que más expectación generó en aquel tiempo fue la del alemán Hjalmar Schacht, un economista internacionalmente famoso presidente de Schacht Bank House, con sede en Hamburgo.

El doctor Schacht visitó nuestro país por invitación de *Carcho* y su hermano Alejo, a través de un financiero suizo. Al llegar, el doctor anunció el interés de su gobierno y de varios consorcios alemanes por realizar inversiones industriales: se daría tecnología y maquinaria de apoyo. Habló con Alejo y le confió que catedráticos de su país podrían venir para capacitar de manera especializada a los técnicos locales, lo cual sonaba más que bien. *Carcho*, por su parte, tomó las previsiones para hospedarlo junto con su esposa Mancy y sus hijas en la *suite* presidencial, y preparó la situación para que el doctor diera en el mismo Regis algunas conferencias de prensa. Schacht, encantado.

Con su 1.90 de estatura, su complexión delgada, corbata de moño y gafas de arillos dorados, el Mago de la Economía, como se le llamaba mundialmente, parecía tener la dureza que llega a caracterizar a los financieros alemanes: un rostro serio pero amable que a sus 75 años irradiaba energía y decisión a toda prueba. Enteramente dedicado a su profesión, fue él quien se dio a la tarea de levantar económicamente a Alemania de la crisis postbélica surgida a partir de 1919. Y lo consiguió con creces, llevando a su país al sitio mundial privilegiado que ocupó a mediados de los treinta; ha sido la única persona en la historia alemana que ocupó dos cargos simultáneamente, presidente del Banco Central de Alemania (Reiches Bank) y ministro de Economía, y más tarde se unió a Hitler con Otto von Papen, ministro de Relaciones Exteriores, por temor a que el comunismo entrara en Alemania. Jamás fue nazi —partido al que nunca perteneció—, pero sí un hombre profundamente patriota con gran intelecto y con un sentido muy agudo del humor. En una ocasión en que tuvo una discusión con Hitler al salir Schacht de la oficina de este, lo estaba esperando un grupo importante de periodistas, quienes le preguntaron: "*Herr* doctor, ¿qué va a pasar?" Y con ese humor él contestó: "No se preocupen, el führer se queda". Años después, al final de la guerra, a pesar de haber perdido a sus dos hijos mayores de su primer matrimonio en la misma, acabó en un campo de concentración nazi por varios meses y posteriormente en uno de los aliados; fue juzgado en el juicio de criminales de guerra de Nüremberg, y encontrado junto, con von Papen, libre por falta de méritos, al no haber participado en ningún acto criminal.

Huésped distinguido de la Casa Blanca en varias ocasiones, en una de ellas comentó con el presidente Roosevelt que le parecía curioso encontrarse con él en la misma habitación donde años atrás había estado con su tío, cuando éste era también presidente de Estados Unidos. Aquí se entrevistó con Ruiz Cortines y los ex presidentes Alemán y Cárdenas, además del Secretario de Hacienda y prominentes economistas que se dieron cita para analizar el posible empréstito de Alemania a México y sus condiciones; una buena parte sería desarrollo tecnológico enfocado a la industria mexicana.

El doctor permaneció durante siete días hospedado en el Regis como centro de actividades, mientras su esposa e hijas visitaban la zona arqueológica de Teotihuacan, Cuernavaca y sus alrededores, guiadas por Yolanda, hija de *Carcho*, y por Adrián Hidalgo, empleado en recepción. Hjalmar siempre pedía un desayuno a base de cereales, aunque advirtió seriamente a su mujer que ya estaba plenamente identificado con el mole poblano, pidiéndole que obtuviera tanto la receta como los ingredientes necesarios para tener la oportunidad de saborearlo en su patria.

Fue esa una visita que acaparó la atención y prácticamente concluyó con una declaración entonces algo inverosímil, considerando lo poco que había pasado después de la guerra: "Alemania no podrá competir con Estados Unidos en cuanto a capital, pero sí lo hará en cuanto a la calidad de sus productos". Así, Schacht se fue, aun cuando la anunciada inversión no se concretó ni pudo realizarse ningún intercambio como los que se esperaban. Hubo razones políticas de peso que obligaron a ello. Pero *Carcho* ganó: su hotel estuvo más presente, y a nivel internacional el simple hecho de que Hjalmar Schachtse hubiera hospedado en el Regis le dio más realce.

Cuando Sergio Peralta vivió en Alemania, estudiando primero y trabajando en el Karstens Hotel Luissenholf después, Hjalmar Schacht fue su tutor. Con frecuencia Sergio llegaba al pequeño pero muy bonito departamento que el doctor tenía cerca de los jardines ingleses en la ciudad de Múnich, con una hermosa chimenea en la sala, elaborada en porcelana de *meissen* que narraba en diferentes estampas cómo el doctor y Mancy se habían conocido. Además de la belleza de la porcelana, lo especial era que ambos en las imágenes estaban ataviados con ropa del 1700; arriba de la chimenea había un retrato de Jawaharlal Nehru, primer presidente de la India, dedicado al doctor Schacht, así como de otros personajes. Sergio acudía a tomar el té junto con Mancy (quien compartió por Sergio un entrañable afecto), sus hijas Connie, la mayor, quien posteriormente se casó con un hermano de un príncipe italiano, y Binna, la segunda, gran abogada y amiga de Sergio. En algunas ocasiones llegaba también Yolanda en sus visitas a Alemania, quien también compartía una gran amistad con la señora Schacht. Además de este departamento, el doctor tenía una pequeña casa de fin de semana en el lago de Chiemssee a una hora de Múnich. Eso fue la enorme fortuna que un político que ocupó cargos tan importantes en su país dejó a su familia. Mancy decía: "Mi marido trabajó siempre para su país, no para él…"

En la época que Sergio visitaba al doctor Schacht, el doctor era presidente de Schacht Bank House con sede en Berlín y filial en Múnich; años después cuando los accionistas de origen canadiense decidieron algunos movimientos que el doctor no consideró éticos, inmediatamente les avisó que retiraba su nombre del banco, ya que su moral y su imagen no estaban en venta y se encontraban antes que cualquier negocio.

Tanto por la relación de *Carcho* con muchos embajadores, cuanto por la cercanía que su "centro de operación" tenía con la Secretaría de Relaciones Exteriores en la prolongación de avenida Juárez (apenas cruzando el Paseo de la Reforma), se reunían siempre en el Regis un grupo compuesto por Carlos Darío Ojeda, diplomático y como ya se dijo amigo íntimo de *Carcho*; Pepe Muñoz Zapata, jefe del ceremonial de la misma Secretaría, también íntimo de *Carcho*; Federico Jiménez O'Farril, embajador en Francia, Inglaterra y otros países, quien con su esposa invariablemente hospedaban a *Carcho* y María Elena en la sede oficial de México cuando llegaban a viajar a los países en que don Federico estuviera asignado; así como los embajadores Emilio Calderón Puig, el general Aguilar, Carlos Fuentes padre y otros.

Por cierto, cuando Carlos Darío Ojeda padre venía a México, no podía hospedarse en otro hotel, porque si *Carcho* llegaba a enterarse, cosa que siempre hacía, iba por él y lo traía al Regis con todo y maletas. Él y Anacarsis no sólo estuvieron juntos en América del Sur, sino también en Roma, donde Carlos Darío era embajador y *Carcho* llegaba proveniente de Líbano con otros dos mexicanos que había encontrado en el viaje. Carlos Darío recibió un telegrama de *Carcho* informándole del día y la hora que llegaba, por lo cual acudió al aeropuerto a recogerlo, vio bajar a todos los pasajeros sin encontrarlo, su mirada se puso en tres árabes ataviados con turbantes, el más alto de ellos le empezó a hacerle señas y al acercarse el embajador se dio cuenta de que era *Carcho* quien había disfrazado a los mexicanos que encontró en el viaje (uno de ellos Agustín Legorreta, entonces presidente del Banco Nacional de México), y así por varios días se divirtió de lo lindo en la ciudad eterna "disfrazado de jeque", regalando pesos de plata que había mandado dorar, pasándolos por oro y llamando la atención en todos los restaurantes y cabarets acompañado de su amigo el señor embajador.

Hemos de mencionar aquí a otro buen amigo de *Carcho*, igualmente político y diplomático: José María Dávila. Este *Chema*, además de político y embajador, fue teatrero de los buenos, no de carácter. Propietario y fundador del Teatro Insurgentes, inaugurado por *Cantinflas* el 30 de abril de 1953 con la obra *Yo, Colón*, había querido que su buen amigo y gran pintor, Diego Rivera, hiciera originalmente una fachada que al final terminó siendo un gran mural.

Chema Dávila, también amigo de Frida Kahlo, era un político de la época revolucionaria, inquieto, aguerrido; fue diputado y senador en los periodos de Obregón y Calles, y ocupó después cargos administrativos en bancos e instituciones ganando mucho dinero; después fue embajador en Brasil y Guatemala. Tocaba bien la guitarra y componía canciones, le gustaban las mujeres y era, en pocas palabras, un auténtico bohemio. Tenía un trío para fiestas llamado Jet-set Bon Vivants, que, por supuesto, era sólo una faceta más de sus peculiaridades; justamente Carlos Darío Ojeda era parte de ese conjunto musical que alegraba las reuniones. Cuando los invitaban a una fiesta, Carlos Darío y *Chema* eran la gran atracción; el primero cantaba haciéndolo muy bien para ser embajador y el segundo declamaba. En cierta ocasión *Chema* se encontró con la señora Carmen López Figueroa, quien le dijo que iba a ofrecer una fiesta y que quería que fuera, pero con Carlos Darío. Con su amable sentido del humor, *Chema* le contestó:

—Bueno, si vamos los dos, cobramos.

Ambos bohemios alegres, amigos íntimos, cuando asistían juntos a una fiesta tocaban el piano y la guitarra y no cantaban mal: a veces eran sus propias composiciones; otras, recitaban poesías también de su cosecha. *Chema* bailaba samba y cantaba canciones en portugués; Carlos Darío, ex embajador en Uruguay, Argentina y Perú, por su parte cantaba tango y lo bailaba. Entre ambos hacían un sensacional ambiente que hacía de cada fiesta algo increíble.

Chema y su esposa Queta iban muy frecuentemente al Capri con *Carcho*. A veces los acompañaba su hija Queta chica —o sea La Baby—, quien llegó a posar también para algunos cuadros que hizo Diego; a la postre Baby contrajo matrimonio con el famoso abogado penalista Bernabé Jurado; la boda se efectuó en el centro nocturno El Patio, propiedad de don Vicente Miranda (profundo amigo de *Carcho*, *Chema* y Carlos Darío): estuvieron presentes Frida, Diego y Sarita Montiel, quien interpretó algunas canciones siendo aún muy joven, y la noche fue realmente inolvidable.

Años aquellos de recuerdos y sorpresa, de ver en una mesa a Richard Nixon, entonces senador; o Errol Flynn, Clark Gable, Ava Gardner, Barbara Hutton, Gary Cooper, algunos de los cuales repetían sus visitas en épocas de asueto para estar en el Regis. Y gente como el industrial Joseph Freeman de Missouri, o el rey Karol de Rumania, quien mantenía un discreto romance con la condesa Lupesco y se alojaba anónimamente en el hotel.

Freeman, presidente del grupo Cromaloid —con más de treinta empresas que abarcaban desde chicles y transportes hasta electrónica—, ayudaría años más tarde a constituir un puente aéreo de provisiones entre Israel y Estados Unidos durante la memorable guerra del Yom Kippur; y por la amistad que llevaba con *Carcho* llegó incluso a ser tutor de sus hijos Héctor y Yolanda cuando a temprana edad estudiaron en Missouri.

Y qué decir de los nacionales, desde los organizadores de palenques y fuertes apostadores como el señor Enrique Mabú, quien contrataba siempre a los mejores artistas y llegaba al Regis acompañado por Pedro Moreno El Chale (su ayudante personal), Ismael Esqueda, David Montes, Guillermo Flores, Emilio Chang, Alfonso Espinoza y varios otros jugadores de ese tipo. Pedro Moreno, de Tampico; Luis Amantes, de Guadalajara, ocupando siempre la habitación 311; Ismael Esqueda, de San Luis Potosí; David Montes, de Querétaro y a quien apodaban La Gata por el color de sus ojos.

Era un ambiente festivo que en ocasiones se conseguía cuando se hacía alguna rifa entre los clientes y sus conocidos, como esas en las que el Güero Batillas rifaba pistolas que a la postre casi siempre volvía a sacarse él mismo, dando mucho de qué hablar. Entre los huéspedes del hotel se encontraban el señor Manuel Ramírez, quien por ser muy enamorado se casó varias veces; por supuesto todas en el Regis; Salvador Corona Sandoval, importante proveedor de maquinaria pesada y originario de Guadalajara, a quien en el hotel lo llamaban "mi divina providencia" por las abundantes propinas que daba: se decía que con lo que gastaba en sus estancias se podía pagar la mitad de la nómina, y eso sin hablar de las fiestas que realizaba en su tierra, con asistencia de un promedio de mil invitados que se quedaban veinticuatro horas sin gastar un solo centavo en hospedaje.

Los que venían de fuera eran: Luis Olloqui, ex alcalde de Nuevo Laredo, quien ocupaba la habitación 534 y que lanzara el discurso que inició la tormenta en contra de Ernesto P. Uruchurtu, causando su caída; Gonzalo N. Santos y el coronel García Valseca, quien no obstante ser una fina persona era de preocuparse cuando estaba de mal humor y con algunos tragos, pues entonces le daba por quitar a la gente de las mesas del frente del Capri, alegando una supuesta reservación y esgrimiendo su revólver al aire. Justamente un día de esos comenzó a insultar a un mesero que, sin deberla ni temerla, se vio de pronto en una situación de la que logró salir por intervenir en su defensa Alejo Peralta, quien de todas formas fue correteado con pistola en mano por el incontrolable coronel. Otro era Amadeo González Caballero, un cliente frecuente y sumamente gastador cuya esplendidez iba de la mano con su exigencia; se decía que era cacique de Coatzacoalcos, su tierra natal.

Amigos de *Carcho* eran el Chacho García de Quevedo, un algodonero que pudo hacer una enorme fortuna; Juan Abusaid Ríos, otro textilero y algodonero de Torreón; Cristóbal de Castro, muy conocido veracruzano; los generales González, de Piedras Negras; Nava Castillo, gobernador de Puebla; García Barragán, secretario de la Defensa Nacional en el periodo de Díaz Ordaz; y Juan Jaime Hernández.

Un personaje digno de ser mencionado es Gilberto Guajardo, un hombre muy cercano al presidente Alemán y amigo íntimo de *Carcho*: entre ambos se jugaban eternamente unas bromas de tono subido que durante toda la vida disfrutaron. Compañero de viaje de este cuando tuvo que huir hacia América del Sur al ser perseguido por Maximino, Gilberto fue junto con Anacarsis uno de los fundadores del equipo acrobático de tránsito, siendo motociclista durante un par de meses en la época del presidente Calles. Guajardo, poseedor de una visión a futuro que inevitablemente lo hacía emprender las aventuras más osadas, fue el creador del afamado Hotel Club de Pesca en Acapulco, precisamente en la época en que el presidente Miguel Alemán comenzó a convertirlo en un puerto turístico de importancia internacional. Le veía el potencial, e hizo lo necesario para que su fuerte inversión resultara exitosa: desde el principio ofreció a todos los guías que se les daría en su hotel un trato especial siempre que llevaran turistas, ya fueran nacionales o extranjeros, y lo cumplía.

Del ferviente entusiasmo de Gilberto resultó que durante los años cuarenta, y después en los cincuenta, Acapulco recibiera el impulso más decidido justo cuando nadie hacía nada por ese lugar. El Hotel Club de Pesca era una maravillosa opción para el viajero, que siempre quedaba complacido con sus dos amplias albercas en las que se podía disfrutar del nado en agua dulce o salada, y sobre todo con la exuberante vegetación especialmente dispuesta para agradar a la vista y crear una atmósfera única; todo en un inmueble de más de trescientas habitaciones.

Originario de Coahuila, Guajardo vio la muerte un par de años después acompañado de su amigo Luis Muñoz, en un accidente en que ambos perecieron ahogados mientras paseaban en su yate. El deceso hizo que la administración del hotel, hasta esos días en manos de su yerno Enrique Tripp (quien anteriormente había laborado en el Regis), pasara a Nacional Financiera, institución a la que todavía se le adeudaban ocho millones de pesos. Fue algo lamentable, pero su hijo, Miguel, corrió con mejor suerte.

Miguel Guajardo fue llamado años después por el ex presidente Alemán, quien fungía como director del Consejo Nacional de Turismo; y colaboró con él, siendo coordinador general y persona de absoluta confianza del licenciado Alemán en dicho organismo —justo cuando Federico de León se desempeñaba como director de Prensa y Difusión ahí. Lo cierto era que don Miguel lo estimaba como si fuera su hijo, y él al licenciado como si fuera un segundo padre.

Durante su estancia en el Consejo de Turismo, Miguel Guajardo trabó contacto con infinidad de personas que más adelante se convertirían en íntimos amigos de él y su esposa. A esta última la había conocido en el Regis una noche de 1951, cuando compartía la mesa con Ricardo Montalbán y su hermano Roy Fletcher, quien entonces era maestro de ceremonias en El Patio. Ella se encontraba en México como premio a su belleza, pues había resultado ganadora del certamen Miss Pasadena y uno de los beneficios era justamente el poder pasar en México una semana en el más destacado hotel, el Regis, además de participar como "reina" en las fiestas de primavera aquí. Gilberto y su esposa conocieron en esa época a Lyndon Johnson en Acapulco, siendo este vicepresidente de Estados Unidos, y ese trato devino en amistad en corto tiempo. Se esmeró por atenderlo, invitando para ello a su cuñado Enrique Tripp y ganándose no sólo su amistad sino también su respeto. Con el tiempo la amistad entre Guajardo y el ya presidente Johnson se estrechó, quedando plasmada en fotografías de este dedicadas a Miguel y su esposa con extrema cordialidad y sencillez. No en vano todavía llega a decirse que es uno de los dos mexicanos que se han hospedado en la Casa Blanca alguna vez —el otro fue *Cantinflas*.

Por cierto que Gilberto Guajardo y *Carcho* se llevaban muy pesado. Cuando el primero llamaba por teléfono y no encontraba a su amigo, acostumbraba dejar el recado con la secretaria:

—Nada más dígale que le llamé, y que le mando muchos saludos a su mamacita—, le decía.

Al presentarse Anacarsis en su oficina y recibir el recado, exclamaba:

—¿¡Que qué!? ¡¡Cómo me pasa usted esos recados?!

—Pero, señor Peralta, es que yo...

—¡Qué señor Peralta ni qué nada! ¿No se da cuenta de que me está mentando la madre?

Cierto mediodía, Gilberto llegó a comer a Paolo para saludar a *Carcho* y presumirle el Lincoln Continental que acababa de comprar, por lo que se detuvo frente a la puerta del hotel. Después de felicitarlo por su flamante adquisición y buen gusto, Anacarsis le dijo:

—Vente, hermano, vamos a tomar una copa antes de comer.

—Pero el carro, *Carcho*: tiene las llaves puestas.

—No te preocupes, hombre, déjalo ahí y ahorita hago que se lo lleven al estacionamiento.

Tras terminar la comida y despedirse, Gilberto se dirigió a recoger su lujoso vehículo, sólo para recibir la noticia de que no estaba dentro. "No, don Gilberto, aquí no lo han traído", le dijo Ignacio Bello. Se fue como rayo a la entrada del hotel, y como nadie le supo decir nada ni vio a *Carcho*, optó por dirigirse a su casa. Desde ahí estuvo tratando de comunicarse con *Carcho* durante toda la tarde, sin suerte. Pero a la mañana siguiente este le telefoneó para decirle:

—Hermano, ya supe lo de tu coche. Fue por esos pen..., que no lo metieron inmediatamente al estacionamiento, porque estaba lleno. Pero no te preocupes: ya hablé con el jefe de la policía y lo van a encontrar rápido.

Un día después, uno de los choferes del estacionamiento le dijo confidencialmente:

—Don Gilberto, su carro lo tiene el señor Peralta escondido en el sótano para jugarle una broma. Nomás no le diga que yo se lo dije.

Al oír aquello, Guajardo se fue inmediatamente a ver a Anacarsis, quien al verle la cara que traía lo atajó con un "Bueno, no te vas a enojar, ¿verdad?", a lo que respondió: "Claro que no, hermano, si ya sé que fue una broma".

Dos días más tarde, Gilberto mandó poner una esquela de buen tamaño en el periódico, anunciando que Anacarsis había fallecido: así era como se devolvían las bromas.

En cierta ocasión, un par de cónsules centroamericanos llegaron con sus esposas a hospedarse en el hotel, y a los pocos días, estas se presentaron en la Dirección de Turismo —dependencia entonces de Gobernación— para decir que en el Regis les habían robado una charola de plata que acababan de adquirir. Al llegar el asunto a oídos del licenciado Carvajal, secretario de Gobernación, le dijo al director de Turismo:

—Oye, Villaseñor, tú conoces a *Carcho*, ¿verdad? Ve y dile que investigue.

Una vez en el hotel, es fácil imaginar la reacción de Anacarsis:

—¡Mira nada más, estas viejas olvidaron su charola en el taxi, y ahora me vienen con que la quieren sacar del Regis! Ve y dile a Carvajal que les diga que el único ladrón en el Regis soy yo, y que dejen de fregar.

Otra historia sucedió en una asamblea de la Asociación Mexicana de Hoteles, un día en que se elegiría al presidente y a la mesa directiva. Se encontraban reunidos la mayor parte de los propietarios, directores y gerentes de los diferentes establecimientos de esta zona del país, y Eduardo Thomas —a la sazón gerente del hotel Reforma—, pretendía convertirse en el presidente electo de dicha asociación; fue con ese fin que introdujo en la asamblea a varias personas suyas con el fin de que lo propusieran y apoyaran en forma por demás ardiente.

A *Carcho*, que acababa de llegar al lugar, no le fue muy difícil descubrir la jugarreta; levantándose muy enojado, le espetó:

—¡Esto no es válido, usted está haciendo chanchullo, cabezón!

Entonces comenzó la discusión y Thomas pretendió agredirlo, pero *Carcho* lo envió de un empujón hasta atrás del salón, saliendo acto seguido de la reunión acompañado por varias personas que lo alcanzaron para calmarlo y encaminarlo al Regis. Más tarde, Thomas se presentó en el hotel para ofrecer a Anacarsis sus disculpas, y también para intentar hablarle bonito sobre la asociación —que a todas luces intentaba manipular. Fue cuando *Carcho*, llevando su mano al cinturón y sacando la 45, le contestó:

—¡Mira, tracalero hijo de tu tristísima: la única 'asociación' que yo reconozco es la de Gilberto Guajardo, *Carcho* Peralta, y esta!

Ante lo cual Eduardo Thomas saltó y se fue corriendo.

Fue también en 1951 cuando se hospedaron en el Regis unos abogados procedentes de Texas, quienes decían tener la fórmula para resarcir a las familias de mexicanos por los terrenos que en el siglo antepasado habían perdido al separarse aquel estado de la República Mexicana. La idea fue bien recibida, y familias como los Benavides se interesaron realmente, poniéndose en contacto con los abogados. Estos preguntaban si querían la devolución del 50% o del 100% del valor de las propiedades, a lo cual invariablemente los mexicanos respondían que querían todo. Era entonces cuando pedían un anticipo para supuestos gastos legales y demás trámites, que en prácticamente todos los casos les daban sin chistar. Como es de suponerse, varios días después los timadores levantaron su tinglado y desaparecieron súbitamente de la *suite* en que se hospedaban, sin pagar la cuenta del hotel y dejando atónitos a aquellos que de buena fe habían depositado en ellos su confianza (que no fueron pocos).

Era el principio de los años cincuenta, los días de fama del Alazán Tostado Gonzalo N. Santos, aguerrido político revolucionario, embajador en Bélgica, cacique del estado de San Luis Potosí y vecino de *Carcho* por haber adquirido este un rancho ganadero entre Tamaulipas y San Luis Potosí. Santos, desparpajado y con un peculiar tono en el habla, le ofrecía a *Carcho*:

—Mira, si algún desgraciado hijo de su tal por cual te hace líos, lo pasas a San Luis pa' colgarlo, *Carcho*.

No salía del Capri y con frecuencia se hospedaba en el hotel Bamer, del cual surgió gente que más adelante fue ampliamente conocida dentro del círculo ejecutivo de la hotelería mexicana, como Aureliano Torres Izabal, Jorge Rubio y Ramón Vargas.

Algo gracioso sucedió en aquellos días. A principios de los años cincuenta, la Asociación de Hoteles organizó un gran banquete en el Hotel del Prado, del cual era director el señor Luis Osio Rivas. Como es natural entre vecinos, había cierto pique entre el mencionado Hotel del Prado y el que estaba casi enfrente, cruzando la avenida Juárez, el Regis: eran dos establecimientos de enorme prestigio dentro de su ramo. Y, desde luego, a la mencionada comida no podía faltar el "vecino", que era uno de los empresarios con más iniciativa en todo lo relacionado con la hotelería: Anacarsis Peralta, quien hasta para molestar a la gente hacía gala de mucha gracia y siempre en el momento oportuno. Así, a la hora en que los convidados brindaban con burbujas de champaña, *Carcho*, en su acostumbrado tono festivo, le gritó al señor Osio Rivas desde el otro extremo de la larguísima mesa, es decir, de cabecera a cabecera:

—A mí se me hace que este "vinito" es de la "viudita" —aludiendo por supuesto a la champaña Viuda de Cliqot. Mientras gritaba, sacó una tarjeta de su saco y se la extendió al capitán de meseros, a quien le dijo, de modo que todos pudieran escuchar:

—Muchachito, te me vas al hotelito ese que está enfrente, el "chiquito", y le das esta tarjeta al gerente y le dices de mi parte que me envíe varias cajas de mi reserva. ¿Me entendiste? ¡Pues córrele, que me hace falta beber algo decente!

El señor Rivas, quien había querido lucirse ofreciendo el mejor de los banquetes, trocaba su rostro del blanco al rosa, del rosa al escarlata, del escarlata al morado, y los presentes no sabían a ciencia cierta si comer, beber o reír a carcajadas por la actitud de *Carcho*.

Podemos aquí mencionar algo de uno de los prominentes testigos de la anécdota: don José Brockman, quien desde hacía años dirigía su cadena de hoteles, entre los que se encontraban el Ritz, el Majestic, el Francis (llamado así debido a que en la esquina de su cuadra existía una mueblería con ese nombre, propiedad de Mario Moreno *Cantinflas*), y algunos otros en el estado de Michoacán, como el Hotel Posada Don Vasco, en Morelia. Hombre avezado y emprendedor, Brockman invitó a su buen amigo don Agustín Legorreta a que juntos operaran un hotel de Guadalajara, propiedad de la familia Corcuera. Don Agustín accede y entonces bautizan el inmueble como hotel Camino Real, por hallarse justamente en la zona que recorrieron siglos atrás los frailes evangelizadores de la orden franciscana: de ahí nació esa famosísima cadena. A partir de entonces, los dos socios conciben el proyecto del hotel Alameda, estableciendo una sociedad de accionistas entre los que destacan Guillermo Salas, Gastón Azcárraga Vidaurreta, el señor Prevoisin y los Corcuera; después, para operar de la mejor manera el establecimiento, buscan y encuentran una cadena de renombre mundial: la Western International Hotels (que más tarde sería conocida como Westin International).

El sacrificio que *Carcho* realizara al vender sus antiguos terrenos de La Ladrillera, además de la cuantiosa inversión que la compra del hotel le había significado, daban sus frutos ahora. La atención que desde el primer día le dedicara al Regis lo mantuvo más activo que nunca, más feliz por lo que hacía cotidianamente. Es cierto que de repente solía frecuentar los pasatiempos que desde su juventud nunca lo abandonaron, como ir de cacería, montar a caballo y utilizar las armas que más le gustaban.

Y viajaba también, ya fuera para visitar a su hijo mayor, Anacarsis Héctor, que estudiaba en Estados Unidos, o bien, en simples recorridos en los que combinaba negocios con placer, a veces con su familia.

Estaba tranquilo por la buena marcha que su negocio llevaba, con Helmuth Ruther a la cabeza del hotel, comandando un equipo eficaz como gerente; con Nicolás Morales, otro hombre de absoluta confianza que fungía como director de restaurantes y bares; con Edmundo Saunders, cajero general, amigo de juventud en Tampico y amigo de la infancia a quien *Carcho* apodaba El Chivo; con Pascual Filissola, encargado de Paolo y Capri, cuyos sobrinos Romano y Sergio trabajaban en el Regis y más tarde iniciarían la fábrica de corbatas Scappino; con el introvertido señor Meneses, contador responsable y dedicado en cuerpo y alma a su trabajo; con Francisco Adam, gerente de reservaciones y ventas que trabajó en el Regis por más de cincuenta años.

Y asimismo, con gente tan capaz como Adrián Hidalgo, encargado de administración y más tarde gerente del *lobby*; Carmen Sesma, la cajera del *lobby*, persona de absoluta confianza y amiga desde la infancia de la esposa de Anacarsis, quien realizaba auditorías de los fondos de caja quedándose hasta muy tarde y sin aceptar que la llevaran (ante lo cual *Carcho* siempre hacía que la siguiera un botones sin que se diera cuenta, para cuidarla hasta su domicilio). O bien el responsable y buen contador Enrique Aguilar, quien junto con Adam fue uno de los empleados más antiguos del hotel. La lista sería casi interminable, con un Luis Cruz (que había trabajado en los baños del padre de *Carcho* en Puebla) al frente de los baños de vapor de hombres desde los años cincuenta; Armando Herrerías, jefe de publicidad y relaciones públicas, al que sustituiría Enrique Tripp pocos años después; Pancho Carral; Ignacio Bello, encargado del estacionamiento y de larga trayectoria trabajando para la familia desde Puebla… Armando Herrerías, catedrático universitario, trabajó cerca de tres años en el Regis; fue posteriormente director de una escuela de turismo y más adelante subsecretario de esa misma dependencia en el gobierno del presidente Echeverría. Solía discutir amigablemente con *Carcho* sobre asuntos prácticos de la vida y el negocio, al grado de que en cierta ocasión éste le dijo:

—Mira, Armando, te voy a conseguir el Palacio de Bellas Artes para que traigas a Einstein de Europa, pagando yo los gastos, a dar una conferencia; ve pensando en cuánto vas a vender las entradas. A cambio, tú me vas a conseguir también, sin costo para mí, por supuesto, la Plaza México para presentar a diez mujeres muy guapas en traje de baño… pero con el traje de baño en la mano, a ver quién vende más boletos.

A Enrique Tripp le sucedieron cosas igualmente curiosas. Nacido en Estados Unidos, antes de llegar al Regis había tomado parte en la guerra de Corea. En cierta ocasión, *Carcho* lo llevó como acompañante y traductor a la unión americana para visitar a su hijo Héctor, quien estudiaba en la Escuela Militar de Kemper, concretamente en el estado de Missouri. Se fueron en un Cadillac y Anacarsis le pidió que manejara, pero después de un par de horas estuvieron a punto de estrellarse.

—¡Oye, qué te pasa! ¿Qué, no sabes manejar? —le gritó *Carcho*.

Pálido, Enrique respondió:

—Es que… señor Peralta, la verdad es la primera vez que manejo en carretera.

—Bueno —dijo *Carcho* frunciendo ostensiblemente las cejas—, hazte a un lado, yo voy a manejar el resto del camino.

Aun cuando se trataba de un trayecto de más de veinticuatro horas, sólo hicieron una parada. Ya en Kansas City, que era la ciudad más grande cerca del poblado de Boneville (donde estaba la escuela), se hospedaron en el hotel Mülbach.

A la mañana siguiente el joven se levantó temprano para darse un regaderazo y estar listo antes que su jefe. *Carcho*, por su parte, se metió al baño y, después de tomar 45 minutos en bañarse y rasurarse, le preguntó a Tripp:

—¿Y qué te pareció el cuarto de baño, cómo lo ves?

—Bien, señor Peralta —fue toda la respuesta.

—Pero ¿qué opinas de sus muebles, de la distribución y todo lo demás?

—Pues la verdad no me fijé, señor.

Su respuesta no pudo ser menos afortunada. De inmediato *Carcho* lo encerró en el cuarto de baño, mientras le recriminaba:

—¿Eres hotelero, o qué? Cuando uno está en este negocio se fija en todo para aprender y tener ideas... Ahora te vas a quedar ahí dentro y no sales hasta que me describas de memoria qué toallas, W.C., lavabo, cortinas y regadera tiene este hotel, con todos sus detalles, a ver si hay algo que sirva para el Regis. Yo levanto hasta el colchón para saber de qué marca es y si dormí bien.

Ya más tarde, en la cena con el director de la escuela en que Anacarsis Héctor estudiaba, le dijeron: "Señor Peralta, lo felicitamos por la excelente educación de su hijo, los nuestros no nos hacen tanto caso. ¿Cómo le hace usted?" "No ha sido problema", contestó pausadamente *Carcho*, "mire usted, yo simplemente lo he educado como a mí me ha parecido mejor, y él lo ha entendido muy bien, porque sabe que si no lo aprovecha, ¡con esta le parto la cabeza!", al tiempo que ante el asombro de los concurrentes sacaba de la cintura una aparatosa Colt 45.

Más adelante Enrique Tripp se casaría con la hija de Gilberto Guajardo, en ese entonces propietario del Hotel Club de Pesca en Acapulco. Durante la ceremonia civil correspondiente, *Carcho* le dijo al presidente Alemán, quien fungía como testigo: "Mire cómo son las cosas, licenciado: yo entrené a este muchacho y le enseñé todo lo que sabe, para que de buenas a primeras ese tal por cual de Guajardo se lo lleve". Y en efecto, un par de años después Tripp fue gerente de aquel famoso hotel.

Anacarsis Héctor, quien estudiaría administración de hoteles en la Universidad Cornell de Nueva York, al volver a México fue enviado por *Carcho* al hotel Bamer, propiedad de sus amigos Luis, Alexis y Chacho Dávila. Allí, a las órdenes del joven subgerente Ramón Vargas, manejaba el turno nocturno en recepción, y lo hacía bastante bien mientras no se le apareciera alguna gringuita hermosa, porque entonces le decía a su segundo:

—Encárgate tú, y si vas de chismoso, te rompo la cara.

Por supuesto regresaba hasta el día siguiente y nunca cumplió sus amenazas. Ese Bamer, que todavía se mantiene en pie, recibió en su época a actores como Robert Mitchum, Elizabeth Taylor con su inseparable Richard Burton, y trataba de competir modestamente con los dos gigantes que entonces se disputaban todo: el Del Prado y el Regis.

ENTRE MOVIMIENTOS TELÚRICOS Y FALLECIMIENTOS

El año de 1957 estuvo señalado por dos acontecimientos que quedarían grabados durante mucho tiempo en la memoria colectiva del pueblo. El primero fue en el mes de abril, justo el día 15. Nadie podría creer la terrible noticia que fue propagándose como el fuego, y que era cierta: el ídolo más grande de entonces, el que hacía que las canciones se pusieran de moda y cuyas películas y sencillez todos conocían, había muerto en un accidente aéreo. La histeria no pudo entonces ser más grande, con gente que salió a las calles a lamentarse, con mujeres que encendieron veladoras y fueron a rezarle a la Basílica, con ese dolor profundo reflejado en los rostros de aquellos admiradores que, como perdidos, deambulaban en el Centro. En todas partes, durante aquellos tristes días, no se habló de otra cosa.

Era lógico, porque "Pepe el Toro" había sabido granjearse la admiración y el respeto de muchos, sobre todo de la gente común que compraba sus discos e iba al cine en familia para verlo más grande en la pantalla.

Días después aparecería aquel documental que se transmitió varias veces por la televisión, en el que se oía decir a un locutor de voz nasal: "Pedro Infante, ha muerto. Pedro Infante, ha dejado de vivir", enmarcando así las imágenes en blanco y negro en que se veía la carroza desfilando entre las multitudes.

El segundo acontecimiento, que fue sentido en toda la ciudad entre la una y las dos de la mañana, marcó aquel año la vida de un artista del Capri: Alberto Barberis Marconi —mejor conocido como Barbieri—, un florenciano de 38 años que acompañaba al piano al famoso cantante Pino Baratti, también italiano. Desde hacía tres semanas actuaban en el Regis, pero esa noche del 28 de julio, al sentir que el piso se le movía, dejó el piano a toda prisa y salió al *lobby* con otros que, presas del pánico, corrían hacia la calle.

Por unos minutos la avenida Juárez mostró un rostro extraño, con aceras llenas de gente temerosa y bien vestida. Al restablecerse la calma, todo volvió a la normalidad, excepto en el rostro de Alberto, que mostraba una palidez inusual. Al verlo así, Baratti le aconsejó que descansara, pero la respuesta de Barbieri fue que estaba todavía muy asustado, que por favor le inyectara coramina. Pino accedió, mas a pesar de todo, su pianista empeoró. Al verlo en tal estado decidió llevarlo al hospital, y lo bajó con ayuda por uno de los elevadores chicos, dentro del cual se desplomó. Por fin llegaron a la Cruz Roja, sitio en el que, no obstante la atención que le dieron, murió poco después.

Así, ese temblor de 1957, el mismo que hizo que el Ángel de la Independencia emprendiera el vuelo para amanecer en el piso, fue lo que le detuvo el corazón.

Pero hubo en aquellos días dos jóvenes que más tarde llegarían a ser famosos, uno por su voz, el otro por su pluma: Dante Aguilar y Federico de León.

El primero llegó muy joven a trabajar en el Regis, después de haber sido "gritón" de la lotería. *Carcho* le dio la oportunidad de ser maestro de ceremonias en el Capri, donde le daban de cenar; cuando no terminaba el alimento, el muchacho se llevaba el resto a su habitación, para desayunar. Dante era en esos años un joven entusiasta que acompañó a *Carcho* en un viaje a Cuba, y que después se convertiría en locutor y daría vida durante más de treinta años a la XEW, abriendo la programación a primera hora con su voz inconfundible. La suerte fue sonriéndole, y llegó a ser propietario primero de unas tintorerías que anunciaba siempre en la radio, y posteriormente de dos restaurantes, uno de los cuales hoy sigue existiendo con su nombre.

El otro joven, Federico, llegó de Aguascalientes con la mira de capacitarse. Periodista en ciernes y habiendo comenzado en un diario de la Organización García Valseca de su tierra natal, decide emigrar de su tierra para venir a probar suerte en lo que para esos días era el mejor periódico del país: *Excélsior*, la máxima escuela de todas. Allí, trata de convencer al director para que le permita crear una sección de espectáculos en colaboración con otros periodistas como el conocido Lumier. Renuente al comienzo, el editor le dice que está bien, pero que haga algo muy bueno.

Feliz por esa aprobación, De León decide hacer un reportaje sobre la casa de María Félix, en Tlalpan. Como no lo dejaban entrar a la mansión, y aprovechando que La Doña se encontraba en España, junto con el fotógrafo salta la barda y toman placas que con un texto interesante se publican casi inmediatamente. Como respuesta, Federico recibe una airada llamada telefónica del abogado de María y de su hijo, Enrique, y más tarde de este mismo, quien después de unos minutos de charla, explicaciones y disculpas de Federico, le dice al joven periodista que está dispuesto a ofrecerle mayor información para subsecuentes artículos y reportajes sobre su madre —siempre y cuando le prometa no volver a cometer otra imprudencia así.

Varios días después llega María de España y Federico se presenta en el aeropuerto. Está aquello a reventar. Se le ocurre ir hasta la limusina para hablar con Enrique, y al no encontrarlo, se introduce en ella al lado del chofer, diciéndole simplemente: "Me mandó Quique". Minutos después, María aborda la parte posterior con una acompañante y comienzan la plática precisamente rumbo al Regis, que está listo para recibir a la estrella. Federico pasa inadvertido, sintiendo cómo su adrenalina fluye. Al llegar, son recibidas en la puerta del hotel por un señor muy bien vestido, alto, fornido, de ojos verdes y con un gran puro en la boca, quien las invita a pasar, con una amplia sonrisa, al elevador que conduce a la *suite* presidencial.

Por supuesto, el joven se cuela con el trío, y más tarde hace un reportaje en el que narra las bondades del hotel en cuestión, describiendo con amplitud el lujo de la mencionada *suite*. *Carcho* lo lee y quiere conocer de inmediato a Federico, para agradecerle el reportaje. Habla con el director del diario y les ofrece una comida a la que asisten los más altos ejecutivos. Departen amigablemente y en un momento determinado *Carcho* pregunta:

—Bueno, ¿y Federico de León a qué hora llega?

Los comensales invitados intercambian miradas extrañadas al darse cuenta de que *Carcho* está esperando a alguien que ha estado ahí desde el primer momento. Sonríen y le responden:

—¿Federico? Si aquí lo tienes, *Carcho*, ha estado junto a ti todo el tiempo.

—¿Tú? ¡Pero si tú eres un niño! Tú no puedes ser León: ¡eres Leoncito! —dice, soltando una ruidosa carcajada.

La plática se da como es de imaginarse. Al final, *Carcho* concluye:

—A partir de hoy puedes comer, cenar o dormir aquí cuando tú quieras: esta va a ser tu casa. Y por supuesto quiero que escribas sobre ella, cuando se te dé la gana, tan bien como sabes hacerlo.

Obteniendo con esto el joven Federico no sólo lo que *Carcho* le ofrecía, sino algo muy importante para sus reportajes subsecuentes: el implícito derecho de picaporte hacia María Félix, Agustín Lara, Pedro Vargas y todos los demás encumbrados que desfilaban por ahí. Así, desde esa fecha, Federico pasó a formar parte de los más allegados de Anacarsis, frecuentando artistas con quienes traba amistad que se refleja en lo profesional de su carrera. Prosperó como deseaba hacerlo.

Muchas cosas vio y escribió Federico de León en su momento: fue otro de los que se vieron directamente influidos y apoyados por un *Carcho* Peralta que sabía aquilatar a quienes contaban con talento y deseos de triunfar en la vida, ofreciéndoles su mano de la misma manera en que lo haría con tantos otros a lo largo del tiempo... y con más razón si además beneficiaba con ello al Regis.

Era la época de los viajes a España y otros sitios; *Carcho* así aparentemente se despreocupaba del negocio mientras frecuentaba a su querido Perico Chicote, dueño del más famoso bar madrileño. Pero también seguía invirtiendo, como cuando en Jalapa, Veracruz, rentó el hotel Salmontes, que tuvo por espacio de tres años. Puso como administrador a su amigo Luis Montaño, quien posteriormente sería subjefe de la policía metropolitana con el general Luis Cueto Ramírez, también su íntimo amigo. Fue también por esos años que ideó un proyecto para crear un *resort* en Ciudad del Carmen, Campeche, y adquirió su querido rancho en Tampico.

Realmente todo ese afán de movimiento y acción fue lo que desde niño lo caracterizó. Con los años llegó a ser conocido en todo México, ganándose la fama a base de constancia, cordialidad, sinceridad y simpatía, fama que traspasó nuestro continente, pues se decía que en España hasta los policías sabían quién era *Carcho* Peralta. Su inagotable energía, sin embargo, comenzó a venirse abajo años después, a principios de 1958.

Entonces eran una familia feliz, completa: *Carcho* adoraba a su esposa y sus tres hijos: Héctor, Yolanda y Sergio. Pero el destino quiso que el primero falleciera en la plenitud de su fuerza, en un trágico accidente que ensombreció para siempre el semblante del padre. Anacarsis intentó llenar ese hueco terrible trabajando de sol a sol, tratando de permitir que el tiempo realizara su dolorosa labor encubridora. Procuraba disipar su pena viajando constantemente al rancho ganadero que tenía en Tamaulipas: su única distracción fuera del trabajo cotidiano. Lo había adquirido a una viuda norteamericana, y fue transformándolo gradualmente, desmontando potreros, abriendo y arreglando brechas, corrales, baños para ganado, y comprando vaquillas y sementales de calidad. *Carcho* en ese entonces se pasaba cuatro días en México y tres en el rancho, mas todo parecía insuficiente.

Habían pasado tan sólo seis meses desde el deceso de su primogénito, cuando en un viaje en su avioneta Cessna, el 28 de noviembre de aquel 1958, y acompañado de su entrañable amigo Rogelio Pier y del piloto Severo Sáenz, la suerte señaló que *Carcho* no volvería nunca más a su querido Hotel Regis.

Pier, uno de los hombres más conocidos y respetados de Tampico; Severo Sáenz, joven piloto que hacía pocos meses entrara al servicio de Anacarsis; y el mismo *Carcho*, que tanto disfrutaba ese tipo de recorridos, vieron juntos la muerte a las 18:30 horas de aquella tarde gris que cobijó el misterio.

Venían de haber estado en la feria ganadera de Dallas, Texas, donde compraron algunos ejemplares, y se detuvieron en Reynosa para comer con sus amigos: el general Garza Zamora y los hermanos Ernesto y Elpidio Gómez Lira. Hacía mal tiempo y les sugerían que no volaran, no fuera que se dieran un "pasquelazo" (pues poco antes el conocido empresario Jorge Pasquel había muerto en un accidente aéreo en la región); sin embargo, mientras jugaban una mano de dominó, Rogelio insistió y *Carcho* accedió de buena gana.

Se supone que debido al mal tiempo se desorientaron. Su intención era bajar en el rancho, pero, dado que su pista era de terracería y no tenía luz, al parecer decidieron continuar el vuelo hacia Tampico. Se perdieron, y seguramente tratando de orientarse, el piloto sobrevoló un par de veces Ciudad Victoria con la intención de enfilar rumbo al mar para dirigirse a Tampico. Lo cierto es que cuarenta y cinco minutos después de despegar la avioneta Cessna de cuatro plazas, a la que *Carcho* le tenía gran confianza, se estrelló en la parte más alta de un pico de la sierra de mil doscientos metros de altura, el más sobresaliente de la zona.

Se dice que en la fracción de segundos que antecede a la muerte, la vida de uno pasa ante sus ojos como una película veloz en cuyo final sólo es posible ver la inmensidad de una cumbre: la cúspide de una montaña en la inmensidad de una profusa sierra. Tal vez eso pasó con *Carcho*. La vida es así, y en ella no siempre se gana con buenas cartas aunque todo parezca esplendoroso.

Es un tajo implacable: las añoranzas, las noches de fiesta, rodeado de toreros y amigos, la vida profesional, los hoteles del mundo, las farándulas en Capri, el juego de los millones, la intimidad y el calor de su hogar, las risas de los hijos, los amigos, la esposa; y los negocios, los sueños hechos realidad, los aviones, los autos, lo mejor de lo mejor, el inmenso futuro, el Hotel Peralta-Regis… Todo eso debió quedar allí, entre escombros, envuelto en la tristeza de un crepúsculo como cualquier otro.

Tarde ya, al confirmarse la noticia, sus hermanos Alejo y Héctor, junto con Nicolás Morales y el comandante Servín de la Mora, salieron precipitadamente de la Ciudad de México hacia el lugar en un avión que les fue proporcionado por Petróleos Mexicanos. Llegaron a Ciudad Victoria y de ahí se dirigieron por carretera al sitio del accidente, acompañados por un comandante de la policía judicial de Tamaulipas. Pernoctaron a la orilla del cerro por el mal tiempo y a la mañana siguiente subieron únicamente Alejo Peralta y Elpidio Gómez Lira —quien se les había unido en Ciudad Victoria, proveniente de Reynosa.

Era cierto. Todo cierto. La terrible noticia fue recibida en el Regis pocas horas antes de que en Capri diera inicio la variedad, como tantas otras noches.

EL DESTINO A LA LUZ
DE LA MUERTE DE *CARCHO*

Anacarsis Peralta, hijo de una familia de clase media proveniente de Campeche y Tabasco, quien decidió abrirse camino en la vida luchando a brazo partido; el que a eso de los veinte años regresó de Tampico después de trabajar en una refinería; *Carcho*, poseedor de una calidad humana a toda prueba, que fue su propia escalera para ir encumbrándose en el inquieto mundo de los negocios hasta llegar a convertirse en uno de los más destacados empresarios y hoteleros del país, era en el fondo un hombre sencillo con corazón de oro y carácter muy recio. De sus labios brotaba siempre el consejo leal y sincero. Ese hombre cuya vida simboliza el triunfo alcanzado a costa de sacrificios, haciendo del trabajo su mejor amigo, murió apenas a los cincuenta y cuatro años cumplidos. La noticia corrió como un reguero de pólvora, en los círculos más altos no se hablaba de nada más.

Carcho había adquirido unos pocos años atrás algo que siempre había deseado: tener un rancho ganadero en Tamaulipas y parte del estado de San Luis Potosí (diferente al rancho lechero que tuvo en Puebla en su juventud); este enorme rancho contaba con veintiséis mil hectáreas a las cuales *Carcho* añadió otros predios en poco tiempo, sumando un total de treinta y cuatro mil, lo había adquirido en la forma en que él acostumbraba realizar buena parte de sus negocios, de oportunidad y a un buen precio, ya que el dueño original era un americano que había fallecido y la esposa tenía enorme interés en venderlo aunque fuera a menor precio. Visualizó el potencial que el lugar tenía y siguió adelante. Por cierto, al administrador del americano le apodaban "el Yaki" y era también gran amigo de *Carcho*. El rancho estaba sumamente descuidado. *Carcho*, que no sabía hacer las cosas a medias, se dedicó de lleno a la tarea de levantarlo y desarrollarlo; desmontó potreros mediante enormes tractores Caterpillar, creando un sistema de comunicación a través de brechas que colindaban con los mismos, el poco ganado que había era en su mayoría criollo proveniente de cruzas con Sebu (Indo Brasil), introdujo la raza Santa Gertrudis que importó del King's Ranch en San Antonio y que adquirió también en diferentes ferias ganaderas de ese Estado. Se pusieron varios baños para el ganado, ya que las garrapatas llegaban a enfermarlos y hasta matarlos, pues no estaban acostumbrados a ellas en Estados Unidos. Se crearon corrales con cupo para quinientos animales, hechos con encino como en la región nunca se habían visto para durar por lo menos ochenta o cien años. Se construyó una presa de casi un kilómetro de largo por cuatrocientos metros de ancho, la cual no alcanzó a ver llena. En los potreros se sembraron tanto sorgo como mezclas de pasto guínea, *blue point*, entre otros. Se repoblaron los caballos con que contaban los vaqueros, se adquirieron dos camionetas *pick up*, se amplió la casa, que quedó totalmente diferente.

Carcho dividía la semana pasando cuatro días en México y de tres a cuatro en el rancho, donde gozaba haciendo adobes. Se levantaba a las cinco de la mañana, y no paraba de trabajar hasta las diez, once de la noche: recorría brechas y observaba el avance de los potreros en su Land Rover (*jeep*) o a caballo los más cercanos; sin embargo, esto para él significó un gran descanso por el cambio de ambiente y el gusto que tenía por sus proyectos y la naturaleza. A este espectacular lugar lo bordeaba el río Naranjo, que colindaba por un lado con el rancho del mismo nombre, propiedad de la familia Meade en San Luis Potosí; estaba ubicado exactamente entre las poblaciones de Tamuin y Ébano, en la carretera de Tampico a Ciudad Valles. En esto *Carcho* echó mano de sus relaciones con buenos amigos ganaderos tamaulipecos y veracruzanos para asesorarse sobre el tipo de razas y su manejo. Junto con el rancho adquirió una hermosa mansión en la ciudad de Tampico, ubicada en la zona denominada Rinconada del Chairel, que se llamaba así por tener una hermosa vista hacia la laguna de ese nombre, donde todavía hoy se localiza el club de yates Corona.

Por las tardes, cuando el calor era insoportable toda la familia de *Carcho* iba a nadar al río, a un lugar paradisiaco que llamaban vulgarmente "el paso del gachupín", en el que había una represa, y esa parte del río Tamiun subía de unos cuatro a seis metros de profundidad con grandes ceibas y otras especies de árboles enormes combinadas con otro tipo de plantas y nidos de pericos. Para Sergio, aquello era una delicia, era como estar en el Amazonas. Ese río circundaba una buena parte del rancho que en una época servía de límite de Santa Inés con otra impactante propiedad que databa de antes de la época porfiriana, la mencionada hacienda El Naranjo, que era de la familia Meade, la cual años atrás llegó a tener ciento veinte mil hectáreas. *Carcho* adquirió una parte de lo que antes quedaba para sumarla a lo originalmente adquirido con el total de treinta y cuatro mil hectáreas. Ahí a Sergio le tocó estar con sus padres y hermana en un par de comidas en las que departieron con el jerarca de la familia Meade, sus hijas y su yerno, y pudo ver el libro de huéspedes distinguidos que tenía la firma del general Porfirio Díaz, el cual había pernoctado en esa hacienda, al igual que muchas otras destacadas personas de principios del siglo XX.

En el camino de regreso la familia veía siempre cuatro o cinco venados por lo menos, además de tejones, conejos, guajolotes de monte, gavilanes, palomas y otras especies que bajaban a tomar agua.

En el rancho, *Carcho* se sentía como pez en el agua, pues además de visitar a sus amigos tampiqueños y estar desarrollando un nuevo negocio, como a él le encantaba, disfrutaba de un cambio de la vida cotidiana sentándose con frecuencia a desayunar con el administrador y sus vaqueros o los choferes de los camiones.

En la casa de Tampico, *Carcho* recordaba pasajes de su juventud rodeado de algunos de sus mejores amigos, al igual que en el *lobby* del hotel Inglaterra en la plaza de armas de esa ciudad, cuyo propietario era un simpático y muy trabajador español de nombre Arturo Bouza. *Carcho* arreglaba ahí sus asuntos acompañado frecuentemente de Ernesto de la Garza, Rogelio Pier, quien compartió la muerte con él en la avioneta, *Opo* (Rodolfo Peralta "con quien no estaba emparentado"), Manuel Guzmán Willis y Manuel Ravize, presidente municipal en ese entonces de Tampico y posteriormente gobernador del estado, y otros más. *Carcho* adoraba Tampico y mucha gente pensaba que era de allí.

Por su parte, su hijo Sergio disfrutaba enormemente de sus vacaciones acompañándolo en ese muy interesante mundo y de sus amigos tampiqueños, Jorge de la Garza, Javier luengas, Manuel Ravize *Jr.*, Carlos Pumarejo y Luis Lavalle (posteriormente presidente de la Federación Mexicana de Tenis), entre otros. Llegaban con frecuencia a tomar un refresco al "Globito", lugar famoso entre la juventud de la ciudad, ubicado en medio de la plaza de armas, así como las idas a la playa de Miramar en compañía de varias amigas como Tere Hernández, Amada Contreras y Rosalinda Florencia, sin contar las innumerables cacerías en el rancho de patos, palomas, conejos, guajolotes, jabalíes; cobrando ahí sus primeros venados como trofeos de caza, siempre bajo la mirada escrutadora de su padre, que le decía: "Cuidado con pegarle a una venada, desgraciado"; excursiones a caballo, etcétera. Todo esto fue como un sueño para Sergio; la compañía de su padre por una buena parte del día, escuchándolo, aprendiéndole, impresionado por ver cómo lograba atrapar víboras de cascabel con una horqueta o con la tejana y la mano.

Estos sueños de su juventud se vuelven siempre recuerdos indelebles que acompañan a las personas por toda la vida. De igual manera, las amistades que a esa edad o poco antes se hacen resultan permanentes.

DOLOR Y CAMBIO INEXORABLE

La zozobra en el hotel era el rostro que hacía el ambiente tenso, tristísimo. Se sabía que *Carcho* acababa de cambiar a su antiguo piloto, y se supo hasta el día siguiente que tanto la familia de Rogelio como amigos de *Carcho* se dieron cuenta de que la avioneta no había llegado, ya que hablaron al rancho en Reynosa y a una serie de posibles lugares donde estos pudieran encontrarse sin obtener respuesta. Salió una búsqueda de numerosas aeronaves por la zona hasta que encontraron los restos.

La noticia llegó a México. María Elena se encontraba en Puebla con sus hermanas cuando la recibió y se trasladó de inmediato a la ciudad, intuyendo lo peor. Por otra parte, los hermanos de *Carcho* Héctor y Alejo partieron a Ciudad Victoria, donde los esperaba una comitiva con *jeep* y camionetas, de donde salieron a la sierra acompañados, entre otros, por el comandante de la Policía Federal Servín de la Mora, Nicolás Morelos —colaborador de *Carcho*— y otras personas. Como había una lluvia intensa no pudieron llegar hasta el pico; pernoctaron en una ranchería y continuaron a la mañana siguiente. Subieron el último tramo a pie con caballos y mulas. El mal tiempo convirtió en penosa la labor de rescate de los cuerpos. Al llegar los restos de *Carcho* a México el velatorio fue en la casa de San Ángel, y de allí el duelo partió rumbo al Panteón Americano.

Todo empezó a cambiar entonces. La época de por sí ya era otra. Las áreas de la ciudad que comenzaron a atraer a la gente se diversificaron. El Paseo de la Reforma vio surgir nuevos hoteles y sitios de reunión, que coronados por la incipiente Zona Rosa y sus alrededores fueron convirtiéndose en lo más solicitado al inicio de los años sesenta.

Hablar de hoteles es hablar de personajes, de sitios, de épocas, de ambientes. Como José Brockman, quien por aquellos años fue director del hotel Ritz y posteriormente intervino en la conformación de la cadena Western Hotels de México, mejor conocida como Best

Western, de la cual los primeros inmuebles fueron el hotel Alameda y el hotel Camino Real. Mucho después surgiría, consecuencia del éxito obtenido, una nueva cadena hotelera denominada Camino Real, adquirida años más tarde por Olegario Vázquez Raña y que hoy forma parte del Grupo Ángeles, emporio empresarial al frente del cual se encuentra el exitoso Olegario Vázquez Aldir.

A finales de la década de los cincuenta y comienzos de los sesenta, la dinámica hotelera fue desplazándose por Paseo de la Reforma hacia el suroeste, hasta llegar a la colonia Juárez. Entre los hoteles destacados de esa época se encontraban el Hacienda Vistahermosa, ubicado cerca del Monumento a la Madre, y otro muy particular en las calles de Génova: el hotel Monte Casino. Creado muchos años atrás por el señor Gutiérrez Solá —abuelo de los hermanos Gutiérrez Cortina creadores de empresas tan importantes como la constructora Gutsa—, el inmueble fue posteriormente heredado por su hijo Francisco Gutiérrez Prieto, quien en sociedad con Jimmy Duvin creó un espacio que era sitio de reunión obligada entre bohemios, artistas, trovadores e intelectuales de toda índole.

Formado en colegios del extranjero como la Escuela Militar Kemper de Missouri, donde coincidió con Sergio (el segundo hijo de *Carcho*), Francisco Gutiérrez Prieto fue un hombre de negocios de amplia visión que más tarde desarrolló en el estado de Morelos el hotel Tequesquitengo y el Oasis. Sin embargo, la relevancia del Monte Casino radica en el hecho de que fue uno de los hoteles precursores de lo que desde comienzos de los sesenta y hasta el día de hoy se conoce como la Zona Rosa. Ya para 1959, el Hotel Regis era rentado, asumiendo su dirección el señor Emilio Sánchez, hombre de formación turística que entonces tenía una agencia de viajes llamada Tours, S.A., y estaba casado con la hija del que se convirtió en presidente del Consejo de Administración del hotel: el coronel Arturo Serrano, quien fuera jefe de la policía y sobrino del político Carlos I. Serrano (líder del senado en la época de Miguel Alemán). Y con ellos José Muñoz de Cote, dedicado a la producción y distribución de películas. Contador eficiente, Muñoz de Cote fungió desde entonces como contador general.

Por su parte, el Capri se rentó a Pedro Vargas durante casi dos años, desde fines de 1958, interviniendo con él un par de socios cubanos que hicieron de las cuyas y lo obligaron a absorber una gran pérdida. Su razón social: Vargas, Balderrá y Velázquez, inauguró con algunos espectáculos que no llegaron a tener gran éxito, como el de la argentina Susy Leyva y la cantante Virginia López. Todo fue de mal en peor, siendo su última variedad *Las pesadillas de Carlyle*, con Alfonso Arau. Don Pedro no logró ser empresario de éxito, al grado que durante ese breve periodo perdió parte de su patrimonio.

Poco después se interesaron en el sitio Agustín Barrios Gómez y su socio Fabián Aldana, dueño de una famosa mueblería que llevaba su nombre y se encontraba en ciertos locales del Centro. A ambos les movió no sólo la afición por el espectáculo, sino también el interés por una supuesta y maravillosa cava que se decía *Carcho* tenía en ese lugar; lo cual había sido ciertos años atrás, pero ya no existía. Así, se dieron a la azarosa tarea de administrar el Capri sin mucho éxito, dejándolo en 1962 en manos de la empresa de don Francisco Aguirre, mejor conocido en el ambiente como Pancho Aguirre. Hombre de amplia experiencia, notable empresario y lleno de habilidad, además de excelente persona, puso a la cabeza del negocio a Manuel Gómez, su cuñado, quien para entonces había tenido que ver en la formación y el manejo de algunos cabarets no muy renombrados ni precisamente de primera, pero que a don Pancho le dejaban mucho dinero.

Aguirre, hombre avezado que en el Frontón México era conocido por la gran cantidad de dinero que apostaba, era extremadamente hábil para hacer buenos negocios. Dueño de Magic Chef, una tienda dedicada a la venta de cocinas y sus accesorios, del cabaret Río Rosa, y de La Fuente, un sitio de primera ubicado en Insurgentes y San Antonio (en cuyas escaleras el padre de Ana Bertha Lepe liquidó al actor Raúl de Anda, entonces novio de su hija). Pancho Aguirre había fundado Radio Centro, e incluso en su momento se asoció con Alejo Peralta —hermano menor de *Carcho*— para adquirir el Canal 13. A la muerte de don Vicente Miranda, con quien El Patio había alcanzado su época dorada, siendo su fundador, don Pancho tomó también las riendas de ese centro nocturno, administrándolo prósperamente con Manuel Gómez a la par que el Capri. Más de una década después, llegó a tener en sus manos el control del bar Impala y La Taberna del Greco. Fueron los años en que Arturo Serrano y José Muñoz de Cote, a instancias de Emilio Sánchez, adquirieron una distribuidora Volkswagen en la avenida Patriotismo, formando a partir de ese hecho la primera arrendadora de automóviles Volkswagen en México —conocida desde entonces como Volkswagen Rent a Car, que aún existe.

Para 1961, el restaurante Paolo —un capricho que *Carcho* había tenido para dar prestigio al Regis—, ya no era un negocio rentable. Es transformado para convertirse en el Bar Impala, presentándose allí variedades de primer orden como el Tampa trío, grupo conformado por cuatro brasileños que interpretaban jazz y *bossa nova*, y estaban considerados al nivel de Stan Getz y los mejores exponentes internacionales de esa música. La cosa marcha bien pero gradualmente decae y sus nuevos propietarios deciden transformarlo en un sitio con *show* de *burlesque*: de hecho, el primero de cierta calidad en el país. Así, el Impala es el detonador para que después surjan centros nocturnos como El 77, La Copa de Champán, El Clóset y muchos otros que fueron abriendo siguiendo su ejemplo, con *vedettes* que lograron cierto reconocimiento como Amira Cruzat, por mencionar alguna.

En esos tiempos, el Hotel Regis hospedaba al Ballet Bolshoi y al Folklórico de Ucrania, cuyos integrantes se fascinaban por las fresas con crema, mismas que pedían en los tres alimentos. Frecuentaba asimismo las instalaciones el arzobispo Darío Miranda, quien en algunas ocasiones llegó a oficiar misas en el interior del hotel. Y por ahí andaba como empleado William Post, un alemán que, por amistad con Sergio Peralta, ya que ambos fueron compañeros de escuela, había venido a México. Así, sin pena ni gloria, durante esa década el Regis fue perdiendo el prestigio de antaño. Y fue entonces, en 1968, cuando la familia Peralta se hizo cargo de nuevo de la administración.

Con poco más de un año de haber regresado de Alemania, en cuya Escuela Hotelera de Tegernsee se graduó, y después de trabajar en prestigiados hoteles de Hannover, Sergio Peralta, el hijo menor de *Carcho*, tomó las riendas del negocio. Habían pasado varios meses desde su retorno, durante los cuales trabajó primero en el hotel Continental Hilton, y posteriormente en el Hotel del Prado como subgerente de recepción (cuando Jorge Couttolenc era director de ventas y mercadotecnia de la cadena Balsa, que lo manejaba); así pues, lo más natural era que se hiciera cargo del Regis. Considerado como una de las primeras escuelas de turismo en nuestro país, el Hotel Regis lo tenía prácticamente todo: prestigio, renombre internacional, una rica historia de encuentros y anécdotas de personajes de la política, el mundo del espectáculo, el arte y la alta sociedad del México de los años cuarenta, cincuenta y sesenta. Sin embargo, fue hasta la segunda mitad de esta última década cuando un fenómeno adverso comenzó a afectarlo como institución.

Las nuevas inversiones de diversas cadenas crearon una dinámica cuyo principal eje era la construcción de nuevos hoteles, mismos que al requerir el personal necesario para su operación recurrieron a prácticas ciertamente desleales. No en los niveles más altos de la estructura humana, donde los puestos eran cubiertos por ejecutivos venidos del extranjero, como por ejemplo Jean Berthelo y Ulrich Schwartz; sino en los niveles medios e inferiores: subgerentes, chefs, jefes de área, cajeros, *maîtres*, capitanes, recepcionistas. La demanda de personal en cuya formación las inversiones eran muy bajas, hizo que los ojos de los reclutadores se posaran en aquellos empleados que contaban ya con amplia experiencia laboral y se hallaban diseminados en los hoteles de mayor prestigio de la Ciudad de México. Y el Regis destacaba entre todos ellos.

Fue así como la piratería del personal afectó a muchos establecimientos que, al igual que el Regis, se vieron sorprendidos por una emigración sin precedentes. Entre los afectados se encontraban los hoteles Bamer, Del Prado, Ritz, Monte Casino, Alfer, Majestic, por mencionar sólo a los más representativos.

En el hotel creado por Anacarsis Peralta se instituyó desde el principio que los empleados eran el activo más importante de la empresa, es por esto que existió siempre el interés y la atención en la formación de los cuadros. La capacitación y preocupación en el área de recursos humanos del Regis era única dentro de la industria: un semillero, una verdadera escuela donde se enfatizaba el servicio profesional al huésped como la parte más importante del trabajo, y que desde 1944 destinó una fuerte cantidad de dinero a garantizar la formación de su personal en ese sentido.

Nombres tan conocidos como Aristos, Alameda, Fiesta Palace, Continental Hilton, Presidente Zona Rosa, Camino Real y muchos más comenzaron a aparecer, afectando en buena medida el funcionamiento de los hoteles clásicos que, al lado del Hotel Regis, fueron protagonistas de un México que comenzaba a transformarse al ser invadido —para bien y para mal— por la modernidad.

La rotación cada vez más frecuente del personal, la limitada maniobra económica y otros factores inherentes a la estructura del edificio (como el hecho de contar con pisos donde las habitaciones daban exclusivamente al interior, por ejemplo), fueron factores que originaron una gradual pérdida de liderazgo. Era la realidad de un cambio de época: algo realmente inevitable.

La norma de *Carcho* fue siempre hacer bien las cosas. Por ello los materiales empleados desde finales de los años cuarenta en la remodelación de su hotel fueron siempre de primera calidad: placas con letras de mármol de Carrara en los baños, el *lobby* y la *suite* presidencial; herrería de acero inoxidable por su gran durabilidad, una medida vanguardista en aquellos años; un programa constante de mantenimiento general constante, etcétera.

No obstante, con el paso de los años la sólida estructura del Regis, a semejanza de lo que sucedía con el Palacio de Bellas Artes, poco a poco fue presentando diversos grados de hundimiento. Cabe recordar que una buena parte de los edificios que aún perduran en el actual Centro Histórico fueron construidos sobre terrenos lacustres que, por tanto, ofrecen un grado considerable de sismicidad. Así, el ligero pero gradual hundimiento del hotel hacía necesario adecuar las banquetas en desnivel sobre la Av. Juárez; y esto, en época de lluvias, generaba incomodidad, así como problemas de encharcamientos en el acceso del inmueble.

A finales de 1967, a escasos nueve años del trágico fallecimiento de su padre, Anarcasis Peralta, y con apenas veintitrés años de edad, Sergio Peralta fue el responsable de estar al frente de la administración del hotel Regis.

No era ajeno al Hotel Regis, dado que en su temprana adolescencia disfrutaba de invitar a desayunar a varios de sus compañeros de clase en la cafetería del Regis —estaban en primero y segundo de secundaria en el Instituto Patria— unos riquísimos *hot cakes*, unas sabrosas enchiladas o a veces hasta una leche malteada.

A los nueve años su padre llevó por primera vez a Sergio a los baños de vapor, entrando hasta la cámara de atrás, la más pequeña pero la más caliente. El padre pedía que subieran la temperatura. Sergio sentía que estaba en el infierno y por supuesto tenía que poner una sonrisa —"Aguántate, te hace bien, te abre los poros para eliminar todas las toxinas"—. A la salida, cuando empezaba a sentirse aliviado, su padre dijo a los masajistas: "Métanlo a la regadera de presión para que no se me resfríe". Y entonces, como un enorme diluvio, le cayó encima una abundante cantidad de agua helada. Cuando por fin llegaron al cubículo, mientras se secaba dio gracias a Dios porque se acababa el tormento y porque le esperaba un suculento desayuno.

A los diez años de edad el Regis era para Sergio un gran mundo mágico donde veía a personajes que sólo aparecían en los noticieros del cine o en el periódico, que pocas veces leía por mi edad. La televisión apenas empezaba.

Lo hacía sentir sumamente importante pedir a las telefonistas, "sus amigas", que lo vocearan por el altavoz: "Niño Sergio Peralta, niño Sergio Peralta..."

En ocasiones bajaba a los sótanos, donde en un costado estaba la pastelería, y conocía muy bien cómo hacían el pan, los pasteles y las casatas, deliciosos helados de varias capas con sabores de diferentes frutas que contenían cerezas y pasitas dentro en forma de medio círculo, como un iglú. Si el pastelero se descuidaba, Sergio se "volaba" las cerezas...

Algunas de las manicuristas se llevaban pesado con ciertos clientes. Varios de ellos eran amigos del padre de Sergio, los cuales, al verlo, le decían: "Barrabás, ven y dale un pellizco", y soltaban la carcajada.

En la recepción, el señor Adrián Hidalgo, gerente de la misma, embobaba a Sergio con las pláticas de sus aventuras por las selvas de Chiapas, las masacuatas (boas) y la víbora coral —"mucho más venenosa y peligrosa" que la pequeña coralillo—, los chicleros y los indios lacandones que solían ofrecer a los extranjeros que llegaban en paz a alguna de sus mujeres para que durmieran calientitos...

Habiendo estudiado en varios colegios en México, en una prestigiada escuela militar de Estados Unidos donde estuvo su hermano mayor varios años antes que él, la Kemper Military School, Sergio pasó posteriormente cuatro años en el extranjero, estando tres meses en una escuela de la Suiza francesa ubicada en la población de Lautrec, cercana a Laussanne, en una escuela de lenguas en la población de Wallghcschen y finalmente en la escuela de hotelería y turismo de Tenngersee, donde se graduó, laborando después por un periodo de nueve meses en el norte de Alemania en un hotel con gran tradición, el Karsterns Hotel Luissenholf.

Ya de regreso en México trabajó por espacio de un año en el hotel Continental Hilton pasando por la recepción, caja y reservaciones, posteriormente como subgerente de recepción en el Hotel del Prado, en seguida como contralor del Hotel Regis, haciéndose cargo del mismo a la edad anteriormente mencionada de veintitrés años, donde junto con muchos huéspedes y colaboradores le tocó ser testigo de las dos numerosas manifestaciones estudiantiles de 1968 que pasaron por Reforma y avenida Juárez rumbo a Palacio Nacional, siempre con el temor de que pudieran entrar al hotel causando estropicios, ya que en el camino rompieron escaparates de varias tiendas y quemaron automóviles. En la segunda de estas manifestaciones, el conocido periodista y locutor de televisión Jorge Saldaña, amigo de Sergio y Yolanda, le había pedido a este le dejara filmar la manifestación llegando al balcón del segundo piso acompañado de una guapa camarógrafa. Pocos días antes, Jorge había criticado fuertemente a los estudiantes en su programa y el gerente del Regis le dijo a Sergio: "Espero que no nos traiga problemas tu amigo". Al poco tiempo lo detectó un grupo de estudiantes, se pararon más de trescientos de ellos en la puerta del hotel y gritaron: "¡Ahí está Saldaña! ¡Que baje Saldaña!" Sergio le pidió a Jorge que se retirara del balcón por su propia seguridad, a lo que éste respondió: "No pasa nada, yo no tengo miedo". Como los estudiantes insistían y no había forma de detenerlos, se le mandó decir al susodicho que los estudiantes empezaban a entrar por la puerta del *lobby* (lo cual por supuesto no era cierto), y que por su propia seguridad se retirara, bajándolo de inmediato por el elevador de servicio y conduciéndolo por la puerta de atrás, por la calle de Colón.

Desde entonces Sergio se vio obligado a enfrentar lo que durante varios años fue su misión: restaurar tanto el *lobby* y pasillos, como muchas de las habitaciones del hotel y rescatar la añeja gloria del Regis.

Así se formó un singular equipo de gente comprometida, comandado por Herman Ruther (cuyo padre Helmuth había trabajado con *Carcho*), en el que tomaban parte igualmente importante José Manuel Valdez, Enrique Aguilar, Adrián Hidalgo, María Eugenia Lavín, el ingeniero Luis Fernández, los hermanos Roberto y Rodolfo Acosta, Arturo Téllez, la señora Camacho, Alfonso Castillo, Arnoldo Pérez, Eduardo Azcoitia, Luis Cruz, Marcos Fernández y el siempre responsable Ignacio Bello, como gerente del estacionamiento, a los que más adelante se unirían Gastón Amazurrutia, el eficiente señor Pérez Peregrino y muchos otros.

Con esa determinación en mente, aunque reconociendo su falta de experiencia, el heredero de *Carcho* se dio a la tarea de recuperar parte del terreno perdido: reorganizó la estructura administrativa, negoció con el personal, capacitó a sus cuadros e implementó una estrategia para que las necesidades más importantes del hotel, como el alfombrado, el mantenimiento general, las calderas, etcétera, fueran atendidas de forma prioritaria. Su labor dio frutos y, no obstante la falta de recursos, en pocos meses todo empezó a cambiar.

En 1967 México vivía la efervescencia del gran acontecimiento internacional que al año siguiente se llevaría a cabo en el país: los Juegos Olímpicos. El Comité Olímpico Nacional había reservado por decreto un 70% de las habitaciones del Regis, así como de la mayor parte de los hoteles. Cuando Sergio entró, se vio obligado a empezar a trabajar en la remodelación de los pisos por partes y con la misma cautela para no incomodar a los huéspedes, ya que el hotel tenía un lleno casi completo. Además de esto, al terminar las olimpiadas tuvo que hacer múltiples gestiones para poder cobrar la totalidad del importe por la renta de las habitaciones que el Comité Olímpico había hecho, ya que aquellos alegaban mil razones para no pagar. De todas formas, el Regis estuvo nuevamente en el centro de la actividad.

La estrategia de Sergio Peralta Sandoval para afrontar la crisis que experimentaba el inmueble estuvo basada en la obtención de una serie de préstamos de mediano y largo plazos, con los cuales fue posible sufragar los enormes gastos que implicaba la modernización del hotel. Desligó claramente de la operación la inversión y los estados de resultados; invirtió en campañas de publicidad enfocadas en las ventajas del hotel (prestigio, imagen, servicio, ubicación); llevó a cabo la liquidación del personal más antiguo y reticente a los cambios "por vivir de las propinas"… en términos generales, hizo un trabajo conjunto que permitió levantar y reposicionar el Hotel Regis en un 70% con respecto al estado en que se encontraba antes de asumir el control.

Gracias a este trabajo el entorno empezó a cambiar, y en sólo dos años de gestión el hijo de Anacarsis consiguió nuevamente incrementar las tarifas a un nivel competitivo, y mantuvo en las diferentes instalaciones del Regis a los clientes leales que una vez más hicieron de él un referente obligado con la mejor de todas las recomendaciones: de boca en boca.

En su administración como cabeza del hotel, Sergio tuvo entre sus proyectos la creación de la Cafetería Regis y llevó a cabo el relanzamiento del restaurante Medallón, que gozó de la simpatía de muchos clientes satisfechos tanto por el buen gusto como por el nivel internacional de la carta.

Fue una experiencia grave pero igualmente enriquecedora la que Sergio pudo vivir en aquellos años. Una oportunidad para experimentar en carne propia el vértigo ante los desafíos, la determinación de salir adelante y, finalmente, la enorme satisfacción de haber sido capaz de evitar la caída —literalmente la muerte— de un Hotel Regis al que sin duda *Carcho*, su padre, de haberle sido posible, habría dedicado el resto de su vida.

Sergio asumió la dirección y planeó desde el primer día la forma adecuada de implementar los conocimientos adquiridos en Europa. Comenzó por lo básico: la imagen del hotel. Se limpian las fachadas, se rebarnizan las puertas, se cambian sábanas, toallas y uniformes, se renuevan las calderas ya dañadas, se sustituye el mobiliario de La Taberna del Greco, cerrándola temporalmente para después ofrecer allí un espectáculo con conjuntos de música moderna: el Picadilly Circus, que constaba de dos hermosas jóvenes y cuatro varones, todos ingleses; uno de los cuales fue llamado en su momento "el quinto Beatle", por haber formado parte, en sus orígenes, del grupo de Lennon y McCartney y se separó de ellos cuando el conjunto tocaba en el Riper Band en Hamburgo; el *show* de la cantante Durci Dennis, de agradable voz y personalidad pero que tampoco contó con mucho éxito; resultado ante el cual la empresa decide cambiar el giro por el de música mexicana, con artistas de la talla del Mariachi México de Pepe Villa, Los Chinacos, Emilio Gálvez, María de Lourdes, María Alejandra, Laura Fierro, Mariana de la Cruz, el Bronco Venegas, Los Montilla y un gran número de exponentes de nuestro folclore que inyectan vida y dan renovado éxito al lugar durante muchos años.

Se transforma el *lobby*, se inaugura el Salón Inglés para fiestas y banquetes, y en general se da un giro a la imagen publicitaria del hotel, enfocando la atención nuevamente en la clientela nacional. Se redecora buena parte de las habitaciones, se les dota de televisión a color —servicio que el Regis fue el primer hotel en ofrecer—, así como a la *suite* presidencial; se cambian alfombras, cortinas y lámparas, y se celebran eventos como la comida que el vicepresidente Nelson Rockefeller ofreció en México; además de los cocteles del Club de Columnistas, presidido entonces por el periodista Alfredo Lamont Jr., ocasiones en que llegaron a darse reconocimientos a destacadas personalidades como Jacobo Zabludovsky o Agustín Barrios Gómez, con invitados que iban desde los periodistas Fernando Gaytán, Raúl Vieyra y Ramón Inclán, hasta Bertha Hidalgo de Gilabert, Hellen Krauze, Alfredo Ruiz del Río, Joe Nash y Daniel Dueñas (además de publirrelacionistas como Héctor de la Garza). Sergio se convirtió en miembro honorario del club, así como del club de corresponsales extranjeros, ya que publicó algunos artículos menores en diferentes diarios sobre turismo.

Pocos meses después abre sus puertas al mediodía La Taberna del Greco como una cantina de lujo, que ofrecía música y excelentes botanas, además de vinos franceses y españoles como aperitivos de la casa. Fue esa una gran inauguración a la que asistieron hoteleros y restauranteros como Jorge Couttolenc, Jimmy Duvin, Ramón Vargas, Federico Schliter, Nick Noyes y Lennard Phillipson; personas del medio de la aviación como el conocidísimo Chief Patiño, director de ventas de Mexicana; Alberto Sánchez Llorente y Joe Rubenak, de Eastern Airlines; Luis Pasquel, de Western; Rafael Reséndiz, de American Airlines; Sergio Bernard, Eduardo Egleton, Benjamín Beckart y Manuel Sosa de la Vega, entonces director general de Mexicana de Aviación; banqueros y financieros como Fernando Lemmen, Manuel Espinoza Rugarcía, Jorge Orozco Lainé, así como gran cantidad de amigos, entre quienes se encontraban el conocido periodista Raúl Vieyra, el famoso casamentero José María Lozano, Alfredo y Elsa Lamont, los hermanos Pérez Verduzco, Barry Bishop, Pablo Palomino, La Prieta Linda, Fernando Gaytán, Ramón Inclán, Carlos Septién, Francisco Aranda, el torero Jaime Bravo, los tenientes coroneles Roberto Viñals e Ignacio Bonilla, y el capitán Montalvo, entre muchos otros.

El hotel comenzó a ser otro: La audaz política iba dando resultados con creces. Sergio se desenvolvía como pez en el agua en ese medio. Gente como Manuel Bernardo Aguirre tenía rentada una *suite* permanentemente; político chihuahuense renombrado, comenzó a ir al hotel siendo presidente municipal y después, como líder del Senado durante el periodo de Gustavo Díaz Ordaz, secretario de Agricultura así como gobernador de su estado, se le facilitó la *suite* presidencial para realizar en ella desayunos políticos a los que asistían lo mismo Luis Echeverría que José López Portillo, Lauro Ortega o Martínez Manatou. Manuel Bernardo, peculiar como era, mandaba traer cortes especiales de Chihuahua para sus invitados, quienes eran eficazmente atendidos por el *valet* Bonifacio, y lo mismo despachaba en "su oficina" del Regis que aparecía en los baños entre 6:30 y siete de la mañana.

Había mañanas en que el arzobispo Darío Miranda solicitaba que el mismo Boni se presentara para atenderlo en desayunos que llegaba a ofrecer en su domicilio, por estar tan acostumbrado a sus servicios. Fue precisamente dos meses antes del consabido "destape" de 1968 y después de uno de aquellos desayunos, que Aguirre, al ver a Sergio, le preguntó qué había pasado con aquel cuadro del Dr. Atl que *Carcho* tenía sobre la chimenea de la *suite*, pues necesitaba hacer un regalo. "Por favor, no lo comente usted, pero se lo quiero regalar a Luis Echeverría, quien va a ser el próximo presidente de México: a él le gusta mucho esa pintura", le dijo. Y aunque la madre de Sergio no convino en venderlo, la anécdota quedó ahí.

Como Manuel Bernardo estaba prácticamente todo el tiempo en el Regis cuando se encontraba en México, mucha gente llegó a pensar que era el dueño del hotel y, como con todo político, siempre había algún adversario u otros aspirantes a ese cargo. En un momento dado, en el hotel cayó una inspección del Departamento Central buscando una toma de agua clandestina, que por supuesto nunca encontraron porque no la había. Poco después se supo que el problema iba dirigido a Manuel Bernardo a quien ubicaban como dueño del hotel. En ese entonces, el jefe de mantenimiento era el ingeniero Luis Fernández Gálvez, quien permaneció en ese cargo por mucho tiempo. A pesar de todo y de no haber nada malo, le causaba un gran temor la inspección y estuvo pálido durante varios días, ya que era el responsable de todos los permisos.

Otra gran modificación se llevó a cabo en el tercer piso del hotel, o sea, la bóveda de lo que fuera el cine Regis. Después de algunos sismos en los sesenta, se decide modificar lo que se conocía como el "Patio andaluz", área que ostentaba cerámica española, con bancas de azulejos, gran fuente y todo un decorado que excedía en peso lo aconsejable por el sentido común. Se transforma, eliminando la pesada fuente, y colocando en su lugar sólo unas mesas con sombrillas para aprovechar el lugar como terraza, volviéndose un café bastante iluminado.

En el comienzo de ese último año de los sesenta, se inauguró también el restaurante Medaillon, con la asistencia de joyeros como Jorge Guillermo Fenton; Alberto Pineda, propietario de una de las más famosas platerías de Taxco; y los periodistas Enrique Castillo Pesado, Alonso Sordo Noriega, Nicolás Sánchez Osorio y Dante Aguilar, así como el ingeniero Gilberto Valenzuela, ex secretario de Obras Públicas, o el arquitecto Joaquín Álvarez Ordoñez, quien acostumbraba también ir frecuentemente a los baños.

Aparte del contacto con políticos prominentes, y del roce cotidiano con artistas, empresarios y gente de la farándula, una de las anécdotas más memorables de Sergio fue la que sucedió una tarde de 1969, cuando se encontraba comiendo y leyendo su diario vespertino en el sobrio restaurante Medaillon, que ocupaba el espacio que otrora fuera la antigua cafetería y que se había construido en ese año al mismo tiempo que el salón para convenciones del Regis. Comía mientras supervisaba el servicio de los meseros. No había hecho ningún compromiso, pues su hermana Yolanda contraería matrimonio en unas horas. De pronto, hizo su aparición una voluminosa humanidad con cincuenta años a cuestas, que procedió a sentarse en una silla que no pudo sino crujir bajo su peso. El sujeto pidió entonces una orden doble de huevos rancheros, carne a la tampiqueña, enchiladas suizas, jugo de naranja, café y un pastel de la casa. Como si nada, se volvió hacia Sergio para decirle:

—Dicen que se está quemando el hotel.

—¿Perdón? ¿Qué dice usted? —respondió Sergio asombrado.

—¡Que el hotel se quema! —fue la sonora respuesta del recién llegado, quien se limitó a acomodar su corpulencia en el asiento.

Extrañado, y por supuesto incrédulo, Sergio pensó que se trataba de un ardid para hacerle la plática. No hizo mayor caso. Pero en esos momentos llegó María Eugenia Lavín, la jefa de personal, con paso acelerado, quien acercándosele al oído le informó:

—Señor Peralta, ¡se está quemando el hotel!

Saltando de la silla, Sergio exclamó:

—¡¿Cómo?! ¡¿Dónde?!

—En el cuarto piso, en una de las *suites*.

Salió corriendo y subió precipitadamente, viendo que algunos empleados de mantenimiento manipulaban extintores y mangueras. El fuego estaba bajo control a pesar de la terrible humareda. Un descuido de los artistas de brocha gorda había empapado de solvente un colchón de borra recargado en la pared, y seguramente una colilla inició accidentalmente el incendio, que por fortuna nunca pasó a mayores. Cuando llegaron los bomberos, avisados del percance, sólo vieron lo último del humo que salía por un par de ventanas. No obstante, en la avenida Juárez la circulación se detuvo y el rumor del incendio se propagó, exagerando la realidad. Policías, curiosos, carros de bomberos: todo un caos, con periodistas que presionaron y pusieron muy nervioso al encargado de relaciones públicas del hotel.

—¿Qué hago con los periodistas, Sergio? Quieren entrar y eso puede ser mala publicidad para nosotros. ¿Qué hago?

—Pues súbelos a la *suite* presidencial y dales todo lo que haya de beber. Diles que no fue nada grave, que todo está bajo control.

Y así se hizo.

Otro simpático visitante del Regis era el inolvidable Chácharas de la Lagunilla: un personaje legendario que a la reinauguración de la taberna llegó como de costumbre, con su saco de parches recosidos y el imperdonable paliacate al cuello. Se apersonó en el sitio con su séquito de hermanos como guardaespaldas a bordo de dos flamantes Cadillac y un Packard. Al verlos, el portero les impidió el paso, pues tenía instrucciones precisas de no dejar pasar a nadie que no fuera de rigurosa etiqueta. Por fortuna para todos, y antes de que el Chácharas tuviera que representar una escena de escándalo con sus acompañantes, Herman Ruther y José Manuel Valdés lo identificaron.

—¡Claro que pasas, Chacharitas! Si estás en tu casa y Sergio te espera.

—Que conste que si venía era en esta forma.

Sin lugar a dudas él fue el rey de las antigüedades, por lo menos el más controvertido.

EN EL AUGE DE LA INDUSTRIA HOTELERA MEXICANA

Las décadas de los años sesenta y setenta fueron el escenario del apogeo y, por así decirlo, la culminación de la industria hotelera mexicana, consecuencia de una escuela iniciada en los años veinte por el licenciado Lucas de Palacio, prominente personaje del servicio exterior que actuó como diplomático en Italia, Estados Unidos y Francia. Hombre conspicuo y elegante, al regresar a México comenzó a trabajar en el hotel Imperial (uno de los primeros del país, y sede en algún momento de la embajada norteamericana) gracias a la amistad que llevaba con su entonces propietario Jorge Braniff; después, en el comienzo de la administración del señor Montes, fue igualmente gerente del primer Hotel Regis, y, a partir de 1926, del Ritz. Inquieto, sumamente inteligente, don Lucas de Palacio llegó a ser presidente de la Asociación Mexicana de Turismo en 1939, y más tarde gerente del Club de Banqueros; escribió algunos libros sobre la historia de los hoteles de México y un "Manual de administración hotelera". Fue, sin duda, el maestro indiscutible que ayudó a formar en su época a la gente que varias décadas adelante sería el grupo de pioneros de la hotelería mexicana: Luis Osio Rivas, Aureliano Torres Izábal o José Brockman, a quienes más tarde se unirían personajes notables como Roberto Zapata, Ramón Vargas, Mariano Abud, Román Zapata (fundador de la cadena de hoteles Misión), Jorge Rubio, Jorge Hidalgo, los hermanos Navarrete, Tony Marroquín, Jan Berthelot, Alfredo Freudenthaler, Federico Schliter, Bill Davis, Francisco Zínser, Luis Cuevas y el europeo Warren Brogly (quien manejaba el hotel Luma y posteriormente fue contratado por el acaudalado naviero Ludwig para involucrarse en el inicio de la cadena Princess). Pero sin duda en aquel cerrado círculo de élite, de notables que se conocían bien entre sí y dominaban su negocio mejor que nadie, destacaron los tres únicos que llegaron entonces a estudiar en la mundialmente afamada Escuela Hotelera de Lausana, Suiza: Federico Jiménez O'Farril (hijo del conocido diplomático), Luis Tarasco (propietario del hotel Margaritas, en Oaxaca), y Jorge Couttolenc (cuñado del gobernador y después secretario de Relaciones Exteriores, don Ezequiel Padilla). Sólo familias de abolengo.

Hablemos de Jorge Couttolenc cuyo abuelo, el general José María Couttolenc, fue héroe de la batalla del 5 de mayo contra los franceses junto con el General Porfirio Díaz y posteriormente gobernador del estado de Puebla. Jorge había quedado huérfano a la temprana edad de seis años y vivía con su hermana mayor y su esposo, don Ezequiel Padilla, que llevaba muchos años en la política. Entre otros nombramientos, don Ezequiel había tenido el de gobernador de Guerrero, secretario de Relaciones Exteriores, precandidato a la Presidencia de la República y contrincante político del licenciado Miguel Alemán Valdez. Una buena parte del norte de la República apoyaba a Padilla, entre quienes estaba el General Topete, Jefe de la Zona Militar que abarcaba Sonora y Sinaloa. El PRI se había dividido y uno de los grupos que se formaron fue el Partido Democrático Mexicano que apoyaba a Padilla.

Miguel Alemán y Ezequiel Padilla eran buenos amigos, y como tal, el licenciado Alemán, en plan de "cuates", le pidió a Padilla que se fuera del país. En esa época de 1944, en círculos cercanos a la casa de Padilla, se rumoraba que sus hijos, Edgardo, Alejandro, Ezequiel (Checo) y su hermana Gela, podían ser secuestrados o lastimados, incluso Jorge, a quien consideraban también como un hijo, aunque realmente era su cuñado. Mientras tanto, las elecciones en México se llevaron a efecto en 1945 y la toma de posesión del licenciado Alemán en 1946.

Ezequiel (Checo), se quedó con su padre un tiempo más en México y posteriormente Padilla, haciendo caso a la petición del licenciado Alemán, emigró con su esposa a Nueva York. Vivían en un departamento de Park Avenue de esa ciudad y sus hijos que se encontraban estudiando en San Francisco, California lo alcanzaron. Ahí; Jorge, Edgardo, Checo y Alejandro entraron primero a la academia militar en Belmont, California por unos meses, y después se reunieron con sus padres en Nueva York y se matricularon en una escuela militarizada en Nyack, suburbio de esa ciudad en agosto de 1944.

En 1949 el gobierno le hizo saber a Ezequiel Padilla que ya podía regresar a México. (Es importante hacer notar que, hasta unos meses antes de las elecciones, Alemán siguió yendo a comer a la casa de Padilla en Tacubaya, se veían como amigos y de manera privada en otros lados, como siempre lo habían hecho.)

Cuando la familia regresó en ese año procedente de Estados Unidos, a Jorge que tendría entre trece y catorce años, lo enviaron a Puebla como interno en el Colegio Benavente donde conoció a Anacarsis Héctor Peralta Sandoval, hijo de *Carcho*. Ambos hacían mucho ejercicio, en especial barra y paralelas, eran fuertes y buenos para los golpes, cosa muy útil en un internado, pero Anacarsis era quien defendía siempre a Jorge. Otros compañeros de clase de esa época fueron: *La Chiva* Trespalacios, Oscar Barragán y Manuel Tello, quien más tarde realizó una carrera diplomática alcanzando, entre otros cargos, el de embajador de México en Francia y secretario de Relaciones Exteriores.

Anacarsis y Jorge iban con frecuencia al Café Cristal, ya que tomar café a esa edad les hacía sentir mayores y se comían una buena cantidad de pan de dulce (orejas, ojos de buey, garibaldis con chochos, etcétera). Además por otra parte, había una relación muy cercana ya que María Elena, la esposa de *Carcho*, y la Nena Couttolenc, hermana de Jorge y esposa de Ezequiel Padilla, se conocían desde niñas cuando estudiaban en la primaria en la misma clase. Era ese mismo salón donde también estudiaban Doña Guadalupe Borja posteriormente de Díaz Ordaz, Bernardo Quinta Arrioja y Manuel Espinosa Iglesias. Además de todo esto *Carcho* y Ezequiel se conocían bien y muchos años después fueron vecinos en Cuernavaca. La amistad entre los Padilla y Peralta trascendió hacia los hijos de ambos; con frecuencia Edgardo, Checo, Jorge y Gela venían a nadar a la casa de *Carcho* en Cuernavaca que estaban frente a la de ellos. Héctor y Sergio, hijos de *Carcho* iban a montar en los caballos de los Padilla los sábados por la tarde o domingo en la mañana en compañía de Edgardo.

Durante ese tiempo, Jorge trabajó en forma esporádica en el hotel Guadalupe en la esquina de Revillagigedo y Victoria, propiedad de don Ezequiel, su cuñado, también dueño del hotel San Francisco ubicado en Luis Moya. Así empezó su inquietud de ser hotelero y por ello estudió hotelería en la Escuela Hotelera de Laussane, Suiza donde entró en agosto de 1954 y salió en 1958. Trabajó en dos hoteles de Nueva York, uno de ellos el hotel Waldorf Astoria y regresó a México en febrero de 1959. Para entonces, su cuñado don Ezequiel ya había vendido los hoteles Guadalupe y San Francisco a los hermanos Romano, unos israelitas que eran propietarios del hotel Ronfel, ubicado en la esquina de Artículo 123 y Revillagigedo.

Un mes después de su regreso, Jorge entró a trabajar al hotel Maris en Acapulco, contratado por don Salvador Mariscal quien era, en ese entonces, gerente del hotel Génova. Como comentario importante sobre estos hoteles podemos decir que el Maris de Acapulco era propiedad de los hermanos Nicolás y Mariano Mariscal, propietarios a su vez de la constructora Marhnos, sus hijos José Ignacio y Nicolás Mariscal, fueron posteriormente compañeros de Sergio Peralta en el Instituto Patria durante la secundaria. Una característica especial del hotel Maris en Acapulco era que la alberca estaba prácticamente dentro del *lobby*. Por otra parte, el hotel Génova se había construido aproximadamente en 1904 y su propietario era un norteamericano de nombre Jack Summer, también toda una institución dentro de la hotelería capitalina, quien en 1930 contrató a don Salvador Mariscal como gerente.

Jorge trabajó también en el hotel Posada del Sol, cuyo propietario en ese entonces era el ingeniero Saldaña Galván, director de Obras Públicas del Departamento Central donde fungía como regente en esos momentos el licenciado Rojo Gómez. Allí fue donde Jorge consolidó su interés por la hotelería. Posteriormente, el Posada del Sol se convirtió en la Escuela Mexicana de Turismo, promovida por el Consejo Nacional de Turismo, y su director fue el señor José Luis Machorro. Cabe mencionar que en la breve época en que Jorge Couttolenc trabajó en el Posada del Sol, el subgerente era Olaff Locken, primer esposo de la Sra. María Izaguirre, posteriormente María Izaguirre de Ruiz Cortines, y padre de dos hijos, uno de ellos Mauricio Locken, quien fue bastante conocido en el ambiente de la tauromaquia como rejoneador.

Dos o tres años atrás, Jorge, junto con Federico Jiménez O'Farril, trabajó durante unos meses en las cocinas de Paolo y de Capri en el Regis, no como empleo formal, sino por la afición que ambos tenían por la hotelería. Junto con ellos estaba también el hermano de Federico, Sergio. Federico con el tiempo llegó a ser un connotado hotelero (al igual que Alfonso su otro hermano quien continuó sus pasos años después). Federico terminó también la carrera de hotelería en Laussane, Suiza, eran hijos de Manuela Rivero Azcué y del licenciado Federico Jiménez O'Farril, diplomático, embajador de México en Francia e Inglaterra, entre otros países. Don Federico y la "Meme", su esposa, eran amigos de *Carcho* y María Elena, al grado de que cuando iban a Europa, el embajador y su esposa no los dejaban hospedarse en un hotel, sino que los obligaban a alojarse en la residencia de la embajada; además de ser tutores de Héctor Anacarsis y Yolanda junto con otro embajador y gran amigo de *Carcho*, Emilio Calderón Puig, cuando estos jóvenes estudiaban la secundaria en Suiza.

Aunados al Regis, innumerables hoteles tomaban parte en la vida, no sólo de la capital, sino de toda la República Mexicana. El hotel Majestic, con su famosa terraza, era el lugar preferido para observar los festejos del 15 y 16 de septiembre. En esa época, una gran parte de los comensales que asistían a este sitio el 15 por la noche, venían ataviados con esmoquin, vestido largo o de coctel las damas. El hotel se abrió durante los años veinte, donde sigue hoy día, ubicado frente al Zócalo esquina con Madero. El hotel Reforma, que construyó en 1941 el arquitecto Alberto J. Pani, y cuyo primer gerente fue el señor Blumental, era muy conocido por su cabaret Ciro's y el lugar donde tocaban destacadas orquestas, entre ellas la de Herbert Hoglan y donde también acudía el ex monarca Karol de Rumania, al igual que al Capri.

Posteriormente, el hotel Cristóbal Colón se inauguró en 1959. Su propietario fue el señor Anthon Baqueiro Testas de la compañía Inmobiliaria ABT, su primer director Federico Jiménez O'Farril y posteriormente Jorge Couttolenc. Este hotel, aunque más pequeño, sin la tradición del Regis sin Capri y sin Paolo, ni lugares como la Taberna del Greco, los baños de vapor, etcétera, fue una importante competencia por su modernidad y por estar ubicado en la lateral de la prolongación de Reforma cruzando avenida Juárez a mediados de los setenta (con los años, el Cristóbal Colón le quitó alguno de los clientes al Regis).

El hotel Fiesta Palace (hoy Fiesta Americana) se abrió a principios de los setenta, ubicado en la avenida Paseo de la Reforma, frente a la estatua de Colón. Su primer director fue Jorge Couttolenc y como subdirector fungía en esos años Ramón Vargas, también con una amplia trayectoria hotelera, dado que había trabajado, entre otros sitios, en el hotel Bamer sobre la avenida Juárez, donde compartió labores con Héctor Anacarsis Peralta, quien estuvo ahí por varios meses.

Carcho quería que su hijo mayor Héctor Anacarsis estudiara hotelería siguiendo sus pasos. Héctor, joven inquieto, aceptó años después irse a la Universidad de Cornell en Ithaca, Nueva York, para aprender dicha profesión; sin embargo al año y medio regresó a México entrando a estudiar en el Mexico City College en la capital del país (hoy Universidad de las Américas) la carrera que él deseaba, Administración de Empresas. Tiempo después, a los veintidós años, falleció por un lamentable accidente.

El hotel Alameda, ubicado también en la Av. Juárez, el primero de la prestigiada cadena Western International Hotels de México, lo abrió como director Federico Jiménez O'Farril trabajando ahí durante varios años; posteriormente se abrió el segundo hotel de esta cadena, el Camino Real, siendo también su primer director Federico Jiménez O'Farril, quien lamentablemente falleció al muy poco tiempo de su apertura. El segundo director del hotel Alameda y posteriormente del Camino Real fue Jean Berthelot, graduado en la Escuela Hotelera de París quien llegó años antes a México a trabajar como director de operaciones al súper moderno hotel Continental Hilton ubicado en la esquina de Insurgentes y Reforma, frente al monumento a Cuauhtémoc.

En esas fechas, el director del Continental Hilton era el señor Arthur Elminger. El Hilton batía records en ocupación, ya que siempre estaba no sólo al 100% sino frecuentemente sobrevendido, cosa que provocaba la ira de muchos estadounidenses que llegaban ahí a hospedarse, "traían reservación pero no había habitación", desquitándose con el personal de recepción o subgerente que los enviaban a otros hoteles, entre ellos el hijo de *Carcho*, Sergio Peralta, quien laboró ahí por poco más de un año. Aquí empezaron su carrera hoteleros como Rodolfo Casparius y, dentro de la gastronomía, el connotado pastelero y chocolatero Arnoldi, quien años después haría la delicia de muchas personas en San Ángel y otros puntos de la ciudad con sus tiendas de chocolates. Laboraba ahí también Amin Awad, quien venía del Hilton y posteriormente fue el primer director del hotel Aristos en la Zona Rosa, que también se inauguró a principios de los setenta. Algunos de los clientes que se hospedaban ahí seguían yendo a los baños de vapor del Regis y a Capri. Así como Jorge Hidalgo y posteriormente Luis Cuevas, quien colaboró varios años en el Hilton como director de Ventas.

El Aristos forma parte de ese conjunto de hoteles que se inauguraron a principios de los setenta, transformándose en fuerte competencia para el Regis, así como para el del Prado, Bamer y Prado Alfer, ubicados en la avenida Juárez.

Poco tiempo después se inauguró también el Hotel del Paseo, ubicado en avenida Reforma, propiedad del señor Hugo Salinas. Este hotel, a pesar de ser un moderno establecimiento, en cuyo *roof garden* estaba ubicado un frecuentado centro nocturno y que servía con frecuencia como lugar para tardeadas de jóvenes de sociedad de ese entonces, duró pocos años. En él colaboró en su recepción Manfred Ruther, hijo mayor de Helmuth Ruther, quien durante años colaboró con *Carcho* en el Regis como gerente del hotel y su mano derecha al igual que Nicolás Morales.

Jorge Couttolenc, quien era el segundo director del hotel Cristóbal Colón, fue llamado por José Brockman para colaborar con él en la cadena Western International Hotels de México, con el propósito de apoyar su expansión. Dicha cadena se había iniciado con el hotel Alameda, posteriormente el Camino Real Polanco, y le siguieron otros hoteles de la misma cadena, como el Camino Real de Tampico, Guadalajara y Saltillo, entre otros. Fue a Jorge a quien le correspondió el desarrollo de los proyectos en Ciudad Juárez, Mazatlán, Puerto Vallarta y Tapachula. Asimismo, la Western International Hotels operaba el hotel Ritz, ubicado en la calle de Madero, propiedad de los hermanos Corcuera, siendo su director por muchos años el señor José Brockman; el hotel Virrey de Mendoza y el Posada Don Vasco, uno en Morelia y el otro en Pátzcuaro. En esos tiempos asesoraron también al IMSS para la creación del Centro Vacacional de Oaxtepec, en Morelos.

Fue Jorge Couttolenc, junto con Toño Marroquin, Sergio Peralta, los hermanos Navarrete y otros distinguidos miembros de la hotelería en ese entonces, quien fundó la Asociación Mexicana de Ejecutivos de Ventas de Hoteles en 1969. En 1970, Sergio Peralta forma Turismo

Regis, S.A. (empresa que tenía sus oficinas en Balderas, prácticamente frente al Regis), cuyo padrino fue Mexicana de Aviación, a través de su director de ventas, el famoso Chief Patiño, quien colaboró en esa empresa durante más de cuarenta años, y su director general, don Manuel Sosa de la Vega; y con sólo veinticuatro años de edad pasó a ser miembro del Club Skal, que agrupaba a los directores de las diferentes ramas del turismo, como hoteles, agencias de viajes, líneas marítimas, aéreas y ferroviarias, en un selecto grupo cuyo promedio de edad eran los cuarenta años. En ese momento don Manuel Sosa de la Vega ocupaba la presidencia nacional de Skal. Fue esa una faceta más de los cambios que el hotel fue sufriendo, y Turismo Regis se convirtió en una de las poquísimas agencias que aprobaron, por unanimidad, la calificación del Comité de Tráfico IATA (International Air Traffic Association), con el apoyo además de Mexicana de Aviación, Eastern Airlines cuyo director era Joe Rubenack, American Airlines con Beckart, Western Airlines con Luis Pasquel, Braniff y muchas otras líneas aéreas que conformaban el comité. Sus oficinas eran dos: una en el *lobby*, y la principal en el *mezzanine* del estacionamiento Regis a espaldas del hotel, en las calles de Colón y Balderas (justo al lado de las oficinas del Grupo Radio Centro, propiedad de don Pancho Aguirre, quien para entonces llevaba años rentando exitosamente el Capri) al igual que otros centros nocturnos como El Patio, La Fuente y el Astoria.

En la recepción del Regis también trabajaron con anterioridad Guillermo Moreno y Rubén Ruiz Alcántara, quienes después colaboraron en una forma muy cercana con el licenciado Alemán en el Consejo Nacional de Turismo. Otros conocidos hoteleros y gente de abolengo turístico que comenzaron su carrera en el Regis fueron Jorge Rubio, Amin Awad y Jorge Hidalgo, algunos como *bell boys,* como Tony Pérez, propietario de la agencia que llevaba su nombre y posteriormente presidente de la AMAV, y otros en la recepción. Asimismo, pasaron por ahí otros connotados hoteleros, como Ramón Vargas, Tony Marroquín y Pancho Morales, quien laboró en el Bamer como subdirector por mucho tiempo y el hotelero y restaurantero Aureliano Torres Izabal, que posteriormente fue director del hotel

María Isabel Sheraton y propietario del Restaurante La Casserole de Insurgentes Sur.

El Regis volvió a mostrar un rostro fresco, amable, capaz de hacer valer con creces su bien ganado prestigio. No en vano la embajada norteamericana llegaba a solicitar la *suite* presidencial para que en ella el propio Nelson Rockefeller ofreciera una comida extraordinaria en la que departieron el licenciado Emilio Rabasa, director del Banco Cinematográfico y posteriormente secretario de Relaciones Exteriores, y otros políticos notables.

Eran los días en que al Regis asistían artistas como Gina Lollobrigida, quien acompañó a Sergio Peralta para presenciar la variedad en La Taberna del Greco, o el intenacional Tito Guízar, famoso por su película *Allá en el Rancho Grande*, lo mismo que don Juventino Castro Sánchez —entonces gobernador de Querétaro—, quien habitualmente se hospedaba en el hotel con toda su familia; a su llegada, las escenas se repetían: saludos de mano, sonrisas e incluso abrazos en la forma más sencilla y afable hacia algunos miembros del personal. Igualmente, se ofrecían al ex presidente Miguel Alemán desayunos en que participaban políticos y periodistas de renombre. En ese tiempo Sergio cambia el giro de sus actividades; dejó sus funciones como director y dio las riendas del negocio a su hermana Yolanda (quien lo manejaría personalmente hasta el fatídico septiembre de 1985).

La licenciada María Eugenia Lavín, que se graduó en Relaciones Industriales en la Universidad Iberoamericana, entró a colaborar con Sergio precisamente a finales de 1968 como Jefe de Personal, y fue una de las personas de su confianza. Cuando Sergio dejó el hotel a su hermana Yolanda, María Eugenia siguió como jefe de personal, además de colaborar en forma cercana en otras áreas con ella hasta aquel inolvidable año 1985. En poco tiempo pasó de jefe de personal a brazo derecho de Yolanda. Con sus palabras nos recuerda aquel tiempo: "Llegué contratada como jefe de personal por Sergio Peralta y después seguí bajo la dirección de Yolanda Peralta. Ocupé diferentes puestos, tuve el privilegio de convivir con su familia, en especial con la señora María Elena Sandoval de Peralta, los hijos de Yolanda y Sergio, todos brillantes profesionistas y hombres de negocios. Les tengo cariño y permanente amistad". Casualmente Sergio fue compañero de su hermano Emilio en la escuela.

Corre el año de 1970, y la política consistente en atender a los descendientes de los primeros huéspedes que ocuparon el hotel y que por tradición y libre elección continúan hospedándose en él, da óptimos resultados, aunada a un esmerado servicio de muy alta calidad que difícilmente se encuentra en otra parte.

Fue en esos primeros años de la administración de Yolanda que los ingenieros de ECSA —Estructuras y Cimentaciones— (Grupo ICA), cuando hacían el colado de las obras del metro que estaban realizando enfrente, mientras llegaban las ollas y estufa para fraguar el cemento, se iban a tomar una copa al Capri disfrutando parte de la variedad y regresaban después a verificar el proceso de colado, ya que este duraba prácticamente toda la noche. Justo la época en que Manuel Gómez, cuñado de Pancho Aguirre y gerente del Capri, se vio forzado a apartar todas las mesas del cabaret para que el entonces presidente de Venezuela Carlos Andrés Pérez (de visita en el país), presenciara la variedad en que Zulma Fayad era la estrella. Manuel Gómez recibió un comunicado amable pero firme por parte de la Secretaría de Relaciones Exteriores, con apenas tres horas de anticipación, en la que solicitaban la totalidad del centro nocturno para el distinguido visitante y sus numerosos invitados, tanto venezolanos como mexicanos.

Otro distinguido espectador del Capri fue Michel Mathis, presidente del enorme consorcio francés Thompson, que abarcaba desde una parte importante de la televisión francesa, sistemas de comunicación audiovisual para tiendas y aeropuertos hasta la fabricación de aparatos electrónicos, como lavadoras de vajillas, etcétera. Este personaje francés presenció también la variedad del Capri junto con su esposa, invitado por Sergio Peralta en compañía de Salvador Esteva Peralta y otros altos ejecutivos de la firma francesa.

Salvador trabajaba con el tío Alejo manejando para él las ventas del primer sistema de comunicación audiovisual que se instaló en el aeropuerto de la Ciudad de México, que reportaba las llegadas y salidas, así como anuncios de publicidad de diversas empresas nacionales e internacionales.

LOS CAMBIOS
Y LAS TRANSFORMACIONES NECESARIAS

En la década de los setenta, Yolanda continúa buscando siempre mejorar los servicios para seguir compitiendo con nuevos hoteles que habían surgido, poniendo en marcha un programa de relaciones públicas efectivo para traer de vuelta a huéspedes que habían dejado de alojarse en el Regis por otros establecimientos nuevos. Junto con Adrián Hidalgo, Beatriz Olivares, María Eugenia Lavín y otros colaboradores hicieron un cambio importante con la creación del bar Establo en el lugar donde se encontraba la peluquería del Regis, que a pesar de haber sido años atrás un establecimiento de vanguardia con ocho sillas de peluquería y experimentados peluqueros y manicuristas donde acudían como clientes destacados empresarios, políticos, toreros y gente importante de distintos ámbitos y profesiones, había venido declinando; los peluqueros, aunque con experiencia, habían ido envejeciendo; se habían jubilado; y una buena parte de los clientes ya no acudían, pues preferían las peluquerías de los clubes deportivos o sociales o las peluquerías cercanas a los barrios residenciales donde vivía. Se aprovechó para cerrar también el baño de vapor de damas (ampliando el de caballeros), donde había sucedido lo mismo; una parte de las clientas importantes se había retirado, ya fuera por su edad o por preferir tanto los clubes o *spas* en zonas residenciales. El salón de belleza se había cerrado años atrás en tiempos de Sergio.

El bar Establo era un establecimiento con un ambiente y decoración de ganadería por así expresarlo, decorado con pacas de pastura y mucha madera, las meseras estaban vestidas de vaqueritas con pantalón y chaleco de cuero, botas vaqueras y sombrero, tocaban ahí conjuntos de música norteña y veracruzana. Esto les agradó a los clientes, principalmente a los ganaderos, quienes con gusto pusieron los fierros de sus ranchos, colaborando con esto a la escenografía y sintiéndose parte de él.

Este bar tenía acceso por el pasillo que iba del *lobby* en la avenida Juárez hasta la calle de Colón en la parte posterior del hotel, cruzando antes a la puerta del restaurante Medaillon. Mexicanísimo y esencialmente norteño en su concepción, el Establo se inaugura en 1974, siendo en ese momento el único bar que manejaba la administración del hotel, ya que tanto el Capri, la Taberna del Greco y el Impala estaban rentados al grupo de don Pancho Aguirre.

Sin embargo, la administración liderada por Yolanda hacía que el Hotel Regis, a pesar de sus años, tuviera sus propias cualidades y características, y lo que lo seguía haciendo especial eran las personas que trabajaban en él. Desde la bienvenida del portero, los *bell boys*, recepcionistas, camaristas, telefonistas, el ama de llaves, capitán de meseros, meseros y cantineros, los huéspedes se sentían —como lo expresaron en muchas ocasiones— no solamente en una especie de prolongación de su casa, sino realmente en su hogar. Incluso se promovía un musical de radio: "Hotel Regis su casa en el corazón de la Ciudad". Fue una época con distintos retos políticos, sociales, económicos, devaluaciones, propaganda negativa en el extranjero, problemas laborales… Pero con la mano firme de Yolanda y, apoyada por aquel buen equipo, siempre logró salir adelante. En el caso del señor Adrián Hidalgo, con su característica cortesía, reconquistó la clientela tradicional y atrajo nuevos clientes. La ocupación fue alta de martes a jueves y llegó a un 100% durante los fines de semana. Además se buscaron diferentes estrategias para seguirla incrementando como promoción con las líneas aéreas, los paquetes para luna-mieleros, o aprovechar los eventos deportivos y sucesos semejantes.

Y continuaba aún el desfile de años atrás, con un Bonifacio Salinas Leal que, habiendo sido íntimo amigo de *Carcho*, seguía despachando en el hotel. General de los más relevantes de la Revolución, comandante de la zona militar de Jalisco, ex gobernador de Nuevo León y Baja California Sur, además de senador, posteriormente mantenía una *suite* permanente en la que recibía a sus amigos después de pasar por los baños y la cafetería. Amigo de Dwight Eisenhower y en algún tiempo socio de Roberto González, propietario de Maseca y Banorte, se dice que influyó en la carrera política del profesor Carlos Hank. Su jefe de ayudantes era en aquellos días el teniente coronel Ortiz Ávila, quien posteriormente fue gobernador de Campeche. Carismático y recio de carácter, Bonifacio Salinas Leal fue prácticamente el único con agallas para decir a Maximino Ávila Camacho décadas atrás: "No Chimino, no te equivoques: el presidente es el gordo, y debemos estar con él", cuando aquel buscaba iniciar un levantamiento que derrocara a su propio hermano Manuel, y lo pusiera a él, Maximino, en la silla presidencial. Hubo también otro general que se le enfrentó a Maximino cuando este llegó una tarde a las oficinas del gobierno de la ciudad buscando al gobernador y le preguntó a un joven funcionario, Gustavo Díaz Ordaz, que dónde se encontraba; el joven le comentó que no sabía, ya que había dejado sus oficinas antes de regresar él a ellas; al oír esto, Maximino le respondió furioso: "Entonces ¿para qué está usted aquí? Es usted un pen…" En ese momento se oyó una voz que dijo: "Chimino, deja al muchacho, métete con un hombre de tu edad, déjalo en paz". Era el general Marcelino García Barragán, quien años después fue precisamente secretario de la Defensa Nacional cuando Gustavo Díaz Ordaz fue presidente.

Otro empresario frecuente era Rogelio Cantú Arreola, un rico neoleonés dueño de las Relojerías Cantú y condueño de las fábricas Enicar, quien ocupaba en forma permanentemente una *junior suite*, teniendo ahí su guardarropa y todo lo que llegara a necesitar en su estancia de negocios en la Ciudad de México, incluyendo una pequeña cava de vinos selectos y un automóvil que, durante el tiempo que estaba ausente de la ciudad, visitando sus relojerías en diferentes puntos del país, le rentaba a un mínimo precio a uno de los guías de turistas del hotel; a cambio de ello, el guía actuaba como su chofer cuando Rogelio venía a México. Un buen día le hablaron para comentarle que sus negocios acababan de perder varios millones de pesos. Al poco rato bajó de su habitación al *lobby* comentando que le dolía el estómago. Al escucharlo, José Manuel Valdez, gerente de relaciones públicas, le dijo: "No es para menos don Rogelio, con lo que usted perdió a mi me dolería todo!" A lo cual Rogelio comentó tranquilamente: "No, hombre. ¿Puede usted perder cinco millones de pesos?" "¡Claro que no, señor Cantú!, porque no los tengo". "Pues yo sí, y no es por eso que me duele el estómago: esos los perdí y ya ni modo. Lo que pasa es que esas enchiladas que me comí me cayeron muy mal". Igualmente hacían su aparición Ramiro Garza Cantú y Gerardo Ballí (diputado tamaulipeco).

Dinero iba y venía. Se hospedaban ahí los hermanos Pedrero (Jorge y Moctezuma), propietarios entre otras cosas de Ron Bonampak en Chiapas, así como de algunas otras marcas de bebidas alcohólicas y diferentes propiedades importante en ese estado; Amador Chapa y su esposa de Monterrey; Praxedes Giner, ex gobernador de Chihuahua; Joaquín Hernández Galicia "La Quina", conocido líder petrolero de triste memoria que en los desfiles del 16 de septiembre ocupaba ocasionalmente una habitación en el segundo o tercer piso con frente a la avenida Juárez para tener un buen panorama del desfile; el general Rodrigo M. Quevedo, otro ex gobernador de Chihuahua y gran amigo de *Carcho*; Santiago Expósito, conocido industrial de Campeche; el señor Howard Palmer, ganadero, hombre de negocios, amigo también de *Carcho*; Ramón y Chito Longoria, prominentes banqueros de Nuevo Laredo y Reynosa; Pepe Chedraui, rico empresario en la industria textil en Puebla, y sus primos, propietarios de la cadena de tiendas que en Veracruz y el sureste llevan su nombre; Manuel Ravizé, gobernador de Tamaulipas igualmente buen amigo de *Carcho*, quien lo ayudó en el inicio de su carrera política, cuando este fue presidente municipal de Tampico; los señores Barreto, propietarios del hotel Fénix en Guadalajara; López Arias, ex gobernador de Veracruz, y su hermano, quien fue procurador general de la República; licenciado Carlos Argüelles; Alberto Juárez Blancas, líder de la CROC, quien junto con Antonio Ruiz Ocaña llegaba a saludar a sus agremiados... Y así más y más nombres de gente que desde los sesenta y hasta el último día en que el Regis ofreció sus servicios disfrutaban de ir al vapor, a la peluquería, a comer, cenar y divertirse en compañía de sus iguales; el pasar días y noches inolvidables de ese México que alcanzaba para todos.

Don Rolando Vega, importante banquero, director del entonces Banco de Industria y Comercio (posteriormente Confía y al final Grupo Atlas), quien asistía puntualmente a la peluquería una vez por semana; Fernando Lemmen Meyer, gerente general del mismo banco, Jorge Rojo Lugo, asiduo cliente tanto de los baños como de la peluquería, entonces gobernador de Hidalgo y después secretario de la Reforma Agraria; el coronel Ortiz Ávila, en su momento gobernador de Campeche, quien siempre se encontraba a sus anchas en Tampico, donde tenía varios negocios y donde reafirmó su amistad con *Carcho* en ese puerto; José Patiño, director de Ventas de Mexicana de Aviación; José Zevada, de la misma empresa; Jorge de la Garza, de Tampico; el licenciado Carlos Septién, buen amigo de Sergio; el notario Javier Luengas; Mario Enrique Mayans Concha, Jorge Gálvez, Ernesto Gudiño, Ricardo Elliot, Manuel Espinosa Rugarcia, Guillermo Arana, Francisco Aranda, Luis Montes, el señor Galván dueño de la conocida fábrica de bicicletas de su mismo nombre, el veracruzano Amadeo González Caballero, "Chon" Carrillo, líder cañero, Javier Salas, los hermanos Gabriel y Jorge Azcárraga, Fernando Ysita, Julio Camelo, Enrique Castillo-Pesado, el tamaulipeco Amado Treviño, Ramiro Garza Cantú, Gerardo Ballí, Toño Salinas, Armando Galindo, don Ladislao López Negrete y una lista de lo más extensa.

El día 14 de septiembre de 1984 el Hotel Regis cumplió setenta años de servir al público ininterrumpidamente. Fue en el Salón Inglés, creado por Sergio para realizar juntas y eventos, donde Yolanda Peralta, su brillante directora, ofreció un elegante coctel con el fin de develar una placa de reconocimiento a los miles de huéspedes que con su preferencia lo convirtieron gradualmente en el mejor hotel de México. Se dieron cita personalidades del medio oficial, hotelero, turístico, artístico y bancario, sin faltar los incontables periodistas de prensa, radio y televisión que cubrieron el evento. Todos invitados: todos en ese sitio que era de ellos en cierta forma. Al tomar la palabra y anunciar la institución del "Día del Huésped", Yolanda hizo un recuento de los años de vida del Regis, de su inicio e inauguración con un banquete de la más alta cocina que en aquel 1914 costó nada menos que cinco pesos; posteriormente en su época dorada en manos de *Carcho* Peralta; así como de los tiempos algo difíciles a finales de los sesenta y setenta por la competencia que con empeñoso trabajo fueron quedando atrás; del buen presente y del mejor futuro que se veía venir, lleno de retos, como siempre.

En ese festejo se entregó a don Francisco Adam un especial reconocimiento como pionero de la hotelería mexicana, y en especial por sus más de cincuenta años de servicio en el Regis, que consistió en una charola de plata grabada con la leyenda con permanente gratitud por su colaboración y un reloj Rolex. En este acto simbólico se reconoció la labor de todos aquellos que de una u otra manera, en periodos cortos o prolongados, hicieron suyo ese proyecto único de servicio dentro de aquellas paredes legendarias visitadas por tantas generaciones.

Después del festejo, siguieron las charlas, las sonrisas, los brindis donde participaron también varios de los huéspedes asiduos. Setenta años no es poco y había que sumar los que venían.

Desayuno ofrecido por el Club de Columnistas al licenciado Miguel Alemán, presidente del Consejo Nacional de Turismo en la *suite* presidencial. De izquierda a derecha: Miguel Alemán, Sergio Peralta, González Alpuche (miembro de Consejo), Bertha Hidalgo de Gilabert, Alfredo Lamont, enfrente otros periodistas del mismo club, 1969.

Fachada del Regis, época de los setenta.

Dando la vuelta al ruedo de la Plaza México en un festival.

Andy Russell y su esposa, Delia Sánchez Belmont.

María Félix, en la *suite* presidencial.

María Félix y Jorge Negrete. Atrás, encendiendo un cigarro,
Rodolfo Landa (Rodolfo Echeverría), secretario general de la Asociación Nacional
de Actores; atrás a la derecha, Publio de Juana, *maître* del Paolo y el Capri.

Lola Flores y su empresario. A la izquierda, Publio de Juana.

Agustín Lara y Publio de Juana.

Alejandro Carrillo y, a la derecha, *Carcho* Peralta.

Lupita Morán y *Chema* Lozano.

Gary Cooper con Ariadne Walter.

Manuscrito de una carta de Agustín Lara dirigida a Santiago Ontañón.

Por eso, señor, quise que usted fuera el vocero de mi alma, al entregar, a la H. Colonia Española de Méjico, en su propia casa, el piano en que nacieron las canciones que yo hice para España. — No tenía otra cosa que ofrecerle!

— Allí queda en signo de bendita concordia; un poco viejo, como yo, pero atesorando un caudal de melodías y de esperanzas... En Granada, en Murcia, en Toledo, en Valencia, en Madrid, dondequiera, pediré a mi Virgen Morena, como lo hago desde ahora, que cubra con su manto de luceros la felicidad de usted y de los suyos!

— Suy. Atto.
Miguel Fleta.

Portada del menú del Paolo, con la firma de Ginger Rogers.

Carcho en los corrales de su rancho Santa Inés o el Atascador, ya que tenía los dos nombres, en Tamaulipas.

Carcho en el torneo de pesca del sábalo.

De izquierda a derecha: Sergio Peralta, María Eugenia Esteva, Nicolás Morales de Septién, Candelaria de Septién y María Elena Sandoval vda. de Peralta, en el Cabaret la Fuente. 1966.

María Elena Sandoval de Peralta.

Sergio Peralta Sandoval al capote en una tienta, en 1967
(la afición se hereda).

Sergio Peralta en Alemania, 1966.

Sergio Peralta, oficina del Hotel Regis, 1968.

Sergio y Yolanda Peralta.

De izquierda a derecha: edecán de Relaciones Exteriores, Sergio Peralta Sandoval y Beatriz Olivares (de relaciones públicas del Hotel Regis).

Guardia del Regis en el Hemiciclo a Juárez. De izquierda a derecha: Adrián Hidalgo, Francisco Adam, Ramón Marín.

José López Portillo con un cliente asiduo del Hotel Regis.

Héctor Anacarsis Peralta Sandoval (hijo de *Carcho*).

Héctor Anacarsis en la alberca de la casa de Cuernavaca.

Carcho y su hijo mayor, Héctor Anacarsis.

Sergio Peralta con Silverio Pérez en el Regis.

Sergio Peralta con José María Lozano, Luis Villanueva Páramo *Kid Azteca* y su manejador en el Regis.

Cumpleaños del Hotel Regis: Tony Pérez, Francisco Adam, Yolanda Peralta Sandoval (directora general) y un funcionario de la Secretaría de Turismo.

Cumpleaños del Hotel Regis. De izquierda a derecha: mesero Capri, Gastón Fernández Amosurrutia (empleado de la recepción del Regis), Yolanda Peralta (directora general) y Antonio Ruiz Ocaña, líder de la CROC (Confederación Revolucionaria de Obreros y Campesinos).

Cumpleaños del Hotel Regis. Grupo de colaboradores; a la izquierda Ignacio Bello, Luis Cruz, María Eugenia Lavín, Gastón Fernández Amosurrutia, encargado de la banderilla, ama de llaves y otros.

EPÍLOGO

Pero no habría otro Día del Huésped más. Porque exactamente en el mismo mes del año que siguió, tras los silencios nocturnos conocidos y en el comienzo de mañana que a todas luces presagiaba un mediodía caluroso, con gente en aceras, cruceros y corredores dentro de la Alameda, con cientos de palomas en vuelo o agrupadas en techos, fuentes y alféizares, con una atmósfera tranquila envuelta en el colorido propio de los adornos y bombillas tricolores que colgaban por doquier. Justo en el inicio de ese día que en apariencia era como todos los demás fue cuando se dio el colapso, la tragedia: mi fin. Eran las 7:19 y entonces todo se detuvo. Lo demás, ya es historia.

El rostro de la ciudad era otro en un instante: polvo, humo, gritos y llanto que se multiplicaban a cada segundo que pasaba. No, ya no era aquella Ciudad de México de antes la que se podía ver, cuando todavía no existía la gran cantidad de modernos edificios que en el Centro y Paseo de la Reforma ahora se levantan; conjuntos como el de Tlatelolco y el Benito Juárez, los altos edificios de San Antonio Abad y las casas de las colonias Condesa y Roma se cayeron. De mi interior, ocupado en el 70% de su capacidad y no obstante la conmoción generalizada, logró salir la mayoría. Y entonces, casi al final del sismo y cuando aún me hallaba en pie, una violenta sacudida final, provocada por la abrupta caída del Edificio Aztlán —que se encontraba del otro lado de la avenida Juárez, desocupado desde hacía varios años—, surtió en mí un efecto similar al que genera la explosión de una bomba. En instantes, la vibración me cimbró totalmente, haciendo que mi estructura comenzara a desgajarse justo en los puntos en que su construcción más antigua se unía con la realizada a finales de los años cincuenta. Entre polvo y escombros comencé parcialmente a caer, envuelto en un ruido ensordecedor.

A eso de las nueve, los soldados se habían encargado de acordonar la zona, y los bomberos luchaban para llegar hasta las rotas tuberías de gas, intentando evitar un incendio que parecía inminente dada la falta de agua que sufrían en el momento. Fue inútil. A pesar de sus denodados esfuerzos comenzó el fuego que me debilitó aún más, alcanzando al edificio de Salinas y Rocha que seguía todavía en pie, y al de Colón y Doctor Mora (mismo que *Carcho* construyera para su Hotel Peralta-Regis, y que era de oficinas). Ambos se incendiaron: el de Salinas y Rocha, bastante dañado por el temblor, y la torre de oficinas, que quedó con los vidrios rotos sin sufrir ningún daño en su cimentación y estructura general.

Todavía puedo ver a tanta y tanta gente que se puso a ayudar, a dar la mano, a apoyar o tratar de consolar a quienes habían perdido a alguien... quizá a todos. Entre los objetos y curiosidades que se encontraron estaban documentos con publicidad para la campaña presidencial de uno de los secretarios de Estado, que aspiraba precisamente a ese cargo de elección. Por todas partes vibraban las sirenas, el sonido de radios portátiles que daban las sangrientas noticias que a todos nos tomaron por sorpresa, llenándonos de un sinsabor amargo, profundamente doloroso. Y después vino el otro sismo del viernes en la noche, que llenó las calles de gente temerosa, instintiva, con lámparas en la mano y ojos inusualmente abiertos.

En los días que siguieron, repletos de informes sobre los alcances inusitados de lo que había sido el fenómeno natural más devastador sufrido en la Ciudad de México, Yolanda y Sergio concibieron la idea de volverme a construir, aprovechando las partes de mi estructura que ofrecían todavía seguridad para ello; posiblemente retomando aquel último proyecto de *Carcho* Peralta, quien deseaba un hotel que abarcara la manzana entera.

Eso fue para mí algo esperanzador en principio; triste después por lo que en verdad sucedió. Porque con presiones de toda índole, las autoridades quisieron utilizar el temblor como pretexto para hacerse de terrenos e inmuebles que se encontraban incluso en la Zona Rosa y sin haber sufrido daño alguno. Era una disposición oficial, una medida para ellos "brillante" pero que a la postre iba a afectar a muchos más, incluso a mí: el Departamento del Distrito Federal negó rotundamente la posibilidad de construcción y expresó su voluntad de adquirir mi terreno y quedarse con él para hacer una plaza. Comenzaron las negociaciones, que pronto se vieron enmarañadas por sucias argucias, al grado de presentar la Tesorería un requerimiento de pago predial por el supuesto atraso existente desde hacía más de dos años. Con cierta dificultad, recurriendo a los microfilmes del banco que llevaba mis cuentas, en los que constaba la correcta emisión certificada de los cheques correspondientes a dichos pagos, no les quedó más remedio que aceptar. Pero la decisión ya había sido tomada: el terreno del Regis a como diera lugar.

La presión se convirtió en amenaza. Casi se escuchan las palabras: "Si no me vendes, te expropio; si te amparas, y quién sabe si me ganes, para empezar te cambio de inmediato el uso de suelo, a fin de que en muchos años no puedas construir ahí absolutamente nada". Así, las semanas de negociación no sirven para nada. Se pierde, y es aún más dolorosa esa derrota cuyo corolario final viene a ser el injusto y supuestamente imparcial avalúo que realiza la Comisión Nacional Bancaria, entonces dependencia gubernamental. A la familia Peralta no le resta sino aceptar la frustración de tener que venderme bajo presión, y apenas en la mitad o menos de mi valor real. Además, por si fuera poco, las autoridades les urgen a derribar el inmueble, teniendo que asumir los gastos totales de la demolición (el Departamento del Distrito Federal presiona a que firmen de inmediato un contrato para utilizar dinamita).

Seguramente ya existía la idea política de crear en ese sitio uno de tantos monumentos que no sirven para otra cosa que ofrecer discursos llenos de demagogia en los momentos de su inauguración, y que al cabo del tiempo se convierten en parques o simples plazas que distan mucho de embellecer la ciudad. En efecto: sin considerar el costo social, sin contemplar siquiera una posible fuente de trabajo para muchísimas personas que ahí lo perdieron, nació un espacio que, irónicamente, desde entonces lleva el nombre de Plaza de la Solidaridad, como si su vacío, que a la postre no ha tenido otro fin que el de albergar inconformes de las más absurdas corrientes, afeando el que pudiera ser un panorama mucho más digno —y sin ninguna intervención gubernamental para que tan triste situación cambie, tal vez por encontrarse relativamente lejos del Palacio Nacional—, como si ese vacío hablara en realidad de la nobleza y el altruismo que en aquellos momentos y los días posteriores al terremoto mostró el verdadero México: su gente, su pueblo, sus ciudadanos de veras solidarios. Una plaza con unos cuantos postes de luz y bancas junto a una macro plaza, ese parque que sigue siendo la Alameda Central en cuyo interior conviven múltiples arboles con fuentes y bancas para el esparcimiento de turistas y transeúntes.

Un temblor. Un final. Así fueron las cosas. Así dejé de ser.

Y lo que ha motivado esta vasta narración, estos fragmentos de mi historia, no es otra cosa que el afán de hacer más ligero el terrible peso del olvido sobre lo que fue mi vida, una vida plena y longeva que quizá sirva para avivar nostalgias de algunos, para generar curiosidad en otros, para contar, en suma, sólo una pequeña parte de la vida de este país, de esta enorme Ciudad de México que no todos conocen y que hoy vale la pena recordar.

Eso es todo.

AGRADECIMIENTOS

Quiero expresar mi gratitud a las siguientes personas por sus valiosas contribuciones para la realización de este libro:

Luis Aguilar, Alejandro Algara, Francisco Aranda, Antonio Badú, Ignacio Bello, Max Bry, José Brockman, Hugo Alberto Castro, Arturo Cisneros Gómez, Jorge Couttolenc, Publio de Juana, Mercedes de Forunda Pinto de Wallace, Alfredo Esquerro Alvarado, Jorge Fernández, Lola Flores, Fernando Gaytán, Manuel Gómez Tovar, Carlos González Gamio, Olga Guillot, Alfredo Lamont, Paul Leonard, Enrique Loubet, León Michel, Ricardo Montalbán, Nicolás Morales de Setién, Manuel Bernardo Aguirre, Joaquín Álvarez Ordóñez, Eduardo Azcoitia, Agustín Barrios Gómez, Lola Beltrán, Alfonso Castillo, Francisco Cinta, Patricia Clark de Flores, Luis Cruz, Enriqueta Dávila Goldbaum, Federico de León, Eduardo Luis Feher, Carmen Flores, Yolanda Gasca, Elpidio Gómez Lira, Ángeles González Gamio, Moisés González Roque "El Espanto", Adrián Hidalgo, María Eugenia Lavín, Carlos López Rangel, José María Lozano, Severo Mirón, Amparo Montes, Marco Antonio Muñiz, Carlos Darío Ojeda, María Elena Peralta, Yolanda Peralta, Silverio Pérez, Luis Procuna, Leopoldo Ramos de la Rosa, David Rodríguez "Verduguillo", José "Lucky" Romero, Herman Ruther, Justo Sierra, Juan Bruno Tarraza, María Eugenia Galaviz, Héctor Vasconcelos, María Antonieta Ojeda Maldonado, Leopoldo Peralta Othón, Eugenio Pérez Correa, Jesús Pérez Villaseñor, Rebeca Quintero Barroso, Gustavo Rojo, Wolf Rubinskis, Guadalupe Sánchez Azcona, Lupe Silva, Enrique Tripp, Alejandro Vargas y Raúl Vieyra.

Y a Carloslucio Ramos, por el desarrollo y redacción de la obra.

FUENTES

Abaroa, Gabriel, *El flaco de oro. Biografía de Agustín Lara,* Grupo Editorial Planeta, México, 1993.

Alameda, José, *Historia verdadera de la evolución del toreo,* Bibliófilos Taurinos, México, 1985.

Archivo del Centro Histórico de la Ciudad de México.

Asamblea de ciudades, CNCA/INBA, 1992.

Caragea, Gabriel, *La ciudad enmascarada,* Aguilar, León y Cal Editores, México, 1992.

Enciclopedia de México.

Flores, Dolores, *Lola de mi vida,* Temas de Hoy, México, 1993.

Guarner, Enrique, *Ensayos taurinos,* edición de autor, México, 1986.

Hemeroteca Nacional.

México ilustrado, Fomento Cultural Banamex, 1994.

Nación de imágenes, CNCA, 1994.

Negrete, Diana, *Jorge Negrete. Biografía autorizada,* Diana, 1987.

Quezada, Abel, *Antes y después de Gardenia Davis,* Joaquín Mortiz, México, 1991.

Toribio Medina, José, *Historia del tribunal del Santo Oficio de la Inquisición de México,* UNAM/Miguel Ángel Porrúa, México, 1987.